21世纪经济管理新形态教材·公共基础课系列

中国交通教育研究会 2020—2022 年度交通教育科学研究课题
（课题编号：JTYB20-250）

天津市高等职业技术教育研究会 2020 年度立项课题
（课题编号：2020-2-3001）

大学生劳动教育教程

主　编 ◎ 韩剑颖
副主编 ◎ 赵媛媛　王学成
参　编 ◎ 毕　莹　邱　静　李名静　杨　杰

清华大学出版社
北京

内 容 简 介

《大学生劳动教育教程》以学生为本，结合大学生劳动素养养成需求，依据"知信行"理论，参考"打牢基础、催生动力、投入行动"的连续式序列关系，按照传授劳动教育的基本知识和基础理论→形成对劳动的思想情感和态度→以多元化劳动任务培养大学生的劳动能力、劳动态度及劳动方法和技巧的顺序，有条理地编排本书内容。

本书共分 10 章，主要包括劳动及劳动教育，新时代中国特色社会主义劳动观以及劳动精神、工匠精神、劳模精神、劳动保障等内容。同时，本书还针对在校大学生如何依托实习实训、志愿服务、勤工助学、社会调研、创新创业等实践项目培养自身劳动素养进行了系统介绍。

本书适用于应用型本科和职业院校"劳动教育"课程的教学。

图书在版编目(CIP)数据

大学生劳动教育教程 / 韩剑颖主编 . —北京：清华大学出版社，2021.7（2025.8 重印）

21 世纪经济管理新形态教材 . 公共基础课系列

ISBN 978-7-302-58128-4

Ⅰ . ①大…　Ⅱ . ①韩…　Ⅲ . ①劳动教育－高等学校－教材　Ⅳ . ① G40-015

中国版本图书馆 CIP 数据核字 (2021) 第 081975 号

责任编辑：徐永杰
封面设计：汉风唐韵
版式设计：方加青
责任校对：王荣静
责任印制：沈　露

出版发行：清华大学出版社
　　　　　网　　　址：https://www.tup.com.cn，https://www.wqxuetang.com
　　　　　地　　　址：北京清华大学学研大厦 A 座　　　　　邮　　编：100084
　　　　　社 总 机：010-83470000　　　　　邮　　购：010-62786544
　　　　　投稿与读者服务：010-62776969，c-service@tup.tsinghua.edu.cn
　　　　　质 量 反 馈：010-62772015，zhiliang@tup.tsinghua.edu.cn
印 装 者：大厂回族自治县彩虹印刷有限公司
经　　销：全国新华书店
开　　本：185mm×260mm　　　印　　张：15.75　　　字　　数：334 千字
版　　次：2021 年 7 月第 1 版　　　印　　次：2025 年 8 月第 15 次印刷
定　　价：46.00 元

产品编号：089889-01

前　言

高校劳动教育课程建设的重大实践意义就在于完善素质教育课程体系，拓展素质教育路径，实现大学生德智体美劳的全面发展。《大学生劳动教育教程》中系统化的劳动基本知识、理论知识和劳动实践能力训练等内容，正可以弥补当代大学生在劳动意识、劳动精神、劳动技能和劳动行为等方面有所欠缺的问题，从而为高校学生素质教育培养目标的实现起到积极的推动作用。

一、编写初衷

进入21世纪，随着人工智能技术、信息技术、生物技术等一系列现代技术的出现，劳动资料的内容越来越丰富，劳动形态、劳动形式、劳动方式均发生了变化，这就对新一代劳动者提出了新要求。2020年初，为适应新时代的劳动要求，经中共中央、国务院审议通过并颁布了《关于全面加强新时代大中小学劳动教育的意见》（以下简称《意见》）。同年7月，教育部为贯彻落实《意见》精神，颁布了《大中小学劳动教育指导纲要（试行）》（以下简称《纲要》）。《意见》和《纲要》将劳动教育纳入新时代教育体系。

同时，为确保劳动教育的地位，提高劳动教育质量，《意见》还特别提出要"设置劳动教育指导课程""将劳动教育纳入……职业院校、普通高等学校人才培养方案，形成具有综合性、实践性、开放性、针对性的劳动教育指导课程体系"。紧随其后出台的《纲要》，也对普通高等学校、职业院校的劳动教育指导课程的内容、学时及课程资源研发等进行了明确的规定。如果说劳动教育课程建设是劳动教育教学中的一项基本建设，劳动教育指导教材建设则是劳动课程建设的必要条件和重要环节。因为教材是知识的载体、教学的材料、育人的工具，是学生学习的基础性资源。基于以上认识，编写组立足新时代劳动教育大力推进的迫切需求，着手编写了本书。

二、编写原则

按照《纲要》的指导精神，本书突出了以下原则：①符合《纲要》要求，合理安排讲授内容及顺序。②体现新时代中国高等教育改革发展的要求，关注国内劳动现状、中国劳动历史演变、人类的实际生活变化。③密切联系高校学生的实际学习需求和未来职业发展需求，增强对学生学习的吸引力。④继承和弘扬自古以来中华民族已经形成和流传下来的劳动文化和劳动精神。⑤体现劳动教育的特点，注重理论学习与劳动实践相结合，致力于培养学生的劳动意识、劳动精神、劳动能力和劳动行为。⑥具有开放性和弹性，为教师有选择地授课、学生有选择地学习留下空间。

三、编写过程

（一）确定编写理念、研究核心内容

《意见》明确指出："近年来一些青少年中出现了不珍惜劳动成果、不想劳动、不会劳动的现象。"如果我们把青少年不正确的劳动思想和行为也看成是"一个人不健康的习惯和行为"的话，就可以将"知信行"理论应用到大学生的劳动教育中，通过由教师向学生传导劳动知识和劳动方法等入手，让学生掌握正确的劳动知识和劳动技能，增强劳动创造美好生活的信念，从而能够积极主动地参加专业实习、志愿服务及社会调研等实践活动，最终达成学生尊重劳动、崇尚劳动，走上社会后能够辛勤劳动、诚实劳动、创造性劳动等一系列教学培养目标。为此，编写组决定将"知信行"理论运用到高校劳动教育领域，并以此为依据，开展劳动教育的课程建设和教材编写工作。

（二）分配编写任务、立项教材选题

韩剑颖组织编写组成员根据编写工作量和团队成员的署名位置对教材编写任务及附属任务进行了分配，并确定了编写进度。其中，韩剑颖、赵媛媛负责编写前言，第3、7、10章；毕莹、李名静负责编写第1、2、4、9章；邱静、杨杰负责编写第5、6、8章。韩剑颖、赵媛媛、王学成负责统稿。与此同时，编写组与清华大学出版社进行了积极沟通，在此过程中，徐永杰编辑对编写组的工作给予了具体指导和大力支持。

（三）主编统稿、修改定稿

教材撰写过程中，韩剑颖、赵媛媛、王学成先后三次对教材的结构、逻辑关系、文稿风格、体例等进行统一，尽力使之连贯和完善。其间，徐永杰编辑还组织召开视频会议，对文稿进行了审核，并针对部分章节主题不够突出、内容不够丰富等问题提出了修改意见，为保质保量完成教材撰写奠定了基础。

本书初稿完成后，颜晓峰、刘凤义、王东平三位专家在充分肯定内容的同时，还分别提出了非常宝贵的修改建议。编写团队在集体研讨的基础上，进一步对部分理论内容，特别是关于马克思主义劳动观及习近平总书记对劳动的重要论述等内容进行了再次梳理和完善。在此，编写团队对以上三位专家的鼎力支持和帮助表示衷心的感谢和诚挚的谢意。

四、适用范围及教学建议

《大学生劳动教育教程》适用于应用型本科和职业院校"劳动教育"课程的教学。

教学建议：①面向大一全体在校学生开设，第一学期为面授教学，第二学期为实践教学。②应用型本科和高职高专本科为 32 学时，职业院校不少于 16 学时。③应用型本科和高职高专本科学生面授教学内容主要为第 1 ～ 4 章，可设定为 16 ～ 20 个学时（含考核评价）。实践教学内容主要为第 5 ～ 10 章，可以任选其二，设定为 8 ～ 12 个学时。职业院校学生的面授教学内容主要为第 1 ～ 4 章，可设定为 16 个学时（含考核评价）。实践教学内容也是任选其二。

五、需要说明的其他事项

（一）课程考评建议

可采取日常考核与阶段考核相结合的方式，成绩占比可结合学校开展劳动教育的实际情况设定为 3 ∶ 7 或 4 ∶ 6。①日常考核包括参加日常劳动（如寝室卫生等）和参加学校组织或认可的课外劳动的次数、时间和具体表现等，评价方式可依据劳动项目的实际情况，采取自评、互评或依痕迹记录、检查结果等进行评价。②阶段考核分为两个部分：其一为课程知识或理论考核，评价方式为试卷测试或劳动实践报告等；其二为劳动态度、劳动行为和劳动实践成果考核，评价方式为学生互评及劳动实践项目主持单位评价相结合。两种考核的成绩各占 50%，其平均成绩为阶段性考核成绩。

（二）教学资源开发与运用建议

高校劳动教育资源既包括文本资源、影视图片资源与数字资源，也包括校内实践与校外实践等资源。高校为确保课程的顺利开展，可重点开发以下几类教学资源：①编写教案、教学课件、教学计划等。②分类收集与劳动教育相关的先进事迹、图片、音频、视频等。③制作诸如劳动操作视频、劳动安全视频等。④整合校内实践性劳动教育资源。

⑤整合社区、企业等校外实践性劳动教育资源。⑥建设数字化、多元化、特色化等劳动教育教学资源。

（三）校内外实践教学基地建设建议

高校可以整合学校内部的专业实习实践基地、学生公寓、运动场、教室、学生食堂、校办产业等地方的劳动实践资源，并将其转化为劳动实践项目。同时，高校还可以通过签订合作协议或购买服务等多种方式建设校外专业实习实践基地、劳动实践教育基地，并将实习实践任务及劳动任务转化为劳动实践项目。

六、结束语

由于编者能力所限，加之时间仓促，错误和不足之处在所难免。希望业内专家、学者及读者对教材的不足之处及时指正，我们将秉承闻过即改的态度和踏实专注、精益求精的精神，持续对教材架构和内容等进行改进和完善。

韩剑颖

2021 年 4 月

目　录

第1章　劳动教育概述

【核心问题】

☑ 劳动及劳动教育的内涵

☑ 劳动教育经历的发展阶段

☑ 新时代劳动教育的使命

【学习目的】

本章主要对劳动教育的内涵、发展过程以及新时期的劳动教育要求等内容进行学习，使学生自觉树立劳动最光荣、劳动最崇高、劳动最伟大、劳动最美丽的观念，理解并接受劳动教育对个人成长的重要意义，自觉践行新时代劳动使命，为实现中华民族伟大复兴的中国梦贡献力量。

【思维导图】

```
                              ┌─ 劳动及劳动教育的含义
              ┌─ 劳动及劳动教育 ┤
              │               └─ 新时代劳动教育的意义
              │
              │                                    ┌─ 新中国成立以来劳动
              │                                    │  教育发展的历史变迁
劳动教育概述 ─┼─ 新中国劳动教育的发展历程及特征 ┤
              │                                    └─ 新中国成立以来劳动
              │                                       教育的总体特征
              │
              │                      ┌─ 劳动立德
              │                      ├─ 劳动明智
              └─ 新时代劳动教育的使命 ┼─ 劳动强体
                                     ├─ 劳动植美
                                     └─ 劳动赋能
```

【引言】

《关于全面加强新时代大中小学劳动教育的意见》
《大中小学劳动教育指导纲要（试行）》的发布

劳动教育是中国特色社会主义教育制度的重要内容，直接决定社会主义建设者和接班人的劳动精神面貌、劳动价值取向和劳动技能水平。近年来，在一些青少年中出现了不珍惜劳动成果、不爱劳动、不会劳动的现象，劳动的独特育人价值在一定程度上被忽视，劳动教育的功能正被淡化、弱化。

为构建德智体美劳全面培养的教育体系，贯彻落实新时代党对劳动教育的新要求，2020年3月20日，中共中央、国务院发布《关于全面加强新时代大中小学劳动教育的意见》（以下简称《意见》），对新时代劳动教育作出顶层设计和全面部署，提出要全面构建体现时代特征的劳动教育体系，把握劳动教育的基本内涵，明确劳动教育的总体目标，牢固树立劳动最光荣、劳动最崇高、劳动最伟大、劳动最美丽的观念。《意见》从充分认识新时代培养社会主义建设者和接班人对加强劳动教育的新要求、全面构建体现时代特征的劳动教育体系、广泛开展劳动教育实践活动、着力提升劳动教育支撑保障能力、切实加强劳动教育的组织实施等方面，共提出了18条要求，对探索具有中国特色的劳动教育模式，在知行合一中促进学生形成正确的劳动观，形成正确的世界观、人生观、价值观具有重大意义。

为贯彻落实《意见》精神，2020年7月7日，教育部印发了《大中小学劳动教育指导纲要（试行）》（以下简称《指导纲要》），《指导纲要》明确指出，劳动教育是发挥劳动的育人功能，对学生进行热爱劳动、热爱劳动人民的教育活动，要强化学生的劳动观念，弘扬勤俭、奋斗、创新、奉献的劳动精神；强调全身心参与，手脑并用，亲历实际的劳动过程；要在充分发挥传统劳动工艺项目育人功能的同时，紧跟科技发展和产业变革，体现时代要求；还要充分发挥学生的主动性、积极性，鼓励创新创造。

【扫码知】

《关于全面加强新时代大中小学劳动教育的意见》

《大中小学劳动教育指导纲要（试行）》

1.1 劳动及劳动教育

1.1.1 劳动及劳动教育的含义

1. 劳动的含义

劳动是人类实践活动的一种特殊形式，是创造物质财富和精神财富的活动，是人维持自我生存和自我发展的唯一手段，是人类社会生存和发展的基础。劳动客观广泛地存在于日常工作生活之中，随处可见，触手可及，包括体力劳动和脑力劳动、简单劳动和复杂劳动、物质生产劳动和精神生产劳动、生产性劳动和服务性劳动等。

"在劳动发展史中找到了理解全部社会史的锁钥。"① 劳动将人与动物从本质上彻底区分开，可以说人类发展的历史，就是一部劳动发展史。在劳动的直接推动下，人类实现了进化发展，产生了文明。马克思主义认为，劳动创造了人本身、创造了人类社会、创造了社会中的物质财富和精神财富。"它（劳动）是整个人类生活的第一个基本条件，而且达到这样的高度，以至于我们在某种意义上不得不说：劳动创造了人本身。"②

2. 劳动教育的含义

《教育大辞典》对"劳动教育"进行了定义："劳动、生产、技术和劳动素养方面的教育，旨在培养学生正确的劳动观点、劳动态度、劳动习惯，使学生获得工农业生产基本知识和技能。"著名教育家陶行知曾指出："劳动教育的目的，在谋手脑相长，以增进自立之能力，获得事物之真知及了解劳动者之甘苦。"劳动教育是使学生树立正确的劳动观点和劳动态度，热爱劳动和劳动人民，养成劳动习惯的教育，是人德智体美劳全面发展的主要内容之一。③ 劳动教育为人与人、人与社会、人与自然的正确、和谐相处，提供方法和指导，是实现劳动的工具性和价值性相统一的重要途径。作为一种教育活动，不等同于简单的体力劳动，也不等同于学习技术或惩罚手段，劳动教育直接决定着劳动者的技能水平和劳动风貌，对正确树立劳动者的世界观、人生观、价值观具有重要的导向作用和实践意义，具有十分丰富的内涵。

（1）**劳动教育是基础教育。**人民创造历史，劳动开创未来。马克思认为："历史

---

① 马克思，恩格斯.马克思恩格斯文集：第4卷[M].北京：人民出版社，2009：313.
② 马克思，恩格斯.马克思恩格斯选集：第4卷[M].北京：人民出版社，2011：373.
③ 劳动教育.百度百科，https://baike.baidu.com/item/%E5%8A%B3%E5%8A%A8%E6%95%99%E8%82%B2/1514242?fr=aladdin.

承认那些为共同目标劳动因而自己变得高尚的人是伟大人物，经验赞美那些为大多数人带来幸福的人是最幸福的人。"①劳动为物质和文化的发展提供实现的根本途径。劳动在"五育"并举的人才培养中处于基础地位，劳动教育是基础性教育，是实现人的全面发展的基石。同时，劳动教育也在教育体系中起统领作用，是实现将知识转化成为实践的桥梁。

党的十八大以来，习近平总书记多次论述"幸福不会从天而降""新时代是奋斗者的时代""奋斗本身就是一种幸福"等重要观点，强调幸福都是奋斗出来的，深刻指出了幸福的来源和真谛，即通过辛勤、诚实、创造性的劳动来获得。劳动教育是中国特色社会主义教育制度的重要内容，意义重大。劳动教育启蒙于家庭、强化于学校、泛在于社会，具有独特性和系统性，此外，劳动教育也是思想政治教育的重要手段和工具，旨在培养合格的社会主义建设者和接班人。劳动教育在新的历史条件下，在综合性人才的培养过程中，基础性作用和重要意义愈加凸显。

（2）劳动教育内涵丰富。劳动教育把其他一切教育内容凝结在实践中，以实现知行合一为价值追求，内涵丰富。劳动知识和劳动实践关系密切、不可分割，劳动知识指导劳动实践，劳动实践丰富劳动知识，而劳动知识的获得和劳动情感的培育，都要从劳动教育中去获得。

劳动教育在将教育与生产劳动作为两个独立系统的基础之上，通过科学技术手段将二者有机结合，让学生动手实践、出力流汗，接受锻炼、磨炼意志。劳动教育不仅包括实践层面的生存技能、专业技术等具体的劳动方式方法的教育，也包括对正确的劳动观念、劳动态度、劳动习惯等方面的教育，使受教育者学会主动进行身心合一的、创造性的劳动，并在劳动的过程中获得价值感和意义感。

（3）培养正确的劳动观念。正确的劳动观念和劳动情感，可以指导劳动者正确处理好在劳动实践中遇到的各种难题，增强攻坚克难的勇气，扎扎实实地提升生活和工作的技能水平，牢固树立劳动最光荣、劳动最崇高、劳动最伟大、劳动最美丽的观念，培育劳动精神，推动形成良好的社会风尚。

随着时代的发展变化，科技水平的不断发展提高，劳动在实践方式上也有了发展变化，劳动方式和途径呈现了多样化特点。正确的劳动价值观念和劳动情感的养成，是劳动教育的重要内涵和目的，也是劳动教育的核心，对提升劳动者综合素质、推动社会发展，具有重要作用。近年来，一些青少年由于缺乏正确的劳动观念，不注重劳动积累，对劳动过程和结果的认识产生了偏差，导致"眼高手低"的情况时有发生，从而在理想与现实的实践中遭遇挫折和失败。培养正确的劳动观念，加强劳动意识和劳动责任，对不断增强劳动主体在劳动过程中的幸福感、获得感和成就感，具有重要意义，从而坚定劳动

---

① 马克思，恩格斯.马克思恩格斯全集：第四十卷.北京：人民出版社，1982：27.

创造价值的意志信念。

　　树立正确的劳动观，不是一时之功，而是在长久的实践中积淀而成的，要经受千锤百炼，战胜各种诱惑，克服各种困难。树立正确的劳动观，需要教育和引导，更重要的是需要自觉行动，强化奉献意识，用辛勤劳动创造出彩人生。

拓展阅读

　　劳动开启了人类历史，人们对劳动的关注从未停止，我们应该如何调节长期以来存在的劳动者地位的卑微和劳动的高尚的悖论问题？这需要我们从历史发展的角度去解锁这个难题。

　　从词源学考察，"劳动"一词在中西方发展演变的过程中显示，"劳动"包含"苦力"的成分，从事这一活动的劳动者不仅承担巨大的身心压力，而且在社会地位上尤为低下。

　　从中文来看，"劳"与"动"的含义相对独立。劳作为会意字。金文一形下从"艹"（双手），上从"爵"（酒器），中间断线像酒流出的形状，意为双手举爵以酒对辛劳有功者进行慰问、犒劳之意；篆文承接古文另加义符"力"，成了从力，从焭省，字形上面是"焱"，表灯火，通明的意义，表明劳作时间长；其中间是"冖"，表示房屋，下面是"力"，表示用力，在古代特指"干苦力的人"，还可作"仆役""徭役"等解释。隶书变楷书后写作"勞"，如今简化为"劳"。由此可见，古人在造"劳"字的时候，指出劳动者心力交瘁、夜以继日的辛劳之义贯穿其中。动，会意兼形声字。金文从"重"（一个头上带有刑罚标志的人身背竹篓形），从"土"，用一个背重物的人站在地上会背得起来之意。这是古代对罪人或者奴隶的一种惩罚，表明这一人群的辛酸身世和卑下的地位。在中国古人的眼中，劳动和劳动者一开始就被烙下被歧视的地位和命运。

　　从西方词源发展来讲，英语"labor"与中文"劳动"意思基本一致。"labor"源于拉丁语"labor"，在拉丁语中是"艰辛"的意思，在古英语里有"痛苦""悲伤"的意思。从16世纪开始，其意涵被延伸扩大，用来指"分娩的阵痛"。从17世纪起，除了"分娩的阵痛"这个特定的含义之外，大家逐渐不会将labor与pain（痛苦）联系在一起，虽然其普遍的与延伸的意涵——"费力"仍然常被使用。labor的现代词义主要有：①劳动，（尤指）体力劳动；②劳动者，劳工、工人、劳动力；③分娩，分娩期、分娩、生产；④政治，英国工党；⑤奋斗，努力做（困难的事）；⑥努力工作，干苦力活；⑦努力地进行，困难吃力地进行。

　　尽管汉语中的"劳动"和西语中的"labor"分属两种不同的语系，不存在词源上的某种联系，但是从"体力劳动"特别是"苦力"的意义上讲，中西方存在一定的关联。汉语"苦力"是个外来词，和英语中的coolie、法语中的cooly、德语中的kuli不仅语音相似，而且意义也相似。"苦力"一词源于印度语，17—18世纪传入英国，后进入德语、俄语等语言系统。"coolie"一词的产生，与世界劳动力市场的变革相关。19世纪40年代后期，奴隶制被废除，随之造成劳动力匮乏，于是就有劳动力贩子从印度、中国等地"收购"廉价的劳动力，这种被契约束缚、靠出卖力气干重活的劳工，被西方商人蔑称为"coolie"。后来，"劳动"一词的运用范围不断扩大，描述对象越来越多，但是其中蕴含的基本意义并未出现质的飞跃。直到马克思发现辩证唯物主义和历史唯物主义，"劳动"的概念才得以正名。

劳动之所以高尚，就在于这一行为本身创造了人类财富，推动了社会发展。马克思在考察人类历史发展的过程中，揭示资本主义发展的内在矛盾、挖掘"剩余价值"的由来、直面以工人阶级为代表的劳苦大众的地位与生活境地以及其创造的极大的物质和精神财富的历史事实，揭开人类社会发展推动力的"秘密"，指出以劳动者为主体的人民群众的社会主体性地位。至此，劳动者的历史地位和历史作用得到全面提高，对劳动的内涵以及树立什么样的劳动观也有了更深层次的探讨。

1.1.2 新时代劳动教育的意义

1. 实现中华民族伟大复兴的必然要求

党的十九大报告指出，实现中华民族伟大复兴是近代以来中华民族最伟大的梦想。中国梦生动形象地表达了全体中国人民的共同理想追求，昭示着国家富强、民族振兴、人民幸福的美好前景，为坚持和发展中国特色社会主义注入新的内涵和时代精神。新时代的劳动教育，就是坚持把握育人导向、遵循教育规律、体现时代特征、强化综合实施、坚持因地制宜，培养广大的"追梦者"和"圆梦人"。幸福不会从天而降，梦想不会自动成真。广大青年学子通过接受系统的劳动教育，能在投入社会实践中，更好地找准努力方向，更好地立足岗位，更好地创新创造，并身体力行地自觉传播劳动精神和劳动观念，让勤奋做事、勤勉为人、勤劳致富在全社会蔚然成风，这既是劳动教育的目标，也是实现中华民族伟大复兴的必然要求。

2. 推动青年大学生全面发展

劳动教育在大学生追求自我价值、全面发展方面意义重大。马克思曾指出，教育同生产劳动相结合是提高社会生产力的一种方法，是改造现代社会最强有力的手段，是造就全面发展的人的唯一方法。一个全面发展的人，是智力和体力劳动相结合且得到充分发展的人，既要有丰富的科学文化知识，还要有多方面的志趣，才能实现人生的价值和意义。同时，现代社会生产要求劳动者全面发展，只有全面发展的劳动者才能适应社会发展的需要，担负起现代社会的大生产任务。

新时代大学生肩负时代使命，是国家的未来和民族的希望。2018年9月10日，习近平总书记在全国教育大会上发表讲话时强调："要在学生中弘扬劳动精神，教育引导学生崇尚劳动、尊重劳动，懂得劳动最光荣、劳动最崇高、劳动最伟大、劳动最美丽的道理，长大后能够辛勤劳动、诚实劳动、创造性劳动。"[①] 大学生的全面发展要在学习科学文化知识的同时，必须与劳动相结合，建立劳动创造美好生活的理念，树立正确的劳动价值观、择业观，在劳动中获取智慧、吸取营养、获得前进动力。通过接受全面持续的劳动教育，广大青年学子能够树立正确的劳动价值取向，正确对待劳动、劳动者和劳动成果，不断夯实劳动能力，涵养劳动品质，养成良好的劳动习惯，推动实现个人的全面发展。

广大青年学子要立足当下生活实际，面向崭新未来，树立大局意识和全局观念，主动投身于中国特色社会主义伟大事业中，把个人梦与中国梦紧密结合起来，把实现中华民族的伟大复兴内化为自身的价值追求，外化为自觉的劳动实践，通过积极参与日常生活劳动、生产劳动、服务性劳动，全面提升劳动素质，争做时代新人，践行使命担当，以劳动托起中国梦。

1.2 新中国劳动教育的发展历程及特征

劳动是人类生存繁衍的永恒话题，也是国家发展的动力和支撑。大力加强劳动教育是新中国成立以来不同时期教育工作的重要任务之一。了解劳动教育发展的历史，能帮助我们更加清楚明白我国劳动教育的发展历程、目的意义和使命任务，清晰认识国家的发展需求，从历史中汲取前进的力量，深刻认同劳动教育在新时代的要求，并为达到新时代劳动教育目标而不断努力，谱写"中国梦·劳动美"的新篇章，开启新征程，扬帆再出发。

1.2.1 新中国成立以来劳动教育发展的历史变迁

1934 年 1 月，毛泽东同志在第二次全国苏维埃代表大会的工作报告中提出苏维埃文化教育的总方针，指出"在于以共产主义的精神来教育广大的劳苦民众，在于使文化教育为革命战争和阶级斗争服务，在于使教育与劳动联系起来，在于使广大中国民众都成为享受文明幸福的人"[②]。中华人民共和国的成立，开创了中华民族的新纪元，也揭开了中国教育事业发展的新篇章，教育必须与生产劳动和社会实践相结合成为党一直以来坚持的教育方针。

---

① 教育部课题组.深入学习习近平关于教育的重要论述[M].北京：人民出版社，2019：11.
② 中国人民大学哲学系.毛泽东哲学著作学习文件汇编（下册）[M].北京：中国人民大学出版社，1958：560.

1. 1949—1956 年：新民主主义向社会主义过渡时期

1949 年通过的《中国人民政治协商会议共同纲领》第四十二条规定："提倡爱祖国、爱人民、爱劳动、爱科学、爱护公共财物为中华人民共和国全体国民的公德。"① 在新中国成立初期起到了团结人民共同前进的作用，也为新中国人民的精神面貌作出了要求。

随后几年，国家在各教育层面颁布的一系列的教育方针、规定、文件，如《教育部关于实施高等学校课程改革的决定》《教育部关于颁发中学暂行教学计划（草案）及中等学校暂行校历（草案）的命令》《中学暂行规程（草案）》《小学暂行规程（草案）》《中等技术学校暂行实施办法》等，与劳动实践相关联的教育内容大多为专业实习。其中，1950 年《教育部关于实施高等学校课程改革的决定》要求："为加强教学与实际相结合，高等学校应与政府各业务部门及其所属的企业和机关，建立密切的联系。高等学校的教师应与上述部门的工作、生产和科学研究，作适当的配合；应该有计划地组织学生的实习与参观，并将这种实习和参观，作为教学的重要内容。政府各业务部门为了有效地培植国家建设人才，应以通过教育部，协助高等学校的教学、实习和研究，作为自己部门本身业务的构成部分。对于实习学生，各业务部门负有与教育部共同领导的责任。"

拓展阅读

1949 年 9 月 21 日，中国人民政治协商会议第一届全体会议在北平中南海怀仁堂隆重开幕，会议代行全国人民代表大会的职权，通过了具有临时宪法性质的《中国人民政治协商会议共同纲领》，选举产生了中央人民政府委员会，宣告了中华人民共和国的成立。

1954 年 5 月 24 日，针对当时中、小学毕业生普遍发生升学紧张的问题，中共中央转发教育部党组《关于解决高小和初中毕业生学习与从事生产劳动问题的请示报告》，指出"主要由于过去几年中央教育部对中、小学教育的指导思想上有忽视劳动教育的偏向，在教学改革中，在教师思想改造中，都没有着重批判鄙视体力劳动和体力劳动者的剥削阶级的教育思想，也没有向广大群众和学生明确地阐明中、小学教育的性质与任务，使旧中国遗留下来的鄙视体力劳动和体力劳动者的错误的教育思想，继续支配着广大教师和学生……对于许多学校教师和青年学生存在着的鄙视体力劳动和体力劳动者的错误观点，则应进行耐心的教育，以提高他们的觉悟水平。"为此，5 月 29 日，《人民日报》发表中央宣传部《关于高小和初中毕业生从事劳动生产的宣传提纲》。此后，许多城镇高小、初中毕业生响应党的号召上山下乡，参加农业生产劳动，形成知识青年上山下乡第一高潮。在随后的工作报告和文件中，教育部对劳动教育作出了更具体的规定和要求——1955 年的《关于初中和高小毕业生从事生产劳动的宣传教育工作报告》，肯定

---

① 中共中央文献研究室.建国以来重要文献选编（第一册）[M].北京：中央文献出版社，1992：33.

了很多学校在加强劳动教育方面作出的尝试，如组织学生参观劳动场所、访问劳动模范、阅读劳动读物等课外劳动教育，并提出要加强课内课外劳动教育的结合；1956 年又印发了《1956—1957 学年度中学授课时数表》《关于普通学校实施基本生产技术教育的指示（草案）》，对生产技术教育每周的上课时间、具体要求等都作出了明确规定。

2. 1957—1977 年：社会主义探索时期的劳动教育

社会主义制度的确立，为劳动教育的内容和目标指明了新的方向，教育事业迅速发展。毛泽东同志在《关于正确处理人民内部矛盾的问题》中指出："我们的教育方针，应该使受教育者在德育、智育、体育几方面都得到发展，成为有社会主义觉悟的有文化的劳动者。要提倡勤俭建国。要使全体青年们懂得，我们的国家还是一个很穷的国家，并且不可能在短时间内根本改变这种状态，全靠青年和全体人民在几十年时间内，团结奋斗，用自己的双手创造出一个富强的国家。"1958 年颁布的《中共中央、国务院关于教育工作指示》要求"把生产劳动列为正式课程，每个学生必须依照规定参加一定时间的劳动"，提出改进教育工作的任务是"党的教育工作方针，是教育为无产阶级的政治服务，教育与生产劳动相结合"。同年，共青团中央正式发出了《关于在学生中提倡勤工俭学的决定》，视勤工俭学为具体实现知识分子和工农相结合、脑力劳动和体力劳动相结合的一条重要途径。开展勤工俭学活动，必须有计划、有步骤地实施，要量力而行，注意在具体实施过程中做好对青年学生的思想政治工作。这一阶段，高校对教育与生产劳动相结合教育方针的积极落实，基于当时新中国的国情以及对革命时期的教育经验和苏联经验的学习，生产劳动被列为正式课程，并以教学、生产、科学研究三结合的形式开展。1958 年 9 月 5 日，上海水产学院（现上海海洋大学）海洋渔业系同学在水产公司鱼片车间勤工俭学，如图 1-1 所示。

图　1-1

（资料来源：上海海洋大学团委）

这一时期，劳动教育在形式和内容上都有了新的探索，呈现出体系化发展的形态。但"文化大革命"期间，劳动教育的政治意义被过度拔高，甚至把学习与劳动对立起来、把脑力劳动与体力劳动对立起来、把知识分子与工农群众对立起来，劳动教育没有按照正常的内在规律进行。

3.1978—1999 年：改革开放后至 21 世纪前的劳动教育

伴随着改革开放，劳动教育的改革也有序地进行了推进。就如何平衡好脑力劳动与体力劳动，如何将教育与生产劳动相结合，如何正确认识劳动教育在教育中的地位等问题，展开了深入讨论和改革推进，结合实际国情和人才发展需要，逐步将劳动教育向深处推进。

1985 年的《中共中央关于教育体制改革的决定》指出："教育必须为社会主义建设服务，社会主义建设必须依靠教育。"①1990 年 6 月，江泽民同志在第三次全国教育工作会议上指出："必须全面贯彻党的教育方针，坚持教育为社会主义、为人民服务，坚持教育与社会实践相结合，以提高国民素质为根本宗旨，以培养学生的创新精神和实践能力为重点，努力造就'有理想、有道德、有文化、有纪律'的德育、智育、体育、美育等全面发展的社会主义事业建设者和接班人。"1992 年试行的《中华人民共和国义务教育法实施细则》通过法制形式一再强调义务教育的实施务必以国家的教育方针为标准，坚持社会主义现代化前进方向，实行教劳结合的形式。1993 年《中国教育改革和发展纲要》指出，当前的教育工作任务是要进一步提高劳动者素质，推动形式上和技能上的劳动教育。1999 年，中共中央、国务院作出《关于深化教育改革全面推进素质教育的决定》，提出全面推进素质教育，注重人的全面和谐发展。

1985 年教育体制改革后对人才素质结构要求发生了变化，开始注重人才的实践能力与创新精神的培养；20 世纪 90 年代后实施推进素质教育，进一步加强了对人才的综合素质和实践能力的要求，这一时期的高校劳动教育以提高学生实践能力和培养综合素质为主，社会实践成为新的历史条件下贯彻教育与生产劳动相结合的有效途径。高校的劳动教育体现出教学、科研、社会实践三结合，社会实践与思想政治教育相结合，高校社会实践活动走向制度化与规范化等显著特点。

4.2000—2012 年：全面建设小康社会以来的劳动教育

进入 21 世纪，伴随着新的历史背景，劳动教育有了新的发展，内涵更加丰富、深刻。2000 年 10 月，党的十五届五中全会提出，从新世纪开始，我国进入全面建设小康社会、加快推进社会主义现代化的新发展阶段。党的十六大报告指出："必须尊重劳动、尊重知识、尊重人才、尊重创造，这要作为党和国家的一项重大方针在全社会认真贯彻。要尊重和保护一切有益于人民和社会的劳动。不论是体力劳动还是脑力劳动，不论是简单劳动还是复杂劳动，一切为我国社会主义现代化建设作出贡献的劳动，都是光荣的，都应该得到承认和尊重。"②尊重知识、尊重人才、尊重创造与尊重劳动具有内在一致性，是现代社会尊重劳动的必然要求。

① 关于教育体制改革的文件[M].北京：人民出版社，1985：5.
② 中国共产党第十六次全国代表大会文件汇编[M].北京：人民出版社，2002：25.

　　为应对基础教育面临的新挑战，推进基础教育的改革与发展，2001 年国务院发布《关于基础教育改革与发展的决定》，指出"坚持教育必须为社会主义现代化建设服务，为人民服务，必须与生产劳动和社会实践相结合，培养德智体美等全面发展的社会主义事业建设者和接班人"①。既是对我国历来的教育方针的继承，也体现了新时期的教育方向和需求。社会实践的过程就是对思想意识和知识的检验、运用和创新的过程，同时，更加注重对知识的运用和创新。劳动教育与生产劳动和社会实践相结合，体现了新时代的劳动教育和实践的多样性，劳动教育成为社会活动的重要一环。

　　2001 年 6 月教育部印发《基础教育课程改革纲要》，开始全面推进素质教育，使学生"具有初步的创新精神、实践能力、科学和人文素养以及环境意识"，同时，"建立促进学生全面发展的评价体系。评价不仅要关注学生的学业成绩，而且要发现和发展学生多方面的潜能，了解学生发展中的需求，帮助学生认识自我，建立自信。发挥评价的教育功能，促进学生在原有水平上的发展。"这进一步加强了对学生的综合素质和实践能力的要求。

　　2004 年 10 月 14 日，中共中央、国务院发布《关于进一步加强和改进大学生思想政治教育的意见》，强调充分发挥社会实践在大学生思想政治教育中的重要作用，要求广泛发动大学生利用寒暑假等时间开展文化、科技、卫生"三下乡"和科教、文体、法律、卫生"四进社区"活动，明确提出要建立大学生社会实践保障体系，探索实践育人的长效机制。

　　劳动教育的内涵和外延，随着社会的进步与发展，不断地被拓展延伸。劳动教育在全面建设小康社会以来，更加强调脑力劳动与体力劳动的结合，倡导通过劳动为社会创造价值。

5. 2012 年至今：中国特色社会主义新时代以来对劳动教育的新发展

　　党的十八大以来，习近平总书记关于劳动及劳动教育的重要论述成为加强新时代劳动教育工作的根本遵循和行动指南。"民生在勤，勤则不匮。"习近平新时代中国特色社会主义思想包含了丰富的劳动教育内涵，教育引导广大青少年牢固树立热爱劳动的思想，从小养成热爱劳动的习惯，掌握丰富的劳动知识和技能，在劳动中创造、收获、提升，摒弃不劳而获的幻想，用自己的双手创造美好的生活。

　　习近平总书记在党的十九大报告中提出"培养担当民族复兴大任的时代新人"的教育任务，在全国教育大会上提出"构建德智体美劳全面培养的教育体系"的工作要求。劳动教育是培育时代新人的必要途径，没有劳动教育的教育，是不全面、不完整、不成功的教育。2018 年 4 月 30 日，习近平总书记回信勉励中国劳动关系学院劳模本科班学员时强调指出："全社会都应该尊敬劳动模范、弘扬劳模精神，让诚实劳动、勤勉工作

---

① 顾明远，刘复兴.改革开放30年中国教育纪实[M].北京：人民出版社，2003：122.

蔚然成风。"热爱劳动的劳动教育观，既是对马克思主义教育思想的继承和发展，也是对新时代中国特色社会主义教育制度的坚持和完善。

"教育必须为社会主义现代化建设服务、为人民服务，必须与生产劳动和社会实践相结合，培养德、智、体、美等方面全面发展的社会主义建设者和接班人。"①2015年12月27日，第十二届全国人大常委会第十八次会议表决通过了关于修改《教育法》《高等教育法》的决定，修订后的《高等教育法》第四条新增了"为人民服务"与"社会实践"相结合等内容；第五条关于高等教育任务表述中增加了"社会责任感"的要求。这一修订是对我国高等教育未来改革发展的制度引领，彰显了我国高等教育改革发展的价值取向。在2018年全国教育大会上，习近平总书记明确提出"德智体美劳全面发展"，把"劳"列入全面发展的教育理念和教育方针中，劳动教育进入了新的发展期。2020年颁布的《关于全面加强新时代大中小学劳动教育的意见》和《大中小学劳动教育指导纲要（试行）》，更是指明了劳动教育的目标，让广大青年学子理解并形成马克思主义劳动观，体认劳动，热爱劳动，尊重普通劳动者，培养勤俭、奋斗、创新、奉献的劳动精神；具备满足生存发展需要的基本劳动能力，养成良好的劳动习惯。

回顾新中国成立以来的劳动教育，伴随不同时期社会发展的主题，劳动教育的方针和重点也有所不同，劳动教育的内涵也随着时代发展而不断丰富，但"劳动者""生产劳动""社会实践"这些概念词汇一直在我国教育方针的表述中有所体现，意味着我们始终注重劳动教育在人才培养中的作用和功能。因此，广大青年学子只有投身到具体的劳动实践中，才能更好地了解社会、了解祖国，才能增强才干、收获幸福，才能成为堪当时代大任的建设者、圆梦人。新中国成立以来涉及劳动教育的重要文件，见表1-1。

表　1-1

年　　份	文 件 目 录
1954	《关于解决高小和初中毕业生学习与从事生产劳动问题的请示报告》
1955	《教育部党组关于初中和高小毕业生从事生产劳动的宣传教育工作报告》
1958	《关于在学生中提倡勤工俭学的决定》
1982	《教育部关于普通中学开设劳动技术教育课的试行意见》
1985	《中共中央关于教育体制改革的决定》
1986	《中华人民共和国义务教育法》
1999	《关于深化教育改革全面推进素质教育的决定》
2001	《关于基础教育改革与发展的决定》
2015	《关于加强中小学劳动教育的意见》
2020	《关于全面加强新时代大中小学劳动教育的意见》
2020	《大中小学劳动教育指导纲要（试行）》

---

① 　教育部课题组.深入学习习近平关于教育的重要论述[M].北京：人民出版社，2019：95.

❤️🌱 1.2.2　新中国成立以来劳动教育的总体特征

新中国成立以来，劳动教育在发展变迁中，不断深化发展，逐渐形成具有典型特征的完整的教育体系。

1. 劳动教育的体系化发展

《人民日报》在20世纪50年代发起了全面发展教育的大讨论，直接促使劳动教育被列入正式的课程计划；20世纪70年代末和80年代，随着《人民教育》等对劳动教育定位的重新明确，各地开展了多种形式的基于全面发展的劳动教育实践，保障了我国劳动教育的持续发展，逐渐形成了劳动教育在育人过程的全贯通、劳动教育内容多样、劳动氛围浓厚的体系化特点，主要表现为各类学校劳动教育相互衔接、劳动课程与校内外活动相配合、以校办劳动基地为依托、社会舆论广泛支持的劳动教育体系。

（1）"教劳结合"思想贯穿劳动教育发展始终。"教劳结合"思想主要就是坚持教育与生产劳动相结合，随后发展为教育与生产劳动和社会实践相结合。在不同时期的教育方针和学校的生产劳动与社会实践中，都贯穿着"教劳结合"。新中国成立后，学校开始有计划地组织学生参加生产劳动，并进行劳动教育，逐步将生产劳动和社会实践作为一项重要课程。坚持教育与生产劳动和社会实践相结合，既是坚持党的领导和教育方针，也是发挥教育功能、提升劳动、改造劳动的重要途径。

（2）劳动教育逐步与社会实践的相结合。学校劳动教育是一个不断发展的过程，它由"教育与生产劳动相结合"逐步发展为"教育与生产劳动和社会实践相结合"，并逐步纳入培养计划和教学过程。从20世纪80年代起，学校劳动教育逐渐与思想政治教育相结合，在生产劳动中融入社会实践后，学校逐渐把加强思想政治教育与引导学生参加社会实践结合起来。此后的一系列思想政治教育文件都将生产劳动等社会实践活动作为加强改进学生思想政治教育的重要途径，强调通过思想政治教育来引导学生社会实践的开展。

（3）劳动教育目标的立体化。新中国成立以来，劳动教育的目标具有阶段性特征。第一阶段，20世纪60年代前后的学校劳动教育以养成劳动习惯和获得劳动知识技能为主；第二阶段，80年代的学校劳动教育以培养劳动情感和提高实践能力为主；第三阶段，90年代以来的学校劳动教育以培养学生综合素质和促进学生全面发展为主。进入新时代以来，劳动教育更强调对劳动科学知识与技能、劳动情感态度、劳动精神及劳动价值观等全面系统的劳动素养的培养，进而促进人的全面发展。

2. 劳动教育的深刻价值追求

新中国成立以来，中国的马克思主义理论家和实践者创造性地借鉴马克思教劳结合造就全面发展的人的思想，强调将劳动教育定位为培养全面发展的人，为劳动教育指明方向。劳动教育的价值追求和落脚点，始终在于培养全面发展的人。

劳动教育具有与时俱进的特质。新中国成立伊始，劳动教育就是中小学生的必修课程，和所有学科紧密相连。自 1955 年起，劳动教育虽然呈现不同的名称和形态发展，但其内容始终围绕促进人的全面发展这个核心问题。尤其是进入 21 世纪以来，劳动教育更加符合对综合人才培养的时代需求，成为探索教育新形势的载体和途径，更加强调提升学生在劳动中对知识的运用、整合、探究能力，在劳动中提升志愿精神和劳动素养，在劳动中提升人际交往能力和个人综合素质。

劳动教育不是简单地在教育中加入劳动的内容，而是体现在符合时代变化特征和学生成长规律、对人的全面发展产生教育影响的完整教育的价值观上。劳动教育的本质是教育和引导学生实干、奋斗、创造和奉献，加强劳动教育有利于使其练就过硬的实践本领，提升综合素质，实现全面发展，进而创造出更多的物质财富和精神财富，更好地服务于党和国家、服务于社会和人民，为实现中华民族的伟大复兴贡献智慧和力量，这是时代新人的使命担当和显著特质，也是新中国成立以来我国劳动教育的价值追求。

1.3 新时代劳动教育的使命

当代青年大学生的成长成才和中华民族伟大复兴进程高度一致。党的十九届五中全会指出，要高度重视技能人才工作，大力弘扬劳模精神、劳动精神、工匠精神，激励更多的劳动者特别是青年一代走技能成才、技能报国之路，培养更多的高技能人才和大国工匠，为全面建设社会主义现代化国家提供人才保障。新时代的劳动教育肩负着培养高水平、强能力、多贡献的劳动者的时代使命。

1.3.1 劳动立德

劳动不仅创造财富，而且造就美德。马克思、恩格斯认为，真正自由的劳动将构成人的第一需要。美好的生活来源于勤劳、诚实、高效的劳动。人无德不立，劳动过程本身，是为人民服务的过程，就是立德和塑造人格的过程。"劳动是财富的源泉，也是幸福的源泉。人世间的美好梦想，只有通过诚实劳动才能实现；发展中的各种难题，只有通过诚实劳动才能破解；生命里的一切辉煌，只有通过诚实劳动才能铸就。"①

---

① 中共中央文献研究室.习近平关于实现中华民族伟大复兴的中国梦论述摘编[M].北京：中央文献出版社，2014：48.

拓展阅读

这是真实发生在广西巴马的故事。从 2014 年开始，在山区支教的杨非凡经常收到来自全国各地的捐赠物品。为了将物品合理地分给每个孩子，他在学校办起了爱心超市，并印制了校园"货币"，每个想要捐赠物品的孩子，必须通过劳动换取酬劳，然后拿自己挣到的"钱"去换取或租借物品。杨非凡表示，这样既消除了分配不均现象，也培养了孩子们热爱劳动的良好习惯。（资料来源：搜狐视频新闻频道）

1. 劳动与团结互助

劳动具有社会性，它从来就不是一个人的劳动。处在一定社会关系中的人，必然要通过劳动来实现人与人之间的联系，尤其在社会分工越来越细化的今天，一个人依靠独立的劳动去完成一项劳动任务，已经越来越难以实现。在这种前提下，劳动者个体将会越来越直接而深刻地意识到自身对社会和他人的依赖性，越来越感受到自己作为某个集体或整体的其中一个环节或细胞的意义。在这样的客观条件的制约下，劳动主体只有选择团结合作，才能完成好自己的工作部分，并且在个人劳动与集体成就中，实现劳动目标和个人价值，最终在个人方面形成良好的讲奉献、讲团结、讲合作的道德情操，在社会层面构建良好的社会关系。

新时代的劳动教育，旨在培养广大青年学子在劳动中认识到人的本质和劳动的本质；在团结互助中增强凝聚力和集体意识，高质、高效地完成劳动任务，实现劳动目标；在劳动实践中汲取成长的力量，激发砥砺前行的内在动力；在拼搏奉献中培养高尚的道德情操，实现个人利益与社会利益的统一。

2. 劳动与平等

劳动没有高低贵贱之分，每一个职业都有其社会功能，每一个岗位都能发光发亮，光荣属于劳动者。只要是靠自己的双手进行的辛勤劳动，就是对社会有益的劳动，就是自我价值和社会价值实现的统一。通过接受劳动教育、学习劳动的内涵和意义，广大青年学子可以纠正对劳动的偏见及狭隘的认识，反对不劳而获、坐享其成，不断拓宽劳动的内涵，创造更加平等的社会氛围。从历史上看，只有尊重劳动者的社会，优先选择劳动作为衡量社会贡献、分配社会利益的标尺的社会，才是相对进步的社会。同时，平等不仅是道德层面的，也是法律层面的，良好的社会劳动氛围和正确的社会劳动认识，是劳动者获得保障的前提。实现中华民族伟大复兴的中国梦，离不开对劳动者的尊重，离不开平等的社会氛围，这也是劳动教育的使命。

3. 劳动与为人民服务

人民是历史的创造者，广大人民群众在付出与收获中，推动历史车轮滚滚向前。社会物质文明和精神文明的创造，都离不开劳动。为人民服务是唯物史观具体化的产物，是唯物史观在道德领域里的客观要求，是社会主义道德建设的核心。新时代的劳动教育，就是要树立为人民服务的价值取向。为人民服务，既是劳动的过程，也是劳动价值发挥和实现的过程，而每一个劳动者，既是进行服务的主体，也是接受服务的对象。付出是收获的前提，收获是付出的结果，收获与付出始终相伴随、相统一。在秉承为人民服务的宗旨下进行的劳动，才是符合社会主义发展价值要求的劳动。为人民服务的劳动，凝聚着推动社会发展深沉而磅礴的力量，对推动社会经济发展、促进社会和谐发展、实现人的全面发展，具有重大意义。1944 年 9 月 21 日《解放日报》第 1 版做的毛泽东在张思德追悼会上发表主题演讲的报道，如图 1-2 所示。

图　1-2

【扫码知】

《为人民服务》

《为人民服务》是毛泽东同志于 1944 年 9 月 8 日在张思德同志追悼会上发表的演讲。张思德同志在陕西烧炭时，因炭窑倒塌而牺牲。

当时，抗日战争正处在十分艰苦的阶段，有许多困难需要克服。毛泽东同志针对这一情况，讲述为人民服务的道理，号召大家学习张思德同志完全彻底为人民服务的精神，团结起来，打败日本侵略者。

1.3.2　劳动明智

只有通过劳动，思想才能变得健全；只有通过思想，劳动才能变得愉快。劳动与思想，二者不能分割。劳动创造体现出人类的智慧，同时，人类的智慧也产生于劳动之中。人的智商和心智水平提高的前提，是对自然规律的自觉把握和运用。恩格斯认为，"愈来愈清楚的意识以及抽象能力和推理能力的发展"是人完全形成的两个基本标志，人的意识和智力紧密相连，互为发展前提。人的意识和智力的产生，有其一定的生物学基础，但归根到底，主要是人参与社会实践的结果，正如恩格斯指出的，人的智力是按照人如何学会改变自然界而发展的。人把握了自然规律，从而能够改造自然，能够"懂得按照任何一个种的尺度来进行生产"①。人类智力发展的途径是实践，实践是认识的唯一途径，也是人类智力发展的唯一途径。

（1）**智慧在劳动中产生。**人类通过劳动探索自身和自然的发展规律后，对自然界进行改造，并在这一过程中，实现智慧的增加。人类通过劳动了解和改造客观世界。社会实践的形式和水平，决定着人类认识世界的水平，决定着人类的智力发展水平。

（2）**智慧在劳动中提升。**劳动就是不断深化手与脑协作的过程和实践，智慧也在体力劳动与智力的结合中实现提升。人类在劳动中，思维将更加活跃，从而不断地打破传统的、重复的、单一的体力劳动，使个体在整个实践的过程中，实现成长和自我价值的满足与提升。

（3）**劳动是不断深化学习的过程。**青年学子在接受劳动教育的同时，也愈加了解和接近劳动的真谛。正确的劳动观念、良好的劳动习惯、娴熟的劳动技能，能帮助大学生更好地认清事物的本质，找到事物间的相互联系，发掘事物发展的规律，掌握解决问题的方法。

每一代人都有每一代人的际遇，新时代的青年大学生正处在成长成才的关键期，在科学技术迅猛发展的新时代，广大青年学子不应只是丰富的客观物质条件和知识的享受者，而更应是在实现中华民族伟大复兴中国梦的进程中的物质财富的创造者和精神力的贡献者、推动者。

拓展阅读

2020年6月23日9时43分，西昌卫星发射中心长征三号乙运载火箭拔地而起，北斗第55颗也是组网的最后一颗卫星发射成功。55颗北斗卫星环绕琼宇正式宣告中国第一"巨星天团"北斗三号全球卫星导航系统星座部署全面完成。然而，很多人可能不知道，55颗北斗"出道"的背后，还有一个中国当之无愧的"天团"级别的队伍。他们的队伍庞大，人数竟有30万人之多。在过去26年的时间里，他们通过不懈的劳动拼搏，把一颗颗北斗卫星送上天。更令人惊叹的是，"北斗"这支以"80后""90后"为主力的团队，平均年龄只有31岁，比国外相关团队年轻了十几岁。

---

① 刘国章.马克思新哲学观及其认识与改造理论研究[M].北京：人民出版社，2008：55.

1.3.3　劳动强体

原始社会，人类靠发挥本能和不断探索身体的极限来获取生存的必需品，如通过跑、跳、爬、攀等，以获取赖以生存的物质资料。人类通过不断的劳动，实现了手足的分离、直立行走，而这些身体活动，也在社会的变迁中，逐渐演化发展，成为强身健体的运动。运动保持着原始的身体活动的基本特征和形式，但其目的不再是为了求得生存而进行的物质资料的取得活动，而是具有独立性、趣味性、竞技性等特点的，且带有社会化加工痕迹的，以强健体魄为目的的体育活动，具有浓厚的社会文化色彩。很多体育项目，如田径项目的标枪运动、跨栏运动等，都保留着原始劳动的痕迹。随着社会的发展，劳动和文化不断结合，形成了多样的体育项目，以培养拼搏精神、强健体魄。

拓展阅读　　　　　标枪运动——古老的投掷项目

提起标枪运动，大家并不陌生。标枪运动是田径运动中的一个投掷项目，运动员经过助跑后把标枪投掷出去。但是，你知道标枪运动的创立与发展吗？标枪的起源，可以追溯到旧石器时期。这一时期的人类，由于受到生产水平和生产资料的限制，还只能制作简单的石器，通过狩猎和采集来维持生活。在用石头或者骨头制作狩猎工具的时候，梭镖与标枪就此诞生。标枪本是原始捕猎的工具，而伴随着时代的变革和生产水平的提高，标枪的制造与功能也产生了变化。随着冶炼技术的兴起，人类又制造出带有金属枪尖的标枪。后来，由于战争的频繁，在枪炮未大规模出现的时代里，标枪又成为战争中强有力的工具，战士们也会经常进行投掷训练，以增强战斗力。后来，标枪运动演变成为一种体育竞技比赛项目，以掷得远、投得准作为衡量优胜和失败的标准。

健康强壮的肌体是人类赖以生存的核心要素，好的身体素质是人们参与社会交往的基础，也是劳动的基础。随着生产力的发展、生产工具的进化，劳动的形式更加多样，人们有更多的时间关注自我提升，在社会交往中也有了更加多元的发展要求。强身健体逐渐从原始的以图生存为单一目的中脱离出来，形成满足社会成员多元的生存要求，提高体能、技能和运动能力为目的的专门性活动，并逐渐走向科学化道路。以身体与智力活动为基本手段的体育就是劳动的产物。随着社会条件的发展完善，人类的寿命越来越长，这背后，离不开以劳动为基础和原型的各项运动和强身健体的锻炼行为。

社会成员参与以劳动为基础的各项强身健体的活动，强健体魄的同时也能扩大社会交往，并不断提升专业技能和水平。劳动不仅能使个人的肌体得到锻炼，也能使人在劳动过程中释放内心的压抑等不良因素，使情绪得到释放和缓解。当今社会，健身已经成为潮流和习惯，繁忙的工作之余，有的人喜欢跑步，有的人喜欢约上三五好友打篮球，锻炼身体的同时，也是形成人与自己、人与他人、人与社会和谐相处的重要方式。良好的劳动习惯和合理的劳动安排，保证了劳动个体的积极、热情的生活工作状态，能最大程度地激发创造力，并始终保持良好的身心状态。

1.3.4 劳动植美

美是人类的追求，是自由的创造，更是劳动的果实。创造是人区别于动物的本质特征，没有创造就没有美，没有劳动就没有美。劳动创造美，美根植于劳动之中。首先，美是通过自由创造的劳动表现出来的，蕴含着人类的独特性和深刻的价值追求，体现了人的智慧和才能。其次，劳动创造美体现了人的意识的主观能动性对实践的指导和对世界的改造，人在生产过程中是按照预先想好的目的、计划能动地改造自然。最后，劳动创造美体现了人的全面发展，人在劳动中不断审视自身，对自身和世界有更加深刻的认识，美也应运而生，人类通过劳动实践在社会的一切领域中都创造着美、产生着美，并不断地与社会发展相和谐。

劳动创造美体现出美是主体和客体的统一。真正的幸福和愉快，包容于为社会、为民众、为人类不断地发现美、创造美的实践活动之中。人在创造出来的美的产品中直观自身，从而产生更深刻的对美的追求，进而不断增强改造世界的愿景和实践。广大劳动者不仅创造着美，也传播着美。青年学子在劳动实践的过程中，能增强对美的鉴别能力，提升将美具象化的能力，进而提升自身的综合素质水平，实现全面发展。

1.3.5 劳动赋能

马克思指出："劳动首先是人和自然之间的过程，是人以自身的活动来引起、调整和控制人和自然之间的物质变换的过程。"[①] 通过劳动，人们可以掌握相应的劳动技能，不断造就劳动能力，统一和提升体力、智力和心理能力。

创造性劳动是人类解放的关键一步，社会发展的推动依靠个体才干的发挥。中华民族一直以来都善于创造创新，是创造性劳动造就了辉煌和成就。要培养劳动创造的核心素养，掌握劳动技能，还是要从劳动中去寻找。第一，劳动是财富的源泉，劳动技能对财富创造起贡献作用。这为劳动技能提供了衡量标准，劳动技能对财富创造的贡献度越大，其价值也就越高，反之亦然。但劳动技能价值的大小并不完全取决于劳动者所具有的劳动技能，还与劳动技能使用的环境紧密相关。第二，劳动技能包括一般劳动技能和专门劳动技能，通过劳动，大学生能更加熟练地掌握本专业技能，在劳动中实现实践能力提升和课程学习成绩提升相统一。第三，劳动技能根据其状态可以划分为显性劳动技

---

① 马列著作选读（政治经济学）[M].北京：中央文献出版社，1988：105.

能和潜在劳动技能，显性劳动技能和潜在劳动技能在一定条件下可以相互转化。潜在的劳动技能是显性劳动技能的基础，显性劳动技能发挥得越多越充分，就越能够有效地促进潜在劳动技能的提升。劳动就是在发挥显性劳动技能的过程中，不断发掘隐性劳动技能的实践活动。无论是创造价值的劳动、专门技能的劳动还是潜在劳动技能，都是在劳动的前提下实现的。劳动实践对个体不断地提高劳动技能，具有基础性保障作用。

人类通过劳动实现物质变换的过程，在这个过程中，劳动者不断地提高其技能的精湛度和有效度。随着中国社会经济的不断发展，对劳动者的技能水平要求越来越高，在劳动的过程中，大学生要认真钻研、反复练习，在学习和实践中探索有效的途径，锻造精益求精的劳动技能。

本章小结

劳动是人得以生存和发展的基本活动。自古以来，中华民族就是一个勤劳勇敢、自力更生的民族。新中国成立以来，党高度重视劳动教育，在不同的时期针对劳动教育提出了不同的要求，不断结合社会发展需要和青年学生的成长成才规律，深化劳动教育的内容和体系。党的十八大以来，习近平总书记在多个重要场合强调劳动对推进社会发展的重要作用，指引我们拼搏向前。劳动教育的价值追求和落脚点，在于培养全面发展的人，劳动立德、劳动明智、劳动强体、劳动植美、劳动赋能，新时代大学生要深刻认识和理解劳动的本质，理解劳动创造财富的内涵，培养正确的劳动观念，践行新时代劳动使命，在劳动创造的持续实践中，为实现中华民族伟大复兴中国梦贡献青春力量。

拓展与思考

背景材料：

习近平总书记一直尊重劳动、关心劳动者。党的十八大以来，他在多个场合多次提及劳动和劳动者。2016年4月26日，习近平总书记在知识分子、劳动模范、青年代表座谈会上的讲话中指出："素质是立身之基，技能是立业之本。广大劳动群众要勤于学习、学文化、学科学、学技能、学各方面知识，不断提高综合素质，练就过硬本领。要立足岗位学，向师傅学，向同事学，向书本学，向实践学。三百六十行，行行出状元。梦想属于每一个人，广大劳动群众要敢想敢干、敢于追梦。说到底，实现中华民族伟大复兴的中国梦，要靠各行各业人们的辛勤劳动。现在，党和国家事业空间很大，只要有志气有闯劲，普通劳动者也可以在宽广舞台上展示自己的人生价值。"2020年11月24日，习近平总书记出席全国劳动模范和先进工作者表彰大会并发表重要讲话，强调光荣属于劳动者，幸福属于劳动者；社会主义是干出来的，新时代是奋斗出来的。

1. 思考并回答

根据所学内容，结合背景材料，谈一谈为什么说劳动创造了美？请分享身边劳动创造美的例子。

2. 辩论赛

劳动是人类永恒的话题，是人类发展的根本动力，也是实现中华民族伟大复兴的中国梦的必然途径要求。青年学子的个人价值，必然是在知行合一中实现的。

亲爱的同学，请结合自己的专业和本章所学，以小组为单位，开展一个关于劳动精神的辩论赛。

正方： 新时代我们应该继续注重劳动技能的锻炼和养成。

反方： 新时代我们应该注重智力创造，创造更大的价值。

第2章 新时代中国特色社会主义劳动观

【核心问题】

☑ 劳动观的思想渊源

☑ 马克思主义劳动观的主要蕴涵

☑ 当代中国对马克思主义劳动观的创新和发展

☑ 如何理解并践行习近平关于劳动的主要论述

☑ 大学生应当树立什么样的科学劳动观

【学习目的】

本章主要通过对劳动观的历史变迁进行探究，介绍马克思主义劳动观与中国实践相结合的发展过程，培养学生树立并自觉运用历史唯物主义的方法理解新时代中国特色社会主义劳动观，并进一步理解并践行习近平关于劳动的主要论述。培养学生树立新时代中国特色社会主义劳动观。

【思维导图】

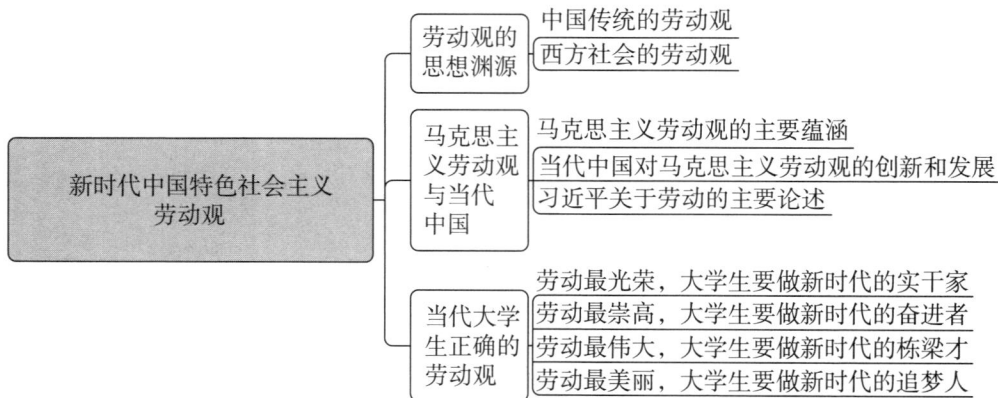

2020 年 11 月 24 日，习近平出席全国劳动模范和先进工作者表彰大会并发表重要讲话。他在讲话中谈道："全社会要崇尚劳动、见贤思齐，加大对劳动模范和先进工作者的宣传力度，讲好劳模故事、讲好劳动故事、讲好工匠故事，弘扬劳动最光荣、劳动最崇高、劳动最伟大、劳动最美丽的社会风尚。要开展以劳动创造幸福为主题的宣传教育，把劳动教育纳入人才培养全过程，贯通大中小学各学段和家庭、学校、社会各方面，教育引导青少年树立以辛勤劳动为荣、以好逸恶劳为耻的劳动观，培养一代又一代热爱劳动、勤于劳动、善于劳动的高素质劳动者。"

对大学生开展劳动教育，首要目标之一要让大学生树立起正确的劳动观，对劳动产生正确的认识和价值判断，对人类社会关于劳动的认识和重要性有更加清晰和深刻的认识，从而自觉形成劳动最光荣、劳动最崇高、劳动最伟大、劳动最美丽的劳动理念，并在科学的劳动理念的指引下作出正确选择，为大学生继续投身劳动实践奠定正确的思想和认识基础，帮助大学生进一步形成正确的世界观、人生观、价值观，使大学生成长为国家和社会需要的栋梁之才。

2.1 劳动观的思想渊源

劳动是人类最高尚的活动，劳动不仅创造了人类社会得以发展和延续的一切物质生活资料，而且创造了人类的精神文化，引领和推动着社会不断前进和发展。人们对人类劳动的认识，经历了一个曲折漫长的过程。在长期的劳动实践中，人们的思想观念发生了显著的变化，对劳动的认识也在不断深化，并达成了共识。

2.1.1 中国传统的劳动观

中华民族五千多年的文明与辉煌离不开劳动人民的辛劳与智慧，在历史发展过程中蕴含着丰富的劳动内涵，创造了华夏民族特有的称颂、赞扬、崇尚劳动的基本精神。

1. 劳动是人对自然的改造

中华大地幅员辽阔，但是其生存环境并不优越，人们需要付出艰辛的劳动才可能有所收获，而中华先民并没有被横在眼前的重重困难吓倒，他们以劳动的方式进行着更为艰苦卓绝的奋斗。

马克思在谈到古代民族的思想历程时曾经指出："古代民族是在神话幻想中经历了

自己的史前时期。"① 在神话幻想中，古代人民对自己的精神倾向和生活状态作了种种描述。面对滔滔洪水，不同于西方宗教背景下的古代神话，中华先民并不依从神的旨意，建造什么"诺亚方舟"以躲避灾难，而是鲧禹父子相继，百折不挠、劈山导流、掘地泄洪，最终战胜洪水、赢得新生。《山海经·海外北经》中夸父追日的故事家喻户晓，故事反映的是中华先民在民族迁移过程中的一种持之以恒、勇往直前的精神品质。尽管夸父为逐日献身，但神话中却没有丝毫怨天尤人的情绪，反而透露出了夸父百折不挠的意志与探索精神，把夸父的生命延续到一片生机盎然的林木上，让人们看到不灭的希望、不肯屈服认输的奋斗精神。还有像愚公移山、女娲补天等中华神话故事，无不表达了通过劳动改造自然、对抗环境的精神和信念。炎黄子孙也正是依靠这种精神，才得以在恶劣的自然环境和艰辛的生存斗争中，顽强地存活下来并不断发展强大，成为华夏文明延续五千年不曾断裂的精神支柱。

拓展阅读

　　相传在黄帝时期，夸父族首领夸父想要把太阳摘下，于是开始逐日，口渴时喝干了黄河、渭水，最终在奔于大泽的路途中渴死，手杖化作桃林，身躯化作夸父山。夸父逐日的故事，反映了中国古代先民了解自然、战胜自然的愿望。

　　中国古代劳动人民的劳动场景与改造自然的精神，充分证明了只有劳动才能创造丰富多彩的生活。《吴越春秋》记载了一首相传是黄帝时代的《弹歌》："断竹，续竹，飞土，逐肉。"两字一拍，记录了狩猎全过程，这显然是渔猎时代的生活反映。作为以农业为主的国家，我国古代劳动人民通过丰富的劳动总结自然发展规律，运用自然规律服务人的劳动生产活动。如我国古代劳动人民口口相传至今的《二十四节气歌》："春雨惊春清谷天，夏满芒夏暑相连。秋处露秋寒霜降，冬雪雪冬小大寒。"《二十四节气歌》体现着我国古代人民的劳动智慧。我国第一部诗歌总集《诗经》中也有多个篇目叙述了农夫一年四季的劳动生活，记载当时的农业知识和生产经验。值得一提的是，李白用诗歌描写了一幅瑰玮壮观的秋夜冶炼图——《秋浦歌（十四）》："炉火照天地，红星乱紫烟。赧郎明月夜，歌曲动寒川。"在诗人神奇的笔下，光、热、声、色交织辉映，明与暗、冷与热、动与静烘托映衬，鲜明、生动地表现出了火热的劳动场景，酣畅淋漓地塑造了古代冶炼工人的形象，记录了古代人民通过劳动对自然事物进行的改造。

2.劳动是人道德性的体现

　　商周时期，人们对劳动的歌颂主要从对劳动产品进行诗化审美开始。《诗经》中有大量的篇幅赞美劳动，此时的劳动因其产出而带来的主体愉悦而被美化。在先秦儒学思

---

① 　马克思、恩格斯.马克思恩格斯选集：第1卷[M].北京：人民出版社，1995：6.

想出现以后，作为农耕劳动主体的"民"被纳入德治的框架之下，劳动者在生产活动中的主导性日益凸显。儒家从道德角度审视劳动主体，并将劳动贴上了道德的标签，由此开启了劳动道德化的进程。

孔子对待劳动的态度因"樊迟请学稼"的典故而饱受争议。孔子将请学农事的樊迟贬斥为"小人"，不少学者据此而评斥孔子蔑视底层劳动，不尊重体力劳动者。孔子所处礼崩乐坏之时，最大的问题是如何促进社会国家的有序发展。在社会治理中，孔子继承西周以来的德治思想，强调君子、贤人等的关键作用。而君子与小人所专之事务有所不同，正如钱穆所言："孔子非不重民食，然学稼学圃，终是小人在下着之事，君子在上临民，于此有所不暇。"① 孔子极力主张"为政以德"，以"君子之德"引导民众行为，加之"齐之以刑"，然后民众才能做到"有耻且格"。由此可见，自孔子始，劳动因劳动主体而被赋予高尚或粗鄙的道德意义。在孟子的思想中，"民"由被管理者提升为社会和谐稳定的决定性因素，在淡化被管理性的同时，其劳动主体性得以凸显。"民为贵，社稷次之，君为轻，是故得乎丘民而为天子……"（《孟子·尽心下》）孟子"制民之产""薄其税敛""取于民有制""不违农时"等论述的主要目的就是保证劳动主体有充足的时间与精力进行物质生产，强化劳动行为与产出的因果关系并依此维护劳动主体的生产积极性。劳动伴随其行为主体地位的提升而得到普遍的重视与尊重。

孔子对劳动主体的道德化审视，一方面使得劳动因其行为主体地位的提升而被提升；另一方面也使儒学思想充满了对劳动行为主体的深切同情与关怀。但此时儒学思想中的劳动主体仍然作为被统治与管理的自然劳力，或者说"民"首先被作为管理的对象，其次才被作为劳动的主体。直至墨子思想的出现，劳动的主体性才被完整地、自觉地揭示出来，劳动主体逐渐成为"民"的首要规定性。

拓展阅读

樊迟请学稼。子曰："吾不如老农。"请学为圃。曰："吾不如老圃。"樊迟出。子曰："小人哉，樊须也！上好礼，则民莫敢不敬；上好义，则民莫敢不服；上好信，则民莫敢不用情。夫如是，则四方之民襁负其子而至矣，焉用稼？"（《论语·子路》）

译文：樊迟向孔子请教如何种庄稼，孔子说："我不如老农民。"又请教如何种蔬菜，孔子说："我不如老菜农。"樊迟出去了。孔子说："真是个小人啊！樊迟这个人！居于上位的人爱好礼仪，老百姓就没有敢不恭敬的；居于上位的人爱好道义，老百姓就没有敢不服从的；居于上位的人爱好诚信，老百姓就没有敢不诚实的。如果能够做到这一点，那么，四方的老百姓就会背负幼子前来归服，何必要自己来种庄稼呢？"

注：这里孔子说的"小人"是相对于君子而言，指没有远大抱负而甘于碌碌无为的人，

---

① 钱穆.论语新解[M].北京：生活·读书·新知三联书店，2002：236.

跟现在人们常指的"在道德上有缺陷的人"不同。

3. 劳动是人的本质力量的体现

作为墨家学派的创始人，墨子早在两千多年前就提出了人的本质在于劳动，劳动是人类存在和发展的基础这一光辉的思想。

墨子从人与人相济而生的社会性存在的本质问题的角度，把劳动看作是民众生存和发展的前提和基础。墨子主张每个人都必须参加劳动，反对不劳而获。他曾经指出，男人当"早出暮入，强乎耕稼树艺，多聚叔粟"，妇女须"夙兴夜寐，强乎纺绩织，多治麻丝葛绪"（《非命·下》）。在比较了人与禽兽、麋鹿、飞鸟、爬虫的区别后发现，人与动物的本质差别在于"赖其力者生，不赖其力者不生"（《非乐·上》）的劳动命题，综合表达了对劳动的尊重和对人民群众通过劳动创造财富的热切期盼。

此外，墨子把劳动视为解决民生问题的根本途径。他曾经指出民有三患："饥者不得食，寒者不得衣，劳者不得息。三者，民之巨患也。"（《非命·下》）造成这种情况的根本原因是从事生产劳动的人数过少，无法生产出足够的食物和衣服来满足社会日益增长的物质需求。从生命权和生存权来看，墨子主张"非攻"，因为战争对于人民群众来说是"天下之大害也"（《兼爱·中》）。战争必将导致"农夫不得耕，妇人不得织，以守为事"（《耕柱》），因此，统治阶级就必须做到"万民饥即食之，寒即衣之，疾病侍养之，死丧葬埋之，老而无妻子者，有所侍养以终其寿。幼弱孤童之无父母者，有所放依以长其身"（《兼爱·下》）。由此不难看出，墨子的思想中已经蕴含了尊重和保护劳动者生命权和生存权的价值诉求。

墨子推崇强力劳动，并要求保护劳动者的劳动成果。墨子从劳动是人的本质这一高度出发，强调"赖其力者生"，目的是调动人民群众参与劳动的积极性，发展经济，改善民生。同时，墨子强力反对不劳而获的异化现象，即"不赖其力者不生"。在他看来，一个人如果没有劳动却占有别人的劳动成果实为不道德之举，"入人之场园，取人之桃李瓜姜者"的实质是"不与其劳，获其实，已非其有而取之故"（《非乐·上》）的窃取行为，必然为世人所不齿。由此可见，墨子的劳动思想中已经蕴含着尊重劳动、珍惜劳动成果的理念。

2.1.2 西方社会的劳动观

古希腊时期，没有形成记录下来的、系统的劳动观，但在简单、朴素的观念中，不同的劳动被赋予不同的地位，带有明显的阶级化价值判断。中世纪早期，劳动是被人瞧不起的，人们认为这是一种惩罚，是上帝在亚当、夏娃偷吃禁果犯错后对第一对夫妻施加的惩罚。直到宗教改革改变了这种观念，为劳动观提供了积极、丰富的内涵。

1. 劳动是幸福的主要因素

1250 年，法国历史学家、教士和传道者雅克·德·维特里率先发出"不劳动者不得食"的警告，促使劳动从受惩罚、受屈辱和毫无结果演变为光荣、不可缺少和能发财致富。劳动自此被看作是有意义的事，获得了正面的地位，有了自身的价值。休谟认为"正是劳动本身构成了你追求的幸福的主要因素，任何不是靠辛勤努力而获得的享受，很快就会变得枯燥无聊、索然无味"；拉·乔乃尼奥里认为"劳动却是产生一切力量、一切道德和一切幸福的威力无比的源泉"；费希特和席勒赞颂劳动"是一种创造性的行为，劳动者是将其人格注入原材料的艺术家"；美国著名的科学家本杰明·富兰克林认为"劳动是幸福之父"；法国著名思想家伊夫·R.西蒙认为，劳动是人生不可分割的组成部分，是人享有社会权利付出的社会义务，只有这样人们才能身体健康、富有教养，也才能联合起来共同处理和解决重大的社会问题，从而构建起社会物质和精神大厦。在他看来，财富的基础是"爱"与"诚实的劳动"。一个基本的原则，就是劳动者的智性素质越高，其创造性越大。

2. 劳动是人创造自己生命的一种精神性活动

黑格尔是第一位真正对"劳动"这个概念予以深刻思考的哲学家。按照黑格尔的解释，劳动是一种精神性活动，是人创造自己的生命和生活的方式，同时也是塑造世界的基本方式。黑格尔是这样论述的："劳动得以在其中常住不灭的那个东西，就是劳动者和被劳动之物在那里唯一留存下来的东西，而且，在它这里，劳动者和被劳动之物的偶然性永恒化了；这个唯一留存下来的东西，就在传统中延续不息，而无论欲求者还是被欲求之物则只作为个体生生灭灭。"在阐述劳动在主人和奴隶关系的辩证法中时，他指出，对于不劳而获的奴隶主而言，物对他来说只是消费和享受的对象，是一种稍纵即逝的欲望的满足；而对于生活在黑暗与恐惧中的奴隶来说，"劳动是受到限制或节制的欲望，亦即延迟了的满足的消逝，换句话说，劳动陶冶事物"。

从根本上来说，黑格尔把劳动视为是一种人的自我否定的行动，也是人使得自由意志真正能够"显现"出来的重要中介。一方面，人能够在劳动中，并且通过劳动，去否定那个作为动物的自己，使得人的劳动升华为人为之人的一种辩证的存在；另一方面，劳动本身也是一种人能够自我创造的行为，劳动可以帮助人实现和表现自由，此外，还能够赋予人相对的独立性，使得人在面对欲望和诱惑时能够保持理性。由此，我们才说，劳动是真正的创造和表现人性的活动。

3. 勤劳是一种美德

托马佐·康帕内拉在《太阳城》中激励太阳城中人人劳动、寄生可耻的风气，认为劳动无贵贱之分，在公有制社会里，无伦从事什么工作都是值得尊敬的，劳动也因此获得前所未有的重要意义，勤劳也成为重要的道德品质之一。而在伦理体系的建构中，黑格尔是真正将劳动当作伦理学问题进行研究的第一人。黑格尔从人的需要的立场来论证劳动，将劳动分为三个环节：需求—劳动—享受，认为劳动是需要和满足需要的手段之间的中介。黑格尔认为，在市民社会中，一个人的需要和劳动就是大家彼此满足的条件，满足需要的可能性被放在社会的普遍联系之中，劳动活动便成为"主观性和客观性的中介"。在此基础上，黑格尔提出了"劳动尊严"的思想。

哲学家罗素认为："真正的幸福绝不会光顾那些精神麻木、四体不勤的人，幸福只在辛勤的劳动和晶莹的汗水中。"劳动是人之所以为人的本质的活动，它可以给人们带来幸福和快乐；到了近现代，西方人把勤劳当作一种美德，马克斯·韦伯在《新教伦理与资本主义精神》一书中指出，西方资本主义生产之所以取得成功，主要在于资本家有百折不挠的创新精神和冒险精神，有勤劳、刻苦、守信并敢于负责任的伦理的资本主义精神，字里行间无不透出对劳动的赞美。

在西方，特别是进入 20 世纪 50 年代以来，劳动的内涵得到进一步发展，劳动包括体力劳动和脑力劳动，其中，脑力劳动所占比重越来越大，劳动已经不仅是谋生的手段，而且成为人们的一种生活方式。因此，西方的劳动观有了更为积极的意义：①劳动没有高低贵贱之分。在大多数西方人看来，职业之间是没有高低贵贱之分的，也是不能相互比较的，因此，他们习惯于根据自己的兴趣爱好去选择职业，而不是把职业分为三六九等。一旦选择了一项职业，就会全身投入，他们认为，人应该为工作而工作，不应该为金钱而工作。金钱仅仅是用来促进工作的工具，而不是最终目的，更不是危及工作的工具。②劳动与休闲并重。劳动与休闲并重是当代西方人最为信奉的劳动观。西方有句俗话，"不会休息就不会工作"。在他们看来，工作就是工作，休闲就是休闲，因此，他们会利用周末选择全家出游，抑或是通过垂钓、游泳、划船、登山和攀岩等体育活动来放松心情，领略大自然的美好。

综上，无论是在古代还是现代，在中国还是外国，劳动都是被尊重和认可的、被重视和发展的。在人们的观念中，劳动是创造事物的重要方式，也是连接人与自然的重要中介，在劳动过程中产生的不畏艰险、不屈不挠等精神支持着人类社会的进步和发展，通过劳动，人类创造了众多的物质和精神方面的宝贵财富。

2.2　马克思主义劳动观与当代中国

马克思主义的劳动观深刻影响着当代中国对劳动的认识，也间接而深刻地反映出社会变革取向对人们劳动意识和行为的影响。新中国成立之后，人们在马克思主义劳动观的影响下，对劳动有了更加深刻的认识。中国特色社会主义进入新时代，我们更加需要劳动光荣、劳动崇高、劳动至上、劳动伟大的马克思主义劳动观的弘扬,从而在全社会形成良好的氛围与局面,为中华民族伟大复兴中国梦的实现提供精神动力和支持。

2.2.1　马克思主义劳动观的主要蕴涵

马克思从"劳动是唯一的价值源泉"入手,无情地批判了资本主义制度下劳动的异化和资本家榨取剩余价值的罪恶,并由此得出了资本主义必然灭亡、社会主义必然胜利的历史结论。正如卢卡奇所说:"对马克思来说,劳动与其说是一个经济学概念,不如说是一个哲学概念。"

拓展阅读　　　　　　　　**马克思的劳动异化理论**

劳动作为马克思主义理论的关键词,一直以来都受到学术界比较多的关注和研究,特别是在马克思整个唯物史观的建构过程中,异化劳动问题是一个重要内容。《1844年经济学哲学手稿》中,马克思首次将异化概念和劳动问题创造性地结合起来,自此在他的理论建构中开启了一条新的探索路径。马克思提出并规定了"异化劳动"批判的四个方面,逐层深入揭示了资本主义社会下劳动异化所导致的人的异化以及其产生的私有制根源,指出只有实现对私有财产的扬弃,才能实现人的本质的复归。正是对资本主义私有制条件下的劳动所发生的异化进行了现象的批判和本质的揭露,成为马克思整个理论批判和理论建构中一个很重要的逻辑性的线索。马克思的一生都在致力于实现全人类解放的伟大事业,直到晚年,他对异化劳动的批判也从未停止,并始终贯穿于其对资本主义批判的全过程。

1. 劳动是人自身生存的需要

劳动是维持人自身生存的对象化活动,能够满足其生存需要。劳动本身具有自为性,劳动者在劳动换取报酬的交换中养活和肯定自己。正如马克思所说:"任何人如果不同时为了自己的某种需要和为了这种需要的器官做事,他就什么也不能做。"同时,马克思认为,人首先是一种自然存在物,为了维持生命,人必须进行劳动,通过使用一切自然力来占有、改造自然物,使自身的劳动固定、物化在某个对象当中,以满足自身的生存需要。

恰如马克思所言:"人靠自然界生活。这就是说,自然界是人为了不致死亡而必须与之处于不断的交互作用过程的、人的身体。"人类只有将劳动作为中介,才能实现人与自然之间的物质变换,才能实现自身的生存。马克思认为劳动是"一个社会摆脱自然力量的统治"的开始,在创造性的活动中建造适用于人生存的对象世界,使人类从自然界中跃升出来。在人和自然之间的物质交换过程,即在劳动过程中,人不仅使自然物发生了预定的变化，也在这个过程中实现了自己的目的。可以说，在这一过程中，劳动既满足了人的生命活动需求，又创造了人本身，使人获得了与动物不同的主体性的存在。

2. 劳动具有为他性

马克思认为，如果一个人只为自己劳动，他也许能够成为著名学者、大哲人、卓越诗人，然而他永远不能成为完美无疵的伟大人物。劳动不能只为自己，这不仅仅是从人类社会整体利益角度得出的结论，同样也是人的现实本质的自我体现。

劳动作为人类独有的社会实践活动并不是孤立的个人所从事的生产活动，不是独立于社会之外进行的，劳动本身就产生着人与人之间的社会交往关系。现实的人的劳动总是在一定的社会关系之中进行的，而非在与世隔绝、纯粹自然状态下进行，劳动使得人与人之间的社会关系日益密切。马克思指出："正是在改造对象世界中，人才真正地证明自己是类存在物。这种生产是人的能动的类生活。"马克思从人的对象性的活动出发来考察劳动，认为人在有目的地改造自然物的过程中，把自己的本质力量对象化于客体的同时，也是人展示、实现或创造自我的过程，是人自身的生成过程。人在劳动的过程中得到自我体现、拓展人际关系，继而获得个人尊严和荣誉，通过劳动获得自我确证。同时，通过劳动使自己的审美能力、道德判断能力等得到提升。人通过劳动创造了自己，也在劳动中不断地发展和充盈着自己。马克思进一步指出，"个人只为别人而存在，别人也只为他而存在"，劳动为中介联系着人与人之间的关系，同时劳动只有具有为他性，才能获得自我生存。因此，纯粹为他的劳动也不存在，即便是义务劳动、志愿劳动，劳动者从中获得一定的经济报酬或者精神褒奖，体现了以劳动为主体的实践活动的主观能动性。

3. 劳动帮助人完成自我实现

作为人的本质的体现，劳动是实现人的自由全面发展的根本途径。劳动最基本的价值是维持以及满足人的生存需要，这是劳动价值的最低层次。生存需要直接与人的生命相联系，没有什么比活着更为重要。马克思曾指出，资本来到这个世界，从头到脚，每一个毛孔都滴着血和肮脏的东西。揭开工人工资的秘密，发现剩余价值，马克思从理论与感情上同情工人劳动仍然逃脱不了死亡的命运。而看到劳动创造出的成果时，马克思深情地说道："祝世界的新公民幸福！没有比生活在当代更为美好的了。当人们只用七天就从伦敦到加尔各答的时候，我们两人早就毁灭了，或者老态龙钟了。而澳大利亚、加利福尼亚和太平洋呢！世纪的新公民们将不能理解，我们的世界曾经是多么小。"因此，马克思倡导运用阶级斗争的方式，打破这沉重的锁链，创造一个没有剥削、没有压迫的共产主义社会，这也是从基本生存到人的生活方式的本质诉求。

马克思认为，人的本质的实现是一个通过劳动自我诞生、自我创造和自我发展的历史过程，"劳动是人的本质"。劳动为人的发展奠定基础，在劳动中促使生理和心理等更加"人化"，同时，在劳动中，人自身创造了人类社会，"随着生产方式即谋生的方式的改变，人们也就会改变自己的一切生产关系"。而从人的发展意义上看，劳动不是一个艰苦、受苦的过程，而是一个享受发展、完善本质的过程，正如马克思所说："个人是什么样的，这取决于他们进行生产的物质条件。"劳动者创造了巨大的物质财富和精神财富，打破原有的私有制所承载的生产关系，这背后是劳动者本质力量的展现、人的自由本质的发挥，而劳动产品"通过自由的劳动和自由的享受，重新成为人的真正的、属于自身的所有物"。劳动从一件辛苦的事，变成了一件幸福的事，是一个逐步解放的过程。

劳动的解放与人的解放是一致的，从自然意义上讲，劳动的解放是人在劳动过程中少些痛苦和折磨，多些成果和快乐；从社会上讲，劳动的解放就是要消灭私有制，让人们平等地占有生产资料，平等地分享劳动成果。劳动创造着具有人的本质的全部丰富性的人，创造着具有深刻感受力的、丰富的、全面的人。

2.2.2　当代中国对马克思主义劳动观的创新和发展

新中国成立后，随着社会的前进和时代的进步，劳动的内容和形式也随着生产的发展而不断地变化和丰富，人们对于劳动的认识也在实践中不断加深。中国共产党人以马克思主义的劳动观为指导，从中国革命建设的实际出发，对劳动的本质、内容、特征等进行了更深一步的理解和探索，形成了对马克思主义劳动观的中国化论断，将马克思主义劳动观的内容进行了进一步的创新和发展。

1. 毛泽东关于劳动的主要论述

毛泽东继承和发扬了马克思、列宁的劳动观，并结合了中国在革命斗争时期形成的众多实践经验，从中国革命建设的需要出发，形成了自身对劳动的观点和认识。

（1）重视和强调劳动。在 1939 年 2 月，毛泽东在延安生产动员大会上针对根据地日益严重的经济困难局面，就提出了"自己动手"的口号（见图 2-1）。随后各根据地逐步开展大生产运动，"自己动手，丰衣足食"的口号也逐渐成为党和政府鼓励人民生产自救的行动号令。

图　2-1

（2）要求干部积极参加生产劳动。1958年中共第八次全国代表大会第二次会议上，毛泽东在《干部要以普通劳动者的姿态出现》的报告中强调，参加生产劳动对干部提升自身素质、密切党群关系具有重要作用，"干部通过参加集体生产劳动，同劳动人民保持最广泛的、经常的、密切的联系。这是社会主义制度下一件带根本性的大事"。所以，在革命时期，我党的大多数干部都有着较强的劳动生产能力，如周恩来同志在延安时期曾获得过"纺线能手"的称号；朱德同志也是种菜的一把好手，他经常手把手教年轻人耕种，还带头拾粪，一有空闲时间，就走进菜园里劳动。

（3）强调劳动改造的作用。毛泽东特别重视体力劳动对人的精神净化作用，即通过身体的磨炼，从而达到对于人们思想和精神进行规劝与改造的作用，也即劳动改造。毛泽东在《论人民民主专政》中曾谈道："对于反动阶级和反动派的人们，在他们的政权被推翻后，只要他们不造反，不破坏，不捣乱，也给土地，给工作，让他们活下去，让他们在劳动中改造自己，成为新人。他们如果不愿意劳动，人民的国家就要强迫他们劳动。"

（4）强调劳动要和教育相结合。毛泽东在学生时期就曾对当时学校与社会分离、理论与实际脱节的教育现象提出批评和质疑，他认为"教育与劳动结合的原则是不可移易的"，"几千年来，都是教育脱离劳动，现在要教育劳动相结合，这是一个基本原则"。

2. 邓小平关于劳动的主要论述

邓小平在继承和发扬毛泽东对于劳动的观点和认识的基础上，继续丰富和发展了马克思主义劳动观的理论。

邓小平肯定了脑力劳动也是劳动，与体力劳动享有同等重要的地位。随着改革开放的进一步推进，科学技术作为生产力发挥着越来越重要的作用。所以，面对"怎么看待科学研究这种脑力劳动？从事科学技术工作的人是不是劳动者呢？"这个问题时，邓小平回答道："不论脑力劳动，体力劳动，都是劳动。从事脑力劳动的人也是劳动者。将来，脑力劳动和体力劳动更分不开来……要重视知识，重视从事脑力劳动的人，要承认这些人是劳动者。""正确认识科学技术是生产力，正确认识为社会主义服务的脑力劳动者是劳动人民的一部分，这对于迅速发展我们的科学事业有极其密切的关系。"正是邓小平对这一发展趋势的准确把握，为我国的科学技术发展奠定了坚实的基础。

同时，邓小平也十分重视将劳动和教育相结合。他强调要发展适应时代和社会发展需要的教育，尤其是要开展同国民经济发展要求相适应的劳动教育，从娃娃抓起，将劳动教育与学生所学的专业紧紧结合，提高学生学习和劳动的积极性。

3. 江泽民关于劳动的主要论述

随着改革开放的深入推进，人民生活的质量和水平日渐提升，西方价值观传播入侵，多种因素下在我们党内和社会上产生了对劳动的不正确的认识，如认为劳动就是指体力劳动或简单劳动，不把脑力劳动或复杂劳动看作劳动；鄙视体力劳动和简单劳动，具体表现为不尊重工人和农民的劳动；混淆了价值和财富形成的源泉，不能正确理解马克思主义劳动观的正确内涵。

面对这样的情况，江泽民敏锐地指出，劳动观的变化不仅仅是认识问题，更是重大的政治判断问题。江泽民结合我国发展的实际和问题，进一步深化和明晰了对劳动的认识，提出了新型的社会主义劳动观。①必须尊重劳动、尊重知识、尊重人才、尊重创造，尊重和保护一切有益于人民和社会的劳动。②一切合法的劳动收入和合法的非劳动收入，都应该得到保护。③强调艰苦奋斗的重要性。要在全党全社会大力提倡高尚的社会主义思想道德和发扬中华民族的优良传统，以艰苦奋斗、勤俭朴素为荣，以铺张浪费、奢侈挥霍为耻。④多举措激发人民干事创业的热情，营造和谐的劳动氛围。

4. 胡锦涛关于劳动的主要论述

在江泽民提出的新型的社会主义劳动观的基础上，胡锦涛进一步充实和丰富了社会主义劳动观的内涵。①提出要进一步弘扬劳模精神，为激励全国各族人民团结奋斗凝聚强大的精神力量。②提出"以辛勤劳动为荣，以好逸恶劳为耻"的劳动荣辱观，充分体现了中华民族传统美德与时代精神的有机结合，有助于形成良好的社会风气。③提出要促进体面劳动，构建和谐劳动关系。要建立健全面向全体劳动者的职业技能培训制度，形成有利于劳动者学习成才的各类机制，全面提高劳动者的职业素质和技能水平。建立健全劳动关系协调机制，完善劳动保护机制，让广大劳动群众实现体面劳动。

🐾 2.2.3　习近平关于劳动的主要论述

习近平总书记一直尊重劳动、关心劳动者。党的十八大以来，他在多个场合、多次提及劳动和劳动者。站在新的历史方位下，习近平总书记继承并发扬马克思主义劳动观，并结合新时期的特点和问题，胸怀两个大局，提出要"以劳动托起中国梦"，诚实劳动、开拓创新，以实干兴邦，以实干圆梦。习近平对劳动的论述既是对中华文明中勤劳肯干传统美德的继承，也是对马克思主义劳动观基于新时代特征下的中国化创新，更是当下社会发展问题的回应和解答。

1. 习近平关于劳动的相关论述

劳动是推动人类社会进步的根本力量，是一切成功的必经之路。习近平十分重视劳动、尊崇劳动，尤其强调要尊重劳动者。他指出："我们的根扎在劳动人民之中。在我们社会主义国家，一切劳动，无论是体力劳动还是脑力劳动，都值得尊重和鼓励；一切创造，无论是个人创造还是集体创造，也都值得尊重和鼓励。全社会都要贯彻尊重劳动、尊重知识、尊重人才、尊重创造的重大方针，全社会都要以辛勤劳动为荣、以好逸恶劳为耻，任何时候任何人都不能看不起普通劳动者，都不能贪图不劳而获的生活。中华民族是勤于劳动、善于创造的民族。正是因为劳动创造，我们拥有了历史的辉煌；也正是因为劳动创造，我们拥有了今天的成就。全面建成小康社会，进而建成富强民主文明和谐的社会主义现代化国家，根本上靠劳动、靠劳动者创造。"[①]

2. 习近平关于劳动权益的相关论述

劳动者的权益问题一直是习近平关注的焦点。当前，我国正处于全面深化改革的关键时期，经济关系、劳动关系日益多样化，只有妥善处理好劳动关系中的新情况、新问题，才能真正实现体面劳动。早在 2011 年，习近平就指出："构建和谐劳动关系，是建设社会主义和谐社会的重要基础，是增强党的执政基础、巩固党的执政地位的必然要求，是坚持中国特色社会主义道路、贯彻中国特色社会主义理论体系、完善中国特色社会主义制度的重要组成部分，其经济、政治、社会意义十分重大而深远。""构建和谐劳动关系，要坚持以人为本，把解决广大职工最关心最直接最现实的利益问题，切实维护他们的经济权益、政治权益、文化权益、社会权益，作为根本出发点和落脚点。"[②] 尤其自党的十八大以来，以习近平同志为核心的党中央就一直将保护劳动者权益，提高劳动者的待遇和福利作为重点的工作内容之一，提出"要坚持以人民为中心的发展思想，维护好工人阶级和广大劳动群众合法权益，解决好就业、教育、社保、医疗、住房、养老、食品安全、生产安全、生态环境、社会治安等问题，不断提升工人阶级和广大劳动群众的获得感、幸福感、安全感"。通过多项政策的扶持和落地，努力构建和谐的劳动关系，充分发挥广大劳动者的积极性、主动性、创造性，充分发挥工人阶级和广大劳动群众主力军作用，推进中国特色社会主义事业的发展和前进。

3. 习近平关于劳动幸福的相关论述

劳动创造幸福是习近平对劳动的主要认识之一。习近平总书记阐述了劳动与幸福之间的相关性。幸福具有社会历史性，不同历史时期的幸福有着不同的内涵。习近平总书记继承了马克思关于劳动幸福相关理论的精髓，立足于时代发展大势，坚持具体问题具体分析，对劳动创造幸福这一重要议题进行了时代性考量。劳动创造幸福体现的是劳动过程中的劳动所获与人的幸福追求、劳动期待的一致性。劳动是幸福的重要来源，幸福是延续劳动的内在支撑，劳动所获与幸福追求应当一致。一方面，习近平总书记认为劳动的过程就是创造幸福的过程，但这个过程不是一蹴而就的，幸福是靠一点一滴的劳动创造而来的，只有依靠劳动与奋斗，精神世界才会更加丰富；另一方面，习近平总书记提出了实现劳动者的体面劳动、鼓励劳动者进行创造性劳动和构建和谐劳动关系是实现幸福的有效途径。

---

① 习近平在2015年庆祝"五一"国际劳动节暨表彰全国劳动模范和先进工作者大会上的讲话。
② 习近平在2011年出席全国构建和谐劳动关系先进表彰暨经验交流会上的发言。

4. 习近平关于劳动精神的相关论述

习近平多次在多个场合高度评价劳动模范人物，并倡导全社会要向劳动模范学习。他说"劳动模范是民族的精英、人民的楷模，是共和国的功臣"，"劳动模范们在平凡的岗位上创造了不平凡的业绩，以实际行动诠释了中国人民具有的伟大创造精神、伟大奋斗精神、伟大团结精神和伟大梦想精神"。他指出，"在新形势下，我国工人阶级和广大劳动群众要继续学先进赶先进，自觉践行社会主义核心价值观，用劳动模范和先进工作者的崇高精神和高尚品格鞭策自己，将辛勤劳动、诚实劳动、创造性劳动作为自觉行为"①。并且，劳动模范和先进工作者、先进人物们不仅自己要做好工作，而且要身体力行向全社会传播劳动精神和劳动观念，让勤奋做事、勤勉为人、勤劳致富在全社会蔚然成风。

5. 习近平关于劳动素质的相关论述

劳动者素质对一个国家、一个民族的发展至关重要。当今世界，综合国力的竞争归根到底是人才的竞争、劳动者素质的竞争。当前我们正处在一个深刻变革的时代，中国经济也正努力朝着从"中国制造"向"中国创造"转型的产业升级道路上，在这样的社会背景下，习近平多次在讲话中提到要重视劳动教育，提高劳动者素质，努力发展创新劳动、创造性劳动，建设高素质劳动大军。

在 2015 年庆祝"五一"国际劳动节暨表彰全国劳动模范和先进工作者大会上，习近平 27 次提到了"创造"，他谈到要"让劳动光荣、创造伟大成为铿锵的时代强音""教育孩子们从小热爱劳动、热爱创造，通过劳动和创造播种希望、收获果实""把蕴藏于工人阶级和广大劳动群众中的无穷创造活力焕发出来"……"我们要始终高度重视提高劳动者素质，培养宏大的高素质劳动者大军。劳动者的知识和才能积累越多，创造能力就越大。提高包括广大劳动者在内的全民族文明素质，是民族发展的长远大计，要实施职工素质建设工程，推动建设宏大的知识型、技术型、创新型劳动者大军"。为此，"我们一定要深入实施科教兴国战略、人才强国战略、创新驱动发展战略，把提高职工队伍整体素质作为一项战略任务抓紧抓好，帮助职工学习新知识、掌握新技能、增长新本领，拓展广大职工和劳动者成长成才空间，引导广大职工和劳动者树立终身学习理念，不断提高思想道德素质和科学文化素质"。

习近平对年轻人说："生活靠劳动创造，人生也靠劳动创造。你们从小就要树立劳动光荣的观念，自己的事自己做，他人的事帮着做，公益的事争着做，通过劳动播种希望、收获果实，也通过劳动磨炼意志、锻炼自己。"

---

① 习近平在2020年庆祝"五一"国际劳动节暨表彰全国劳动模范和先进工作者大会上的讲话。

2.3 当代大学生正确的劳动观

我们所处的时代是催人奋进的伟大时代，我们进行的事业是前无古人的伟大事业。我们完成了全面建成小康社会的第一个百年目标，正向着实现富强民主文明和谐美丽的社会主义现代化强国的第二个百年目标奋进着。这样的伟大斗争、伟大工程、伟大事业、伟大梦想要依靠劳动、依靠劳动者创造。作为当代大学生，无论时代条件如何变化，我们始终都要崇尚劳动、尊重劳动者，树立正确的劳动观，让劳动最光荣、劳动最崇高、劳动最伟大、劳动最美丽的新时代劳动观蔚然成风。

2.3.1 劳动最光荣，大学生要做新时代的实干家

人生在勤，不索何获？中华民族自古就是勤于劳动、善于创造的民族。从农业种植的精耕细作到工业生产的匠心制作，从古代的四大发明到如今的"嫦娥"登月，中国人在辛勤的劳动中创造了一个又一个了不起的神话，用汗水浇灌出一个又一个不可思议的奇迹。

路是走出来的，事业是干出来的，成功是奋斗出来的。各行各业的劳动者们在自己的岗位上默默付出、敬业奉献，用智慧和汗水、甚至鲜血和生命，为国家富强、民族振兴、人民幸福书写了一段段可歌可泣的壮丽篇章，以实际行动诠释着伟大出自平凡。

正如《劳动最光荣》这首歌所唱的那样："幸福的生活从哪里来？要靠劳动来创造。"新时代属于每一个人，每一个人都是新时代的见证者、开创者、建设者。中华民族的未来更是需要当代的大学生来实现和创造，所以大学生在树立科学的劳动观时，坚持劳动最光荣的观点，认清劳动的意义和本质，尊崇劳动、尊敬劳动，以勤奋劳动为荣、以好吃懒做为耻，吃苦在前、享受在后，珍惜自己和他人的劳动成果。躬身实践，勇挑重担，锐意进取，知行合一，在劳动中锤炼本领，在劳动中彰显担当，做新时代的实干家。

2.3.2 劳动最崇高，大学生要做新时代的奋进者

劳动最崇高是因为劳动创造了人类，创造了世界，创造了历史，推动了人类社会的进程。恩格斯在《劳动在从猿到人转变的作用》一文中谈道"劳动创造了人本身"，人的生命活动之所以与动物区别开来，正是因为人通过劳动求得了生存和发展，人在脱离动物状态而转变为人的过程中，劳动发挥了决定性作用，劳动是人与其他动物相互区别的本质性因素。马克思指出："任何一个民族，如果停止劳动，不用说一年，就是几个

星期，也要灭亡。"这是因为劳动不仅创造了人和人类社会，而且是人类社会赖以生存和发展的基础。除此之外，在劳动的过程中，劳动建立了人与人之间的社会关系，而人的本质即为一切社会关系的总和，所以离开了劳动，人与人之间的社会关系也会消失，人也就丧失其本质属性，人将无法生存，人类社会也将不复存在。所以，劳动是人们全部社会关系形成和发展的基础，是全部人类生活存在和发展的第一个基础条件。劳动是崇高的，有了劳动才有了人类创造出来的物质和精神的财富，才有了今天幸福的生活和发展的成就。但同时，劳动也是人的天职，是人之所以成为人的根本性的生命活动。所以，每一个具备劳动能力的人都必须且应当进行劳动，而且劳动并不是用"不得不"来约束的，而是做人的本分或天职。如果没有劳动，人也就丧失了存在和成为人的意义，人类的生命就会停止，更谈不上什么历史进步和发展。所以，人类社会的发展需要劳动，只有依靠劳动人类才得以生存、发展、进步，才能创造出一个又一个伟大的事业和奇迹。

劳动最崇高还蕴含着劳动是中华民族的传统美德，是中国共产党人的本色。中华民族自古就是勤劳、勇敢、智慧的民族，在劳动中锻造出了中华五千年的文明财富，也形成了自强不息、厚德载物、上善若水、疾恶如仇的优秀品格。中国共产党来自于劳动人民，服务于劳动人民，自成立那天起，就确立了解放劳苦大众、让劳动人民当家做主的奋斗目标。在中国革命的历史上，党领导人民通过开展劳动竞赛、评选劳动模范、弘扬劳动精神等方式，掀起了一个又一个的劳动热潮，激励了一辈又一辈的劳动群众，也带领新中国从一穷二白逐渐走向繁荣富强，这也是对劳动最崇高的有力诠释。

大学生正处在风华正茂、朝气蓬勃的时期，站在"两个一百年"的历史交汇期，大学生要坚定理想信念，树立劳动最崇高的正确劳动观，遵守职业规范，培育高尚品格，练就过硬本领，勇于创新创造，矢志艰苦奋斗，接过先辈们手中的接力棒，通过艰辛的劳动实现中华民族伟大复兴的中国梦，用实干为中国特色社会主义事业增色，做新时代的奋进者。

2.3.3　劳动最伟大，大学生要做新时代的栋梁才

劳动最光荣，劳动者最伟大。新中国成立以来，我国广大劳动群众始终站在时代发展的最前沿，面对生产和经济发展的迫切需要，劳动工作者们勇敢地投身于国家建设的发展大潮之中，直面挑战、迎难而上、不畏艰难、百折不挠，在艰苦的环境和条件下，以顽强拼搏的精神铸就新中国建设发展的辉煌。事实充分证明，没有劳动人民的勤劳工作就没有改革发展的成就，没有劳动人民的辛勤劳动就没有岁月静好的幸福生活。实践充分表明，我国工人阶级和广大劳动群众始终是推动我国经济社会发展、维护社会安定团结的根本力量。劳动人民用勤劳的双手描绘了新中国成长进步的光辉历史画卷，书写了改革开放和现代化建设的壮丽时代篇章。

当前，我国正处在全面深化改革的重要战略机遇期，尤其在生产结构领域正经历着一场深刻、汹涌的变革。因生产结构变化引起的社会分工的变革，导致劳动也总是有差别的，这是社会的自然属性，人类在一次次的生产变革和分工调整中也会逐渐发展到一个全新的高度。在现代，从某种意义上来说，劳动之间的差别不仅没有消失，反而有越来越扩大的趋势。这种差别包括脑力劳动和体力劳动之间的差别，包括工业劳动和农业劳动之间的差别，包括劳动收益之间的差别等。但因分工不同导致的劳动差别并不意味着劳动是不平等的、有高低贵贱之分的。劳动差别是社会分工的直接表现，是人类的经济发展和社会历史进步的基本条件和重要体现。有了这种差别，才有专门化，才有技能的提高，才有社会个性的基础；无差别的社会只能是死水一潭，有差别才有交换，有交换才有社会合作。劳动的差别，不仅合乎历史的进步，而且符合人的发展需要。劳动的合理差别，实现着人的个性，有助于人的自由个性的发展。因此，在中国特色社会主义新时代，劳动虽然有差异，但劳动与劳动之间是平等的，劳动者与劳动者之间也是平等的，每一个劳动者的付出和辛勤劳动都应得到全社会的尊重。

大学生在树立正确的劳动观时，一定要坚持劳动平等的观点，劳动是光荣的，劳动者是伟大的，从事不同行业的劳动者之间没有高低贵贱之分，所有的劳动者都是新时代中国特色社会主义事业的建设者。大学生唯有继承光荣的传统，确立伟大的品格，增强进步的力量，才能沿着梦想的航道远行，才能沿着复兴的道路前进，成为新时代的栋梁才。

2.3.4 劳动最美丽，大学生要做新时代的追梦人

在很多人的观念里，劳动往往是一种艰苦的活动。很多同学曾经听家中长辈说，这一代年轻人没有吃过苦，需要用劳动来磨炼一下。因而，在大多数人心中，劳动是艰苦的、不易的，甚至有时被作为一种改造人、惩罚人的方法和手段。而且，这种用来锻炼人的劳动大多指体力劳动，不包括脑力劳动，似乎知识分子从事的不是劳动，青年学生的学习活动也是无须付出体力的。这种把劳动单纯理解为艰苦活动的观念，不仅与劳动本身的意义不相符合，而且也导致了不良的后果。

随着生产的进一步发展变化，脑力劳动急速增多，不仅原来意义上的体力劳动是艰苦的，就是脑力劳动，也早就不再是古人所理解的用于"治人"的劳心活动。"劳心"同样是艰苦的，就像马克思所说，"劳动不可能像傅立叶所希望的那样成为游戏"[①]。劳动不仅是艰苦的，也是快乐的，是包含着快乐意义的活动。

劳动者在劳动的活动中产生的满足感，是通过劳动成功改造一项或多项事物后而产生的获得感，是看到劳动结果后所产生的愉悦心理，是被他人、被集体、被社会所关注、

---

① 马克思恩格斯全集（第46卷下册）[M].北京：人民出版社，1980：225.

接受、认同、肯定的幸福感,因为这种改造活动具有让整个社会和整体氛围变得更加和谐、美好的积极作用。在劳动中,人们能够感受到交流的乐趣、创造的快意和唤醒生命潜能的惊喜。

劳动者正是通过劳动实践活动,使劳动同美实现了有机统一与高度结合。大学生在树立正确的劳动观时,要努力从劳动中体会快乐、创造快乐、感受快乐,这样就会以积极的精神状态,主动地参与劳动,激发自身的创造力,正确地探寻人生的意义,建立正确的劳动观。

除此之外,还可以将劳动模范作为"劳动最美丽"的典型代表,表彰和宣传"最美的劳动者",让"劳动最美丽"理念深入人心,让劳动充分显示其时代价值,努力在全社会营造一个尊重劳动、崇尚劳动、快乐劳动的良好社会氛围,让越来越多的大学生自觉通过劳动改善生活、实现自我、收获成长,努力通过劳动让生活变得更美丽,在劳动的道路上做中国特色社会主义新时代的追梦人。

本章小结

中国特色社会主义的劳动观来源于传统文化的思想精粹和人类文明的优秀成果,中国特色社会主义劳动观也只有在坚持马克思主义劳动观的基础上不断地丰富创新,才能继续得以发扬传承。正确的劳动观是大学生成长成才的基础,只有树立科学的劳动观,自觉地开展劳动活动,才能培养出高尚的情操,掌握一定的劳动技能,并将其应用于正迫切需要的社会实践,在劳动实践中完善自我、升华生命,实现生命存在的真正价值。

拓展与思考

1. 你还知道哪些反映科学劳动观的神话或历史故事?
2. 你认为当前社会中存在哪些不正确的劳动观? 作为大学生应该如何看待?
3. 结合实践谈一谈,大学生可以通过哪些方式和途径树立正确的劳动观?

第3章 劳动精神、工匠精神、劳模精神

【核心问题】

☑ 新时代劳动精神、工匠精神、劳模精神的时代内涵、价值及养成意义

☑ 新时代劳动精神、工匠精神、劳模精神之间的逻辑关系

☑ 新时代劳动精神、工匠精神、劳模精神的具体要求及养成路径

【学习目的】

通过本章的学习，学生可以了解劳动精神、工匠精神、劳模精神的内涵、价值及养成意义；理解劳动精神、工匠精神、劳模精神之间的逻辑关系；了解劳动精神、工匠精神、劳模精神的具体要求及养成路径。学生能够按照劳动精神、工匠精神、劳模精神的内涵要求及养成路径自觉弘扬劳动精神、工匠精神、劳模精神，积极践行爱岗敬业、争创一流、艰苦奋斗、勇于创新、淡泊名利、甘于奉献的劳模精神，崇尚劳动、热爱劳动、辛勤劳动、诚实劳动的劳动精神，执着专注、精益求精、一丝不苟、追求卓越的工匠精神。

【思维导图】

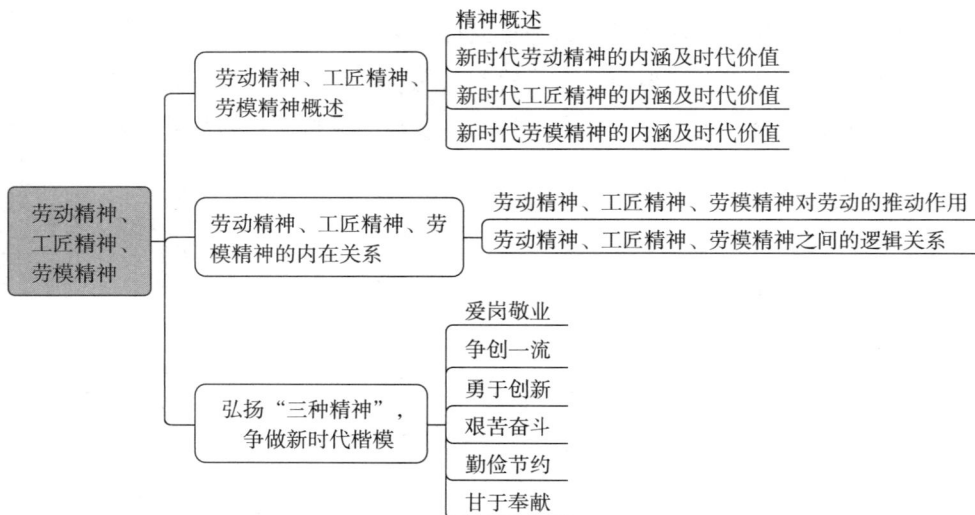

【引言】

2020 年 11 月 24 日，习近平总书记在全国劳动模范和先进工作者表彰大会上的讲话指出：“长期实践中，我们培育形成了爱岗敬业、争创一流、艰苦奋斗、勇于创新、淡泊名利、甘于奉献的劳模精神，崇尚劳动、热爱劳动、辛勤劳动、诚实劳动的劳动精神，执着专注、精益求精、一丝不苟、追求卓越的工匠精神。劳模精神、劳动精神、工匠精神是以爱国主义为核心的民族精神和以改革创新为核心的时代精神的生动体现，是鼓舞全党全国各族人民风雨无阻、勇敢前进的强大精神动力。”

大学生作为社会主义现代化强国建设的重要力量，在校期间了解和掌握劳模精神、劳动精神、工匠精神的相关知识及要求，并通过参与企业实习、志愿服务、社会调研、创新创业、勤工助学、劳动体验等劳动实践活动，持续提高自身的劳动素养，有利于大学生成为新时代具有坚定职业理想、优良职业作风的高素质中国特色社会主义事业建设者。

3.1　劳动精神、工匠精神、劳模精神概述

3.1.1　精神概述

1. 精神的内涵

精神是描述有智动物（特别是人类）内在现象的名词，从古老用语“灵”到古典用语“精神”，到启蒙时代笛卡儿用语“意识”，再到现代用语“心理”，人们对有智动物的心理意识的认识是逐渐去神秘化的过程，对心理意识的认知还在进一步的探索中。精神的基本释义及出处，见表 3-1。

表　3-1

详细释义	出　　处
一般人的生命体征	《吕氏春秋·尽数》：“圣人察阴阳之宜，辨万物之利，以便生，故精神安乎形，而年寿得长焉。”
人的自我意识	《史记·太史公自序》：“道家使人精神专一，动合无形，赡足万物。”
一种理念	王安石的《读史》：“糟粕所传非粹美，丹青难写是精神。”
精力活力	《韩诗外传》卷六：“劳矣箕子！尽其精神，竭其忠爱。”
形容人或物有生气	范成大的《再题瓶中梅花》：“风袂挽香虽淡薄，月窗横影已精神。”
神情意态	宋玉的《神女赋》：“精神恍忽，若有所喜，纷纷扰扰，未知何意。”

（续表）

详 细 释 义	出 处
风采神韵	周美成的《烛影摇红》："风流天付与精神，全在娇波眼。"
精明，机警	《宋书·谢弘微传》："童幼时，精神端审，时然后言。"
神通	《西游记》第十六回："你看他弄了个精神，摇身一变，变做一个蜜蜂儿。"
哲学名词	按照黑格尔哲学，人类意识包含精神与思维两部分，人的精神又包含人的情感、意志等生命体征和自我意识

尽管对精神的释义比较多，但其最基本的概念是指人的意识、思维活动和一般的心理状态。

2. 精神的价值

人类文明主要有两类：一是精神，二是物质。精神养心；物质养身。二者的区别在于：物质是能看得见、摸得着的实物；精神是看不见、摸不着的能量和信息。精神力量虽无形，但由于其是深刻而稳定的人格模式，这种人格模式能渗透在多数人的思想行为之中，为人们所认同和固化，并表现出心理的持久性、动力的一致性和行为的倾向性。因此，在某些方面、某些时候、某些地方，精神的作用大于物质的作用。可以说，精神对人类社会的生存、发展和繁荣强盛具有至关重要的作用。居里夫人对"精神"的认识，如图 3-1 所示。

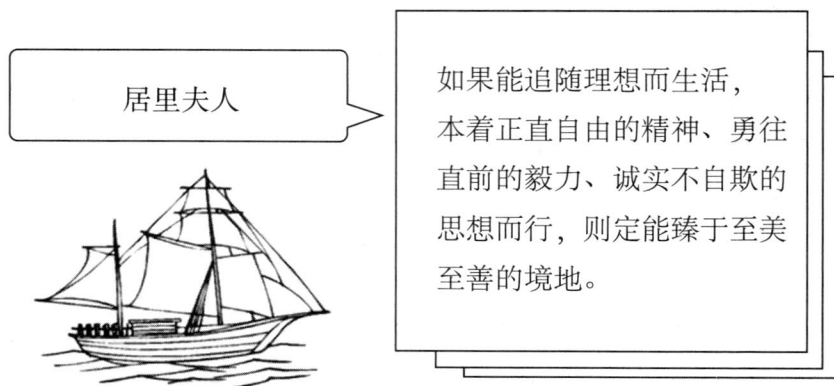

居里夫人

如果能追随理想而生活，本着正直自由的精神、勇往直前的毅力、诚实不自欺的思想而行，则定能臻于至美至善的境地。

图　3-1

居里夫人在科学界的巨大成功启迪我们要树立远大的理想并为之努力奋斗，才能使自己的人生有意义。一个人如此，一个家庭、一个单位、一个国家亦是如此，都需要具有一个长远的精神支柱作为基础和灵魂，才能长存不亡、长盛不衰、持续前行。中华民族正是在团结、和平、勤劳、勇敢等精神的滋养和鼓励下，才成就了千万年不断代并且繁荣昌盛的文明和历史。因此，精神对于人和人类的生存和发展至关重要。

3. 当代大学生的精神追求

人们对精神的需求具有多样化和阶段化的特点。多样化主要表现为一个人同一时期可能同时需要尊重、激励、真诚、贡献、平等、自由等多种精神。阶段化主要表现为人在不同的成长阶段，对精神的需求有所侧重。例如，婴幼儿更需要精神的抚爱；青少年更需要精神的鼓舞和激励；中壮年更需要精神的支柱和信仰；老年人更需要精神的寄托和安慰。

大学生正处在风华正茂的青年时期，有着火热的激情与干劲，但也存在着专注度不足、吃苦精神不够、服务意识不强等问题。为此，大学生们亟须学习、吸纳新时代所倡导的包括劳动精神、工匠精神、劳模精神在内的一系列积极向上的精神，不断进行自我鼓舞和激励，以引领自身树立正确的人生观、价值观和世界观，成就未来的美好人生。

🖤 3.1.2　新时代劳动精神的内涵及时代价值

1. 新时代劳动精神的内涵

劳动精神是劳动的本质属性。如果对人们在劳动过程中所表现出来的状态，按照时代要求加以科学总结、高度凝练和理论提升，就成为这个时代的劳动精神。

中华民族是一个勤于劳动的民族，孟子、陶渊明、李白、顾炎武等诸多古圣先贤，都认为劳动是一件值得自豪的事情，有了劳动成果的滋养，人们才会更加幸福。新中国成立以来，在中国共产党的带领下，我国广大的劳动群众持续发扬自力更生、敢于拼搏的劳动精神，自行设计制作了原子弹、氢弹、嫦娥探测器等一个又一个国之重器。

近年来，学者们对于新时代劳动精神内涵的研究一直在持续。有人认为劳动精神就是崇尚劳动、尊重劳动。有人认为劳动精神包括劳动者伟大精神、劳动伟大精神两方面。有人认为劳动精神包括辛勤劳动、诚实劳动、创造性劳动。还有人认为，人类的劳动精神主要包括劳动创造财富、劳动使人幸福的为民精神，劳动最光荣、劳动要勤奋的敬业精神，劳动出智慧、劳动靠智慧的科学精神，劳动靠大家、协作出成果的合作精神；劳动精神是人类为了自身的幸福而不懈努力奋斗的精神，和谐相处、合作共事的精神，解放思想、富于创新的精神，讲求效率、追求完美的精神，等等。

2020年11月24日，习近平总书记在全国劳动模范和先进工作者表彰大会上的讲话指出："在长期实践中，我们培育形成了……崇尚劳动、热爱劳动、辛勤劳动、诚实劳动的劳动精神。"从这一论断看，新时代劳动精神在内容上继承并发展了马克思主义劳动观和中华民族传统的劳动观念，在理念认知上彰显了全社会尊重劳动、崇尚劳动的新风尚，在行为实践上彰显了劳动者热爱劳动、辛勤劳动、诚实劳动的新风尚。

人们对于劳动精神的理念认知和行为实践共同构成了新时代劳动精神内涵的整体。

（1）**尊重劳动与崇尚劳动。**尊重劳动、崇尚劳动涉及对劳动的理性认知和感性把握，体现为对劳动共同的社会认识到个人的品行追求这样一个由表及里、逐步内化的过程。

1）尊重劳动的内涵要义。尊重劳动一般指对劳动的认识，旨在把劳动作为人类的本质活动，作为创造财富和获得幸福的源泉，尊重一切有益于人民、造福于社会的劳动者及其劳动价值。

"尊"始见于商代甲骨文及商代金文。甲骨文的"尊"字上面是个"酉"字，"酉"在甲骨文中像一个尖底的酒坛子。"尊"字下面的符号指双手，表示高举双手向人敬酒的意思。"重"最早也见于甲骨文，其构形更像一个弯着腰的人正吃力地用背驮着东西，步履蹒跚地往前走，看起来所背的东西异常沉重，可以理解为分量重。后来，人们就把"尊"和"重"两个字合起来使用，意为尊敬、重视，它是一个社会、一个人发自内心地对某个人、某项工作的理性认知。

新中国成立以来，无论是在社会主义建设年代，还是在改革开放的各个不同历史时期，党和国家始终把劳动和劳动者摆在突出位置。1921年，毛泽东提出"劳工神圣"。1954年，我国颁布实施第一部《宪法》，规定"中华人民共和国公民有劳动的权利""劳动是中华人民共和国一切有劳动能力的公民的光荣的事情"。1959年，刘少奇等国家领导人接见时传祥，谈到"我们都要好好地为人民服务。你当清洁工是人民的勤务员，我当主席也是人民的勤务员"，诠释了"工作无贵贱，劳动最光荣"；1994年，我国颁布实施《劳动法》，旨在保护劳动者的合法权益，调整劳动关系，建立和维护适应社会主义市场经济的劳动制度，促进经济发展和社会进步。2002年，党的十六大报告指出："要尊重和保护一切有益于人民的劳动，不论是体力劳动还是脑力劳动，不论是简单劳动还是复杂劳动，一切为我们社会主义现代化建设作出贡献的劳动，都是光荣的，也是必须的，都应当得到承认和尊重。"2012年，党的十八大报告指出："营造劳动光荣、创造伟大的社会氛围。"2017年，党的十九大报告指出："弘扬劳模精神和工匠精神，营造劳动光荣的社会风尚和精益求精的敬业风气。"从以上党和国家就劳动涉及的问题所作出的一系列决策部署可以看出，劳动至上已经成为治国理政最鲜明的理念，成为时代昂扬磅礴的主旋律。

2）崇尚劳动的内涵要义。崇尚劳动一般指对劳动的态度。其意在说明劳动价值有大小，劳动分工无贵贱，劳动最光荣、劳动最崇高、劳动最伟大、劳动最美丽。

"崇尚"指推崇提倡，经常用于表述推崇某种观念，如崇尚正义、崇尚简朴、崇尚勤劳等。崇尚往往表现为一种感觉、知觉和表象等直观形式的认识，如我国自古就有崇尚农业的风尚，为了鼓励耕种，从西周时就设立了"耕籍礼"，每年春耕之前，由国家的最高统治者（一般是皇帝）率领群臣、农夫等在藉田内行亲耕礼，皇帝还要亲自扶犁耕田，以示重视。当今时代，无论是体力劳动还是脑力劳动，都值得尊重和鼓励；一切创造，无论是个人创造还是集体创造，也都值得尊重和鼓励。我们建设富强民主文明和谐美丽的社会主义现代化国家，要靠党的领导，更要靠劳动、劳动者的创造。劳动是推动人类文明进步的根本力量，是实现中国梦的物质力量和精神力量。中国位居世界第二大经济体的突出成就，就凝聚着亿万劳动者的辛勤劳动。

综上所述，劳动创造了辉煌的人类历史，书写了地球家园的绚烂篇章。新时代"劳动精神"的提出，是党中央对我国广大劳动者的伟大实践所作出的高度凝练和本质概括，是对马克思主义劳动观的再丰富、再创新、再发展，具有鲜明的中国特色，是全体劳动者实现中国梦的巨大精神财富。因此，无论时代条件如何变化，我们始终都要崇尚劳动、尊重劳动，始终重视发挥工人阶级和广大劳动群众的主力军作用。

（2）**热爱劳动、辛勤劳动、诚实劳动。**热爱劳动、辛勤劳动、诚实劳动相互统一，是实现并提升个人价值和个人梦想的根本途径，也是共筑中国梦的具体行动。其中，热爱劳动是我们应有的品德和行为，是辛勤劳动、诚实劳动的前提和保障。辛勤劳动是我们对劳动应有的基本态度和要求，是诚实劳动的基础和关键。诚实劳动是我们应自觉践行的职业道德规范和工作标准，是热爱劳动、辛勤劳动的现实表现和深化。

1）热爱劳动的内涵要义。热爱劳动一般指劳动者在劳动过程中发自内心的热爱、自觉自愿的行动和对劳动成果的珍视。

热爱劳动是人类共有的传统美德。劳动创造了人类和世界，劳动不仅带给我们衣食，而且带给我们欢乐。《诗经·大雅·抑》记载："夙兴夜寐，洒扫庭内，维民之章。"启示我们要把劳动当成一种习惯，否则"一屋不扫，何以扫天下"？劳动是对一个人最起码的要求，也是最高的要求。这是因为任何一个人要从社会中获得生活物资，就要从事一种职业，不劳者不得食，任何一个人要安身立命，必须通过劳动来维持生计。从更高的层面来看，一个人要想干出一番事业来，就要坚持不懈地付出劳动，全身心地投入事业中，为社会多做贡献。

历史一次次向我们证明，世间凡能成大事者，必是极其热爱自己所从事工作的那些人，因为只有热爱，才能坚持、才能专注、才能舍得付出时间和精力。从古到今，热爱劳动就是中华民族的传统美德，中华民族正是凭借辛勤劳动的精神，创造了光耀世界的华夏文明。在社会主义社会，劳动者成为社会的主人，劳动不仅是公民的义务，而且是一种权利。由此，热爱劳动也就成为劳动者道德品质的重要表现，成为衡量公民道德的又一个重要标准。

2）辛勤劳动的内涵要义。辛勤劳动一般指劳动者勤奋敬业、埋头苦干。

《左传》记载："民生在勤，勤则不匮。"意为民众的生计、生活在于勤劳，勤劳就不会出现物资匮乏。这就表明，要求劳动者辛勤劳动，古已有之。从古至今，我们中国人都非常看重劳动。"勤能补拙""业精于勤，荒于嬉""黑发不知勤学早，白发方悔读书迟"说的都是要勤劳。勤劳是中华民族的优良传统，中国人的勤奋是为世人所称道和公认的，这是中国人的基因里传承下来的一种宝贵品质，也是中华民族所倡导的一种精神和力量。我们弘扬劳动精神，就是要认同、践行辛勤劳动，就是要反对懒惰、反对敷衍塞责、反对怨天尤人、反对贪腐等不良行为。

3）诚实劳动的内涵要义。诚实劳动一般指脚踏实地、恪尽职守，遵守法律法规和政策，遵循职业道德规范和工作标准，实事求是地认识和对待劳动过程、劳动成果。同时，诚实劳动又指劳动者以主人翁的态度对待劳动的一种道德规范。

《管子·枢言》记载："诚信者，天下之结也。"意思是诚信是集结人心，使天下团结一致的保证。中华民族自古就有诚实劳动的优良传统，也流传下来很多关于诚实劳动的故事，古有商鞅为建信"立木为信"、魏文侯为守约"冒雨送信"、孟信为守信"不卖病牛"、张良为诚信"三次赴约"。当代有只卖"良心油条"的油条哥、"细心雕琢"的绿化工人刘纯军、"诚信为基立大厦"的劳动模范李江福等。

经典故事

孟信不卖病牛

古代，有个叫孟信的人，被罢免了官职以后，家里变得很穷，甚至连吃的东西都没有了。一天，家里人趁孟信外出时把家里仅有的一头病牛卖了，以换取粮食。孟信回家后发现病牛被卖了，就把家里人打了一顿，还去把病牛要了回来，他对买主说这是病牛，没什么用处了，这样的病牛不能卖给你。

保定油条哥

刘洪安大专毕业后自谋职业卖起了早点。最初，为了省油，他把炸油条的油底留在第二天再使用。后来，小刘了解到，食用油反复加温会产生大量的有害物质，会对人体造成很大的危害。于是在2012年初，他便使用一级大豆色拉油炸油条，而且每天一换。刘洪安说："我们为市民提供早餐凭的是良心，我卖的就是'良心油条'。这样做还为自己带来声誉、带来更多的顾客呢。"虽然油条成本增加了，价格也随之上涨了一些，但来吃早餐的人却不减反增。

诚实劳动因何会如此受到大家的重视呢？首先，诚实劳动是社会和谐的基础，它要求社会各阶层的劳动者，要以诚信为基础，合理有序地展开竞争，劳动者应把对社会的义务和责任，诚实无私地落实到劳动中，这是实现社会和谐稳定的重要基础。其次，诚实劳动是经济发展的基础。劳动过程中，劳动者遵循诚实劳动的道德准则，并将其转化为敬业行为与奉献行为，这对经济发展具有积极的促进作用。再次，诚实劳动是企业信誉的基石，市场经济愈发达，诚实劳动的道德因素所起的作用就越大，如中华老字号品牌同仁堂,300多年来始终恪守"炮制虽繁必不敢省人工,品味虽贵必不敢减物力"之古训,使产品因"配方独特、选料上乘、工艺精湛、疗效显著"而享誉海内外。最后,诚实劳动是人全面发展的基础,人在实践的过程中,诚实的劳动者从本心出发,尽心竭力做好本职工作,心无愧怍,自然能赢得他人的尊重和爱戴,最终铸就个体生命的辉煌,从而为社会作出较大的贡献,如"蓝领专家"孔祥瑞、保定"油条哥"等,他们的行为有力地证明诚实劳动确实是人全面发展的基础。

拓展阅读　　　　　　　　**如果不诚实劳动,会产生什么样的后果?**

　　作为群体的一员,如果有人不诚实,在劳动中弄虚作假、敷衍了事,那就会成为一块"短板",其工作就会成为别人的压力和负担,这种损人利己的事情,既会拖社会发展的后腿,也会影响社会效率,是诚实的劳动者断然不肯做的;诚实的劳动者积极投身于"圆梦"的行列中,不但创造了基于生存目的的物质价值,而且也创造了基于奉献目的的精神价值,对于国家和社会来说都是积极向上的正能量。

　　(3)劳动最光荣、劳动最崇高、劳动最伟大、劳动最美丽。没有人类辛勤的劳动,就没有五彩缤纷的现实世界;离开了社会持续不间断的劳动,我们拥有的一切就会黯然失色。弘扬"劳动最光荣、劳动最崇高、劳动最伟大、劳动最美丽"的主流价值观,是实践马克思主义劳动观的本质要求,更是治疗好逸恶劳、贪图享乐,指望一夜成名、一夜暴富等思潮的一剂良药。

　　1)劳动最光荣的内涵要义。劳动最光荣,即人因劳动而被社会及他人尊敬。从社会层面看,人类用自己勤劳的双手和辛勤的劳动认识与改造客观世界,创造了社会生活中的一切精神和物质财富;从个人层面看,人们可以在劳动过程中尽情抒发自己的健康与快乐、发挥自己的积极性与创造性、实现合作与奉献、追求理想与幸福,并获得丰硕的劳动成果。同时,劳动还能砥砺人的意志,陶冶人的思想情操,培育人的美德。人们在劳动中历练、成长,锻造勤俭节约、尊老爱幼、勤劳勇敢、艰苦奋斗、坚强意志、聪明才智等社会美德和精神财富,在平凡的劳动中得以不断发展和全面提升,并因受到世人的称赞而感到自豪和荣耀。

拓展阅读　　　　　　　　**体力劳动者真的低人一等吗?**

　　2016年4月17日,北京市某小区内,一名快递小哥,与一辆正在倒车的小轿车发生轻微碰撞。车内中年男子在没有认定双方责任的情况下,对快递小哥破口大骂,并连续扇了快递小哥六个耳光,整个过程中快递小哥被吓得不敢吭声,也没有还手。随后,有居民提议打110或者让交警来解决,但该男子表示快递小哥应该直接掏钱修车。自始至终，中年男子的态度都非常猖狂。该事件视频被传到网上后，网友纷纷参与话题讨论。这则消息之所以能够成为公众热议的话题，不仅仅在于公众对快递员的心疼和对快递公司维权的支持，更是一种对社会"潜规则"的抗议。在车主的认知中，快递小哥与自己天然形成"身份差"，这种差别来自职业有贵贱的不正确的认识。

诚然，不同的职业所创造的价值对于整个社会而言确有大小之分，但这并不能成为区分职业贵贱论的借口。快递员和车主有着不同的社会分工，但只要是自食其力就值得被尊重。

2）劳动最崇高的内涵要义。劳动最崇高，即劳动最高尚，是指劳动具有无私的奉献精神。人类社会发展的实践证明：劳动使类人猿的手和脚分了工，使原始人产生了交流思想的语言，并使类人猿的脑髓逐步发展成为人的大脑，从而使人成为"万物之灵"。所以说，劳动创造了人、人类社会和人类社会的一切。

劳动行为必须健康地、积极向上地为一定的劳动目的、社会利益负责，劳动必须是正义的，必须为社会进步服务，必须为人民服务，劳动果实必须是圣洁的，这就使得劳动具有了显著的人民性，即我们的劳动一定是属于人民劳动的范畴，我们的劳动一定是人民意志的体现。劳动的人民性也就必然赋予了劳动的崇高性。

拓展阅读

人民性是个外来词，原指新闻或文艺作品等反映人民大众的思想、感情、愿望和利益的一种特性。后来，人民性成为马克思主义的根本品质。同时，我们党来自人民、植根人民，人民性是我们党的坚实基石。

3）劳动最伟大的内涵要义。劳动最伟大，即劳动十分崇高卓越，令人景仰钦佩。纵观历史，在人类发展的进程中，任何一种进步，任何一项发明，都不是凭空出现的，都需要付出艰辛的劳动。人类赖以生存的生活环境、自然界及人类文明都在劳动的作用下向着人类有利的方向发展。基于劳动创造的碾米工具变化示意图，如图3-2所示。

无数平凡的劳动者日复一日、年复一年，不论酷暑严寒，都在默默地工作着、劳动着、创造着、奉献着。正是因为有了他们的辛勤劳动和细致服务，我们的生活才有了可靠保障。也正是由于千百万人坚持不懈的辛勤劳动、诚实劳动和创造性劳动，才有了中华民族的巨大飞跃和伟大复兴，才有了人民生活的日益美好。

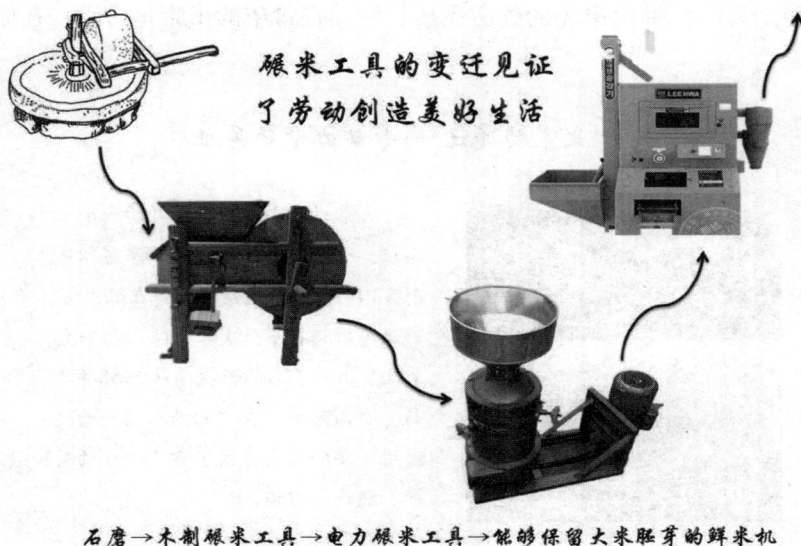

碾米工具的变迁见证
了劳动创造美好生活

石磨→木制碾米工具→电力碾米工具→能够保留大米胚芽的鲜米机

图　3-2

4）劳动最美丽的内涵要义。劳动最美丽，即劳动是令人赏心悦目的。不仅脑力劳动的过程是美丽的，体力劳动的过程也是美丽的。"种豆南山下，草盛豆苗稀。晨兴理荒秽，带月荷锄归""我们的理想，在希望的田野上，禾苗在农民的汗水里抽穗，牛羊在牧人的笛声中成长，西村纺花，那个东港撒网，北疆哟播种，南国打场………"，①无论是陶渊明所作的诗，还是陈晓光所填的词，反映的都是劳动美与自然美的高度结合。从古至今，人们用诗词、歌曲、舞蹈等各种形式歌颂劳动之美。

无论时代如何变迁，人们追求劳动美的志向是不会改变的。中华民族自古就是一个勤劳、具有创造力的民族，我们的祖先迈着坚实的步伐，创造了一个又一个的奇迹，从万里长城到京杭大运河，从灌溉沃野的都江堰到耸入云际的布达拉宫，每一项宏伟的工程都凝聚着千千万万先民勤劳的汗水。"地崩山摧壮士死，然后天梯石栈相钩连"，在科技并不发达的古代，修建这些工程很不容易，然而先民用聪明的大脑和勤劳的双手留给我们一笔笔宝贵的财富。大寨变迁示意图，如图3-3所示。

习近平总书记教导我们"幸福不会从天而降，梦想不会自动成真"，无论是个人还是国家都需要奋力前行，开创美好的未来，实现属于自己的梦想。其实，劳动很好地统一了身心，许多智慧都是在劳动中发现的。随着城市化进程的加快，劳动的外在形式发生了变化，男耕女织的家庭劳动模式几近绝迹，但劳动的乐趣不应该被省略掉，劳动的内在意义弥足珍贵。当前，我们比历史上任何时期都更接近中华民族伟大复兴的目标，在这一历史性的时期，每一位中国人都应该尊重劳动，奋发图强。我们要接过

————————————

① https://baike.baidu.com/item/%E5%9C%A8%E5%B8%8C%E6%9C%9B%E7%9A%84%E7%94%B0%E9%87%8E%E4%B8%8A/13833207?fr=aladdin.

祖先的"劳动工具"，继承祖先的勤劳品质，继续在希望的田野里劳动，在肥沃的土壤里深耕。

大寨的变迁——劳动力量的见证

大寨村是山西省昔阳县的一个小山村。大寨的自然条件十分恶劣，是个穷山村，新中国成立后，在陈永贵、郭凤莲的领导下，大寨人决心组织起来改变山村落后的面貌。从1953年开始，治山治水，在"七沟八梁一面坡"上用十年的工夫修成了亩产千斤的高产、稳产海绵田。

图 3-3

2. 劳动精神的时代价值

长期以来，劳动者在中国是一个自豪的称谓，"咱们工人有力量""勤劳致富"是中国社会的主旋律。然而，自20世纪末以来，劳动精神在全球遇到挑战，欧美国家金融业超高的收益率将人才从各行各业吸引到所谓"金融创新"之中，引发了美国的次贷危机和全球金融危机。更需要关注的是，全球化本质上有利于资本而非劳动的流动。全球化的迅猛发展，在发达国家导致了劳资力量平衡向有利于资本的方向变化，在发展中国家则使"廉价劳动力"成了劳动者的代名词。

当社会中的人越来越多地由于资本性、投机性和偶然性收入而致富时，社会平等就会受到损害，劳动精神就会面临质疑，并威胁到国家整体经济的发展后劲。值此之际，强调劳动精神的时代价值显得尤为重要。

拓展阅读

资本性收入：主要指固定资本性资产、黄金、股票或无形资产的出售所得，以及资本性转移收入（资本性赠予）等。

投机性收入：主要指通过投机性交易，利用市场差价获取的利润收入。

偶然性收入：主要指不是必然所得的收入，纯属偶然性的收入，如买彩票中奖、接受别人的财产赠予、继承财产等。

当然，除资本性、投机性、偶然性致富外，通过提高劳动效率也可以用尽可能少的劳动换来尽可能多的财富，但这并不否定劳动精神。劳动是人类的本质活动，劳动光荣、创造伟大是对人类文明进步规律的重要诠释，即使有一天机器人真的代替了人类的大部分劳动，人类仍不可失去劳动精神，因为劳动所包含的创造、努力和坚持等精神要素是人类自由、尊严和生存意义的根基。

（1）新时代劳动精神是贯彻习近平新时代中国特色社会主义思想的应有之义。习近平新时代中国特色社会主义思想中，关于全社会都要贯彻尊重劳动、尊重知识、尊重人才、尊重创造的重大方针，全社会都要以辛勤劳动为荣、以好逸恶劳为耻，任何时候任何人都不能看不起普通劳动者，都不能贪图不劳而获的生活等一系列重要论述，从推动人类社会发展进步的高度，充分阐释了劳动的巨大作用和价值，对全社会尊重劳动、崇尚劳动提出明确要求，为全社会进一步树立劳动意识、培养劳动观念，通过劳动创造更加美好的生活具有重要的指导意义。

同时，中国特色社会主义进入新时代，劳动精神则被赋予更深厚的人民期许。广大劳动者要以习近平总书记关于劳动的论述为基础，热爱劳动、辛勤劳动、诚实劳动，不断激发自身的劳动创造力与发展活力，努力推动社会生产向着形态更高级、结构更完善、分工更科学、产品更精致、供给更高效的方向发展，推动中华民族伟大复兴的中国梦梦想成真。

（2）新时代劳动精神是对马克思主义劳动观和劳动价值论的进一步丰富和发展。新时代劳动精神，对劳动在人类活动中的地位及劳动者的尊严给予了应有的肯定，是新形势下对马克思主义劳动观的坚持和延伸。劳动精神充分继承了马克思主义"劳动至上""劳动产生美"等重要论述，并在具体实践中推动其丰富与发展。其一，它拓展了劳动的主体构成。马克思著作中的劳动主体是指无产阶级工人，以从事繁重体力劳动的人为主。当今的劳动主体，尽管是进行人类一般性劳动支出的无差别劳动者，但因劳动对象和劳动成果的不同可进一步划分为物质生产者、精神生产者、组织管理者与配套服务者等；对劳动者自身素质的要求则更倾向于知识型、管理型、创造型等新型劳动者。其二，它发展了劳动的内涵与外延。马克思认为，劳动是创造价值的唯一源泉，具体劳动创造了商品的使用价值，抽象劳动则创造了商品的价值；生产性劳动可以创造价值，非生产性劳动则不能创造价值。无论是脑力劳动或体力劳动、简单劳动或复杂劳动，一切为建设社会主义现代化强国作出贡献的劳动，都是光荣的，都应该得到承认和尊重。

（3）新时代劳动精神是践行社会主义核心价值观的重要体现。社会主义核心价值观是社会主义核心价值体系的内核，其个人行为准则中所倡导的"爱国、敬业、诚信、友善"中的"敬业"就是对劳动的尊重、崇尚和热爱，这与劳动精神高度一致。同时，劳动的实践活动推动经济社会发展，孕育政治民主，催生人类文明，促进自然界、人类社会、人类自身三者的和谐，体现着国家层面的价值目标；劳动中的自由劳动理想、制定平等标准、维护公平正义、实现法治管理，为社会层面的核心价值落地生根提供了无形的劳动文化浸润氛围；劳动的精神理念升华了民族认同与爱国情怀，巩固了爱岗敬业的职业信念，推动了诚实守信认识的不断深化，催生了团结友善的和谐人际关系。

3. 培育当代大学生劳动精神的重要意义

建设中国特色社会主义事业是全体人民的共同事业，伟大的事业需要伟大的精神。历史实践证明，社会的每一次进步都离不开劳动，更离不开劳动者的奋斗。当代中国正处于建设富强民主文明和谐美丽的社会主义现代化国家的关键历史时期，实现国家富强、民族振兴、人民幸福的责任，历史性地落在当代大学生的肩上。"少年强则国强，少年智则国智，少年富则国富"，作为时代新人，大学生要承担起这一重大的历史责任，必须深刻认识培育劳动精神的重要性。

（1）有利于当代大学生形成正确的价值观和事业观。首先，弘扬劳动精神就是要求大学生要树立劳动最光荣、劳动最崇高、劳动最伟大、劳动最美丽的价值理念，以客观公正的态度对待劳动，尊重普通劳动者，与劳动群众建立亲密联系，坚定劳动体面的价值认同。其次，弘扬劳动精神可以使大学生认识到只有通过辛勤劳动、诚实劳动、创造性劳动才能实现理想、贡献社会、获得财富，从而形成正确的职业观，生成全心全意为人民服务的信念，并切实把个人的事业追求与国家和人民的需要结合起来，在劳动中实现个人理想，同时也可为中华民族伟大复兴中国梦的实现提供强大的人才支撑。

（2）有利于当代大学生养成勇于担当的责任和使命。首先，历史的延续需要一代人担负一代人的责任，对于国家、民族的发展而言，每一个时代都有历史赋予的任务。习近平总书记指出："青年是整个社会力量中最积极、最有生气的力量，国家的希望在青年，民族的未来在青年""建成社会主义现代化强国，实现中华民族伟大复兴，是一场接力跑。我们有决心为青年跑出一个好成绩，也期待现在的青年一代将来跑出更好的成绩。"当今，弘扬和培育劳动精神，可以促使大学生养成勇担使命的品质，推动大学生将创造力、想象力转化为干事创业的实际行动，使他们能够切实担负起国家、民族赋予的时代责任。

其次，新时代中国青年处在中华民族发展的最好时期，既面临着难得的建功立业的人生际遇，也面临着实现中华民族伟大复兴中国梦和为人类作出更大贡献等一系列重大的时代使命。完成这些使命，不可能一蹴而就，必定要克服诸多困难和障碍。弘扬和培育劳动精神，有利于培养大学生应对重大挑战、抵御重大风险、克服重大阻力、解决重大矛盾和迎难而上、挺身而出的担当精神，激励他们艰苦奋斗、勇于创新、无私奉献，让青春在新时代中国特色社会主义伟大事业中绚烂绽放。

（3）有利于引导当代大学生全心全意为人民服务。中国特色社会主义最本质的特征是中国共产党的领导，而中国共产党的根本性质和最终奋斗目标决定了党的宗旨是全心全意为人民服务。当代大学生既是未来社会主义事业的接班人和建设者，也是践行党全心全意为人民服务宗旨的后备军。在大学生中弘扬和培育劳动精神，可以让青年学生认识到只有积极劳动才能在中国特色社会主义事业中实现个人理想，也只有通过个人和全体群众辛勤劳动、诚实劳动、创造性劳动才能让实现共产主义远大理想成为可能。全心全意为人民服务是党和国家对当代大学生的根本要求，同时也是当代大学生自身发展的需要，用劳动精神引领大学生成长成才，激励大学生全心全意为人民服务是社会主义事业建设和发展的不竭动力。

3.1.3 新时代工匠精神的内涵及时代价值

1. 新时代工匠精神的内涵

工匠精神，是一种职业精神，它是职业道德、职业能力、职业品质的体现，是从业者的一种职业价值取向和行为表现。工匠精神的基本内涵包括敬业、精益、专注、创新等内容。[①]

在《现代汉语词典》中，工匠的解释是"手艺人"。传统意义上的工匠可理解为"手艺人"，即具有专门技艺特长的手工业劳动者。但随着对劳动认识的不断加深，人们越来越意识到以往对"工匠"的解读过于狭隘。技术的发展、分工的演变使得"工匠"已不再单纯地指代体力劳动者，而应该辐射每一位劳动者。新时代工匠精神超越了原本工匠精神"工"的范畴，它作为一种劳动价值观应是所有从事物质和精神产品生产的劳动者秉持的职业态度，倡导每一个劳动者在自己的工作岗位上都要满怀敬畏之心，刻苦钻研、精益求精，追求更高的质量、更优的品质。

（1）敬业的内涵要义。敬业是工匠基于对职业的敬畏和热爱而产生的一种全身心投入的认认真真、尽职尽责的职业精神状态。中华民族历来有"敬业乐群""忠于职守"的传统，敬业是中国人的传统美德，也是当今社会主义核心价值观的基本要求之一。

拓展阅读

早在春秋时期，孔子就主张人在一生中始终要"执事敬""事思敬""修己以敬"。"执事敬"，是指行事要严肃认真不怠慢；"事思敬"，是指临事要专心致志不懈怠；"修己以敬"，是指加强自身修养保持恭敬谦逊的态度。

（2）精益的内涵要义。精益就是精益求精，比喻已经很好了，还要求更好。精益

---

① https://baike.baidu.com/item/%E5%B7%A5%E5%8C%A0%E7%B2%BE%E7%A5%9E/3993110?fr=aladdin.

是工匠对每件产品、每道工序都凝神聚力、追求极致的职业品质。

拓展阅读

《诗》云："如切如磋，如琢如磨。"朱熹曾集注："言治骨角者，既切之而复磋之；治玉石者，既琢之而复磨之；治之已精，而益求其精也。"意思是：君子的自我修养，就像加工骨器，切了还要磋；就像加工玉器，琢了还得磨；已经做得很好了，还要更好。

（3）专注的内涵要义。专注就是内心笃定且着眼于细节的耐心、执着、坚持的精神，是工匠必须具备的精神特质。从中外实践经验来看，工匠精神意味着执着，即几十年如一日的坚持与韧性。

拓展阅读

《聊斋志异·卷二·阿宝》："书痴者文必工，艺痴者技必良。"意思是：喜欢读书的人，提笔就能写出漂亮的文章，对一项技艺痴迷的人，他的技术一定是非常精良的。《庖丁解牛》中记载的解牛时游刃有余的厨工、《核舟记》中记载的奇巧人王叔远等都属于艺痴技良者。

（4）创新的内涵要义。创新是指以现有的思维模式提出有别于常规或常人思路的见解，利用现有的知识和物质，在特定的环境中，本着理想化需要或为满足社会需求而改进或创造新的事物、方法、元素、路径、环境，并能获得一定有益效果的行为。古往今来，热衷于创新和发明的工匠们一直是世界科技进步的重要推动力量。

拓展阅读

新中国成立初期，我国涌现出一大批优秀的工匠，如倪志福和郝建秀等，他们为社会主义建设事业作出了突出贡献。改革开放以来，"汉字激光照排系统之父"王选、"中国第一、全球第二的充电电池制造商"王传福和从事高铁研制生产的铁路工人、从事特高压及智能电网研究运行的电力工人等都是"工匠精神"的优秀传承者，他们让中国创新一次次影响了世界。

2. 工匠精神的时代价值

国家与民族的兴旺发达需要能够凝聚人心的民族精神和时代精神，这两种精神投射到生产活动中就表现为工匠精神。工匠精神是中华文化的重要组成部分，加强工匠精神培育是实现中华民族伟大复兴的必然选择。

（1）**市场价值——工匠精神是推进强国战略的重要推手。**人作为劳动的主体，既是社会物质生产活动的直接参与者，也是人类精神生产活动的创造者。调动人的劳动积极性、唤醒人的劳动创造力是推动生产力发展的关键，离开劳动者的创造精神，人类社会就不可能发展进步。回顾人类社会发展史，无论是新石器时代、青铜时代、农业时代，还是进入现代以来的工业时代、信息时代，社会的发展进步同工匠精神的继承和创新息息相关，工匠精神所蕴含的巨大的精神力量是社会进步的基础。

党的十九大报告清晰擘画了全面建成社会主义现代化强国的时间表、路线图。在2020年全面建成小康社会、实现第一个百年奋斗目标的基础上，再奋斗15年，在2035年基本实现社会主义现代化。从2035年到21世纪中叶，在基本实现现代化的基础上，再奋斗15年，把我国建成富强民主文明和谐美丽的社会主义现代化强国。要实现强国目标，不仅需要加强创新驱动、发展核心技术、调整优化结构等宏观战略层面的推动，也需要无形但强大的精神层面的支撑。工匠精神作为一种具有丰富意蕴的精神品质，具有推动改革、创新发展的强大力量，恰好适应了当前的形势需要，有助于促进强国战略的积极推进。

拓展阅读

在党的十九大报告中，"强国"一词出现了19次。其中5次是建设社会主义现代化强国。除此之外，十九大还明确提出要建设制造强国、科技强国、质量强国、航天强国、网络强国、交通强国、海洋强国、贸易强国、文化强国、体育强国、教育强国、人才强国。这些"强国"都是整个社会主义现代化强国的组成部分，也是社会主义现代化强国在各个领域的体现。把一个个"强国"建设好，整个社会主义现代化强国的目标才有扎实的基础和可靠的保证。

（2）**人的个性发展价值——工匠精神是实现人生价值的重要途径。**工匠精神是一种新时代积极的劳动观念，可以帮助人们摆脱劳动过程中的精神压迫感，使劳动真正具有创造的乐趣。人们在追求完美和极致的劳动过程中，创新成果所带来的乐趣与成就让劳动者精神更加饱满、心灵更加富足，这种愉悦的过程可以消解劳动过程中的枯燥与体力消耗，变负担为快乐与满足。

拓展阅读　　　　　**袁隆平的劳动观和生活观**

*劳动观：喜欢去田垄。*袁隆平喜欢去田垄，一有时间就到试验田去观察。田里的秧苗分蘖了，抽穗了，扬花了，结实了，他都要去看看，经常到田里去转转。

生活观：钱够花就行。袁隆平几乎将在国际上获得的所有大奖的奖金都捐赠给了以他的名字命名的农业科技奖励基金会，以表彰和帮助对农业科研有贡献的人。他认为钱够日常开销，再小有储蓄就行了。

袁隆平是我国耳熟能详的"大国工匠"。他的事迹告诉我们：工匠精神注重的是个人价值的实现，而不是个人财富的迅速累积。劳动者在劳动过程中创造高品质的劳动产品，同时也在劳动中不断完善自我、提升自我，真正实现人生的价值，彰显人的本质力量。因此，在"匠人"眼里，劳动是自由的生命表现，是生活的乐趣。

（3）社会价值——工匠精神是促进社会进步的重要因素。当前社会有些人热衷功名利禄，做事浮躁，一旦形成风气，会在一定程度上阻碍社会发展。倡导和发扬工匠精神，则可以使人们发挥忘我的钻研精神。如果所有的劳动者在工作岗位上都能追求完美、精细、创新，社会的发展就能日新月异。新中国成立以来所取得的历史性进步，离不开一代代工匠的传承与创新。华罗庚、陈省身、陈景润、谷超豪、丘成桐等巨匠托起我国的数学事业，对国家的科技发展起到了巨大的推动作用；李四光、王进喜、孙健初、王启民等巨匠，打破"中国是贫油国家"的论断，让新中国的石油工业发生了天翻地覆的变化；马海德、林巧稚、屠呦呦、吴登云、钟南山等巨匠，引领我国医疗卫生事业取得巨大成就，令世界瞩目；邓稼先、钱三强、于敏等巨匠使中国核武器研制工作从无到有，确保了国防安全。当然，还有"让沙漠绿起来"的治沙能手——王有德，港口装卸工具发明家——包起帆，工人教授——窦铁成等一大批优秀工匠，对中国经济社会的发展起到了积极的推动作用。

【扫码知】

华罗庚、陈省身、陈景润、谷超豪、丘成桐事迹简介	李四光、王进喜、孙健初、王启民事迹简介	马海德、林巧稚、屠呦呦、吴登云、钟南山事迹简介	钱学森、邓稼先、钱三强、于敏事迹简介

当今，我国还处于社会主义初级阶段，发展过程中可能会遇到一些问题，倘若人人以自我利益为主，必将影响社会进步。唯有让工匠精神绽放时代色彩，才能更好地实现国家发展和民族复兴的同向同行。

（4）文化价值——工匠精神是推动社会文明进步的强大力量。工匠精神的发育程度，同一个社会的物质文明、精神文明的进步程度直接相关。从精神文明来看，工匠精神蕴含的职业理念和价值取向与社会主义核心价值观倡导的敬业和诚信高度契合。一方面，工匠精神可以增强广大劳动者的文化自信，激发他们的劳动热情，引导他们学习新知识、钻研新技术，甘于奉献，把个人价值的实现融入辛勤的劳动之中；另一方面，工匠精神是对劳模精神、劳动精神的体现和升华，是我们党有关劳动理念的重要发展。从物质文明来看，"工匠精神"在物质文明的创造过程中可以发挥强大的精神动力及智力支持作用。

3. 培育当代大学生工匠精神的重大意义

工匠精神落在劳动者个人层面，就是不仅要把工作当作赚钱的工具，而且要树立对职业敬畏、对工作执着、对产品负责的态度，极度注重细节，不断追求完美和极致，给客户无可挑剔的体验。将一丝不苟、精益求精的工匠精神融入每一个环节，作出打动人心的一流产品，提供宾至如归的一流服务。与工匠精神相对的，则是"差不多态度"——满足于差不多就行了，而不追求100%。目前，我国制造业存在大而不强、产品档次整体不高、自主创新能力较弱等现象，多少与工匠精神欠缺有关。当代大学生肩负振兴中华的历史重任，是未来社会各行各业的生力军，对大学生进行工匠精神的培养意义重大。

（1）有利于提高大学生的职业道德水平。一个人的道德素质，主要体现在社会公德、职业道德、家庭美德和个人品德四个方面。当今社会，能被称为"匠人"的人，除了拥有高超精湛的技艺，还有必不可少的一点，就是道德素质。格力电器总裁董明珠在一次访谈中曾说："没有人才，一切归零；没有道德，人才归零。"日本匠人秋山利辉也曾经说过："对于工匠来说重要的不是技术而是人品。"由此可见，培育工匠精神对提升职业道德水平具有重要的推动作用。

拓展阅读

职业道德的概念有广义和狭义之分。广义的职业道德是指从业人员在职业活动中应该遵循的行为准则，涵盖从业人员与服务对象、职业与职工、职业与职业之间的关系。狭义的职业道德是指在一定的职业活动中应遵循的、体现一定职业特征的、调整一定职业关系的职业行为准则和规范。职业道德的内容主要包括爱岗敬业、诚实守信、办事公道、服务群众和奉献社会。

大学生在校期间接受忠于职守、爱岗敬业的道德教育，并内化于心、外化于行，就可以在变化飞速的现代化社会中，以自身内在的笃定经受住各种负面的"非主流"思想的冲击，主动担负起身上的责任，胸怀国家社会，主动投身到中国特色社会主义现代化强国建设的队伍当中，奋勇建功新时代，成为德才兼备的匠人。

（2）有利于提升大学生工作的专注力。专注力又称注意力，指一个人专心于某一事物或活动时的心理状态。它要求人明确自己的方向和目标（当然这个方向和目标要和组织的方向和目标相匹配），专注于前进的方向，专注于真正有意义的事情，让自己的思考决定自己的行为，而不是被外界的刺激干扰，从而迷失方向、分散精力。

拓展阅读

职场上那些值得我们专注的事：①对公司或者自己所属团队的真正绩效结果（不仅是关注考核指标）产出有所贡献的事情。②让自己的技能有所增长的事情。③能提升自己在组织内部重要性的事情。

三百六十行，行行出状元。不管从事哪个行业，都需要专注力。因为劳动者在投入工作的时候，能自动化解各种消极情绪，做到不急躁、不慌张，保持高度集中的注意力，心无旁骛、沉着稳定地完成工作任务。即便是遇到难啃的硬骨头时，也毫不沮丧气馁，而是"硬碰硬"，勇于直面困难和挑战，凭借着殚精竭虑的奋斗、绝不服输的劲头，最终攻克难关、突破瓶颈。在世界日新月异且市场竞争日趋激烈的今天，在校大学生学习"工匠精神"，并通过劳动实践等培养自己对职业不浮不殆、不急不躁、精益求精的专注精神，有利于未来开创事业或是做好本职工作。

（3）有利于大学生增强岗位胜任能力。某高校曾对十家紧密型合作企业进行问卷调查，当用人单位被问及"如果一个大学生本身的专业能力很强，但在自我形象、角色定位、感染力、影响力或持续学习能力方面不好，而另一个大学生在专业知识方面能力较弱，但在价值观、社会角色、自我意识、个性特质、动机等方面表现较为突出"如何选择这一题目时，100%的用人单位都选择了后者。由此可见，社会对人才的要求越来越从注重专业技术转变为对综合素质人才的高要求，良好的工匠精神和拥有较高的专业技能一样，是走向社会、立足社会的重要条件。

当前，我国正处在从工业大国向工业强国迈进的关键时期，培育大学生严谨认真、精益求精、追求完美的工匠精神，有利于大学生在学期间树匠心、筑匠梦、养匠才、聚匠魄，成为适应国家社会主义现代化建设需求的知识型、技能型、创新型劳动者。

3.1.4 新时代劳模精神的内涵及时代价值

1. 新时代劳模精神的内涵

劳模，即劳动模范的简称，指在社会主义建设事业中成绩卓著的劳动者，经职工民主评选、有关部门审核和政府审批后被授予的荣誉称号。[1] 劳模精神，就是劳动模范体现出的精神。

---

① 向德荣，等.劳模精神职工读本[M].北京：中国工人出版社，2016.

拓展阅读

劳动模范分为全国劳动模范与省、部委级劳动模范，有些市、县和大企业也评选劳动模范。"劳"，表示劳动，这是劳模的基本前提。"模"，体现了"示范"和"楷模"的价值导向，具有可近、可亲、可信、可学的榜样作用。劳模是旗帜、是火炬、是形象、是标杆、是品牌、是导向，劳模就是珍贵的精神财富，能够引导全社会的劳动者热爱劳动，创造更多的社会财富。每一时期的劳模都具有不同的内容和特点，他们的共同点是主人翁的责任感和艰苦创业精神等。

劳动是劳模精神的基石，劳动者是劳模精神的主体。劳模精神是引领中华民族时代发展先进的、科学的、文明的思想道德和价值取向。劳模精神是一种人文精神，代表的是一个时代的价值观、道德观，展示的是中华民族顽强拼搏、自强不息的崇高品格，体现的是中华民族与时俱进、开拓创新的精神风貌。

劳模精神也在时代发展中不断赋予新的内涵，新中国成立前是"革命加拼命、苦干加巧干"的革命型，新中国成立初期是"不怕苦、不怕死"的老黄牛型，后来发展为更加注重"知识型、技能型、创新型"的多元化类型。新时代"劳模精神"，是劳动者把追求自我实现融入奉献社会的洪流之中，是完成最高层次的"自我实现"后的社会反哺，通过个体在工作中的优异表现与强烈的亲社会行为，从而促进社会向和谐有序、生机蓬勃发展，集中表现为爱岗敬业、争创一流，艰苦奋斗、勇于创新，淡泊名利、甘于奉献的精神追求。

拓展阅读

亲社会行为又叫利社会行为，是指符合社会希望并对行为者本身无明显好处，而行为者却自觉自愿给行为的受体带来利益的一类行为。亲社会行为可以分为利他行为和助人行为。[①]

拓展阅读

新中国成立以来，各行各业涌现出大量的劳动模范。劳模精神作为时代精神，虽然在不同的时代有不同的内容，但劳模精神的主旋律始终不变，如图3-4所示。

（1）爱岗敬业、争创一流的内涵要义。爱岗敬业、争创一流是劳模精神的本质特征。其中，爱岗敬业是对做好工作的基本要求，争创一流是对先进性的不懈追求。爱岗，概括来说就是热爱自己的工作岗位，热爱自己的本职工作；敬业，概括来说就是以极端负责的态度对待自己的工作。争创一流，就是在高起点上继续求高，在新起点上继续求新，

---

① https://baike.baidu.com/item/%E4%BA%B2%E7%A4%BE%E4%BC%9A%E8%A1%8C%E4%B8%BA/3486334?fr=aladdin.

表现为一种积极奋发的精神风貌。劳动模范是中国梦的领跑人，他们用自身的模范行为带动广大群众立足本职、尽职尽责、精益求精，在平凡的工作岗位上不断追求一流的技术水平，干出一流的工作业绩，创造一流的工作效率，打牢实现中国梦的坚实根基。

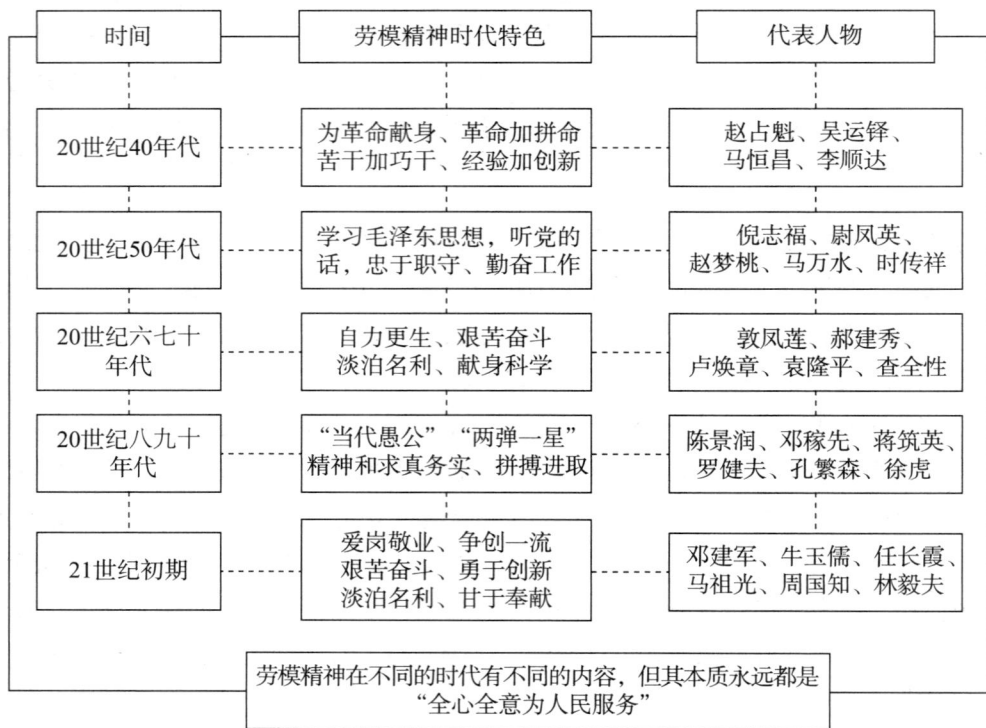

时间	劳模精神时代特色	代表人物
20世纪40年代	为革命献身、革命加拼命 苦干加巧干、经验加创新	赵占魁、吴运铎、 马恒昌、李顺达
20世纪50年代	学习毛泽东思想，听党的话、忠于职守、勤奋工作	倪志福、尉凤英、 赵梦桃、马万水、时传祥
20世纪六七十年代	自力更生、艰苦奋斗 淡泊名利、献身科学	敦凤莲、郝建秀、 卢焕章、袁隆平、查全性
20世纪八九十年代	"当代愚公""两弹一星" 精神和求真务实、拼搏进取	陈景润、邓稼先、蒋筑英、 罗健夫、孔繁森、徐虎
21世纪初期	爱岗敬业、争创一流 艰苦奋斗、勇于创新 淡泊名利、甘于奉献	邓建军、牛玉儒、任长霞、 马祖光、周国知、林毅夫

劳模精神在不同的时代有不同的内容，但其本质永远都是
"全心全意为人民服务"

图 3-4

（2）艰苦奋斗、勇于创新的内涵要义。艰苦奋斗、勇于创新是劳模精神的品质体现。其中，艰苦奋斗是不畏艰难困苦、坚持奋发进取的工作作风；勇于创新是敢于创新、善于创新的使命担当，是劳模精神的核心。劳动模范是辛勤劳动、创新劳动的实践者，他们把自己先进的工作理念和技术技能传授给普通群众，带动广大群众拓展新视野、掌握新知识、增强新本领，为实现中国梦凝聚力量。

（3）淡泊名利、甘于奉献的内涵要义。淡泊名利、甘于奉献是劳模的优秀品格。其中，淡泊名利是轻视外在名声与利益的崇高境界；甘于奉献是对自己的事业无私奉献不求回报的主动修为。劳模有强烈的事业心和高度的责任感，对党和人民极端负责，如雷锋、焦裕禄、王进喜和孔繁森等。他们默默地为祖国和人民奉献一切，从不计较名利得失，吃苦在前，享受在后。

2. 劳模精神的时代价值

（1）有助于凝聚建设社会主义现代化强国的磅礴力量。新中国成立以来，尽管每个劳模所处的环境和岗位不同，各自的业绩和贡献也不同，但是他们都用自己的汗水和智慧，为祖国的发展和建设作出了突出贡献。20 世纪 50 年代，以张秉贵、王崇伦、时传祥、向秀丽、郝建秀等为代表的普通劳动者，在平凡的工作岗位上以高度的主人翁责任感和艰苦创业精神，带动了整整一代人为共和国奠基。20 世纪六七十年代，以铁人王进喜为代表的石油工人，面对天灾人祸，以自力更生、奋发图强的精神，打出了一口口油井，为全国人民树立了榜样。20 世纪八九十年代，以陈景润、邓稼先、蒋筑英、罗健夫等为代表的科学家劳模，通过自己的模范行为和骄人业绩为当时的经济发展和社会进步作出了不可磨灭的贡献。20 世纪 90 年代，以孔繁森、李素丽、徐虎为代表的劳动楷模，激励着人们崇尚先进、敬业爱岗，唱响了时代的最强音。21 世纪是一个开拓未来、创造历史的年代，时代在变化，劳模的评判标准和人员构成也在不断变化，但是劳模的本质没有变化。邓建军、牛玉儒、周国知、马祖光、林毅夫等来自不同行业的劳动模范，为全面建成小康社会，推动社会主义政治建设、经济建设、文化建设、社会建设、生态建设及党的建设作出了巨大贡献。当今，随着小康社会的全面建成，我国将开启全面建设富强民主文明和谐美丽的社会主义现代化国家的新征程，我们正站在实现社会主义现代化和中华民族伟大复兴新的历史起点上。"行百里者半九十。中华民族伟大复兴，绝不是轻轻松松、敲锣打鼓就能实现的。"① 需要全国各族人民团结起来，共同为这一目标的实现付出艰苦的努力。我们在新时代弘扬劳模精神，就是倡导所有劳动者要发扬主人翁责任感和艰苦奋斗精神，以忘我的劳动热情和无私的奉献精神，强烈的开拓进取意识和创新求实精神，良好的职业道德和爱岗敬业精神，集体担负起对职业、对社会、对国家的道德感、责任感、使命感，凝心聚力朝着党中央确定的目标奋勇前行。

（2）有助于增强人民群众对劳动观的正确认识。随着经济全球化不断加深、市场经济观念不断冲击，一些诸如功利主义、享乐主义、消费主义、个人主义等不良价值倾向肆意冲击着人们的道德观和劳动观，一些人妄图不劳而获却不愿勤劳致富、只愿投机钻营却不愿脚踏实地、只求个人利益却不愿为他人和社会奉献。这些思想和行为的存在，在一定程度上阻碍了社会的进步与发展。为使劳动成为个体劳动社会化的需求、成为人的自由全面发展的根本需求、成为构建和谐劳动关系的需求，就需要在全社会大力弘扬劳模精神。

拓展阅读

　　劳动社会化是指孤立、狭小的劳动转变为由紧密的大规模分工和协作联系起来的共同劳动过程，主要包括生产资料使用的社会化、劳动操作过程的社会化、劳动成果的社会化。

　　人的全面发展最根本的是指人的劳动能力的全面发展，即人的智力和体力的充分、统一的发展。同时，也包括人的才能、志趣和道德品质的多方面发展。

---

① 习近平在中国共产党第十九次全国代表大会上的报告。

和谐劳动关系是指劳动过程中的主体与客体之间的和谐关系，包括人与人、人与物（自然环境劳动条件等）的关系。

劳模和劳模精神是劳模群体先进性的高度浓缩，是时代的产物。随着社会不断地向前发展，就会需要有想在先、干在先的带头人。我国开展劳模评选活动，本身就是一种激励形式，目的就是要树立榜样，让所有人都向榜样看齐。榜样是最好的说服，一个劳动典型，就是一面旗帜、一根标杆、一个楷模。通过树立劳模，提倡什么、反对什么，弘扬什么、摈弃什么，一目了然。

劳模在工作中表现出来的职业精神、工作创新精神和高尚品德的连锁效应，其价值远远超过了劳模在本职岗位上所作出的成绩本身，而这正是劳模精神重要的社会价值。因此，弘扬劳模精神，有助于进一步阐释新时代劳模精神的科学内涵、历史定位、价值评判，以促进人民的理性认同；有助于让"劳动光荣"的价值理念深入人心，让勤于劳作、敢于担当、忠于奉献的业绩观全面武装人们的价值观念；有助于让工匠精神深入人心，以崇尚技艺、崇尚传承、崇尚创新价值观念扭转当前社会中投机取巧、好大喜功、急于求成的浮躁之风，通过提高从业者的技艺水平与职业素养进一步提升产品质量、完善供需结构。

（3）有助于传承创新和发展中国特色社会主义文化。中国特色社会主义文化，源自于中华民族五千多年文明历史所孕育的中华优秀传统文化，熔铸于党领导人民在革命、建设、改革中创造的革命文化和社会主义先进文化，植根于中国特色社会主义伟大实践。以劳模精神为核心的劳模文化是中华民族优秀传统文化和时代精神的融合，体现着中国先进生产力和生产关系的发展要求，反映着中国最广大人民群众的利益愿望，昭示着时代前进的方向，是广大劳动人民的价值追求与奋斗方向，是中国特色社会主义先进文化和中华文明的重要组成部分。当今时代，知识经济快速发展，劳模是企业和社会宝贵的无形资产，通过他们的影响力和感召力，可以号召、鼓舞、引领企事业单位广大职工和人民群众投入以情感认同为基础、以理性共识为选择、以道德标准为规约的劳动实践过程，从而为国家和社会多做贡献。

鞍钢集团拥有悠久的劳模文化。无论是在百废待兴、艰难跋涉的创业年代，还是在冲破藩篱、锐意创新的改革时期，都涌现出响彻神州、令鞍钢引以为傲的劳动模范——孟泰、王崇伦、李晏家、邢贵彬、郭明义等，这些劳动模范彰显了"创新、求实、拼争、奉献"的鞍钢精神，为企业发展提供了强大的精神动力，助推鞍山钢铁形成从烧结、球团、炼铁、炼钢到轧钢的综合配套，以及焦化、耐火、动力、运输、技术研发等单位组成的大型钢铁企业集团。

3. 培育当代大学生劳模精神的重大意义

在高校开展劳模精神教育，有利于大学生以劳模为榜样，自觉感悟劳模身上那种对职业、对社会、对国家的道德感、责任感和使命感以及强烈的主人翁意识和艰苦创业精神、忘我的劳动热情以及无私奉献精神、良好的职业道德和爱岗敬业精神，进而产生向劳模看齐的强烈愿望。

（1）对于培育当代大学生践行社会主义核心价值观具有重要作用。劳模精神作为民族精神与时代精神的重要内容，是社会主义核心价值观的具象化、人格化和现实化。一方面，劳模是遵循社会主义核心价值观的典范样本，是社会主义核心价值观的模范实践者、生动传播者和最有说服力的检验者；另一方面，劳模之所以能够生成劳模精神，能够成为全社会学习的典范，原因就在于其主动自觉地遵循并践行了社会主义核心价值观。针对当代大学生培育践行社会主义核心价值观的重大意义，习近平总书记曾深情指出："青年的价值取向决定了未来整个社会的价值取向，而青年又处于价值观形成和确立的时期，抓好这一时期的价值观养成十分重要。人生的扣子从一开始就要扣好。"无疑，学习劳模事迹，践行劳模精神，有助于引导当代大学生以劳模为标杆，在劳模精神的指引下，加强道德修养，提升思想境界。

拓展阅读　　　　**劳模精神与社会主义核心价值观的内在联系**

　　劳模精神与社会主义核心价值观在文化传承方面，二者均植根于中华优秀传统文化和社会主义先进文化的沃土。在爱国情怀方面，"热爱国家"是劳模评选的首要条件，是社会主义核心价值观的第一个基本理念，二者体现着共同的价值导向。在道德提升方面，劳模精神包含的"敬业、创新、奉献"品质，与社会主义核心价值观倡导的公民基本道德标准，以及公民德育教育的目标定位具有一致性，二者都是高校德育教育的重要内容。在教育导向方面，劳模精神在不同的历史时期都起到了调动社会情绪、整合社会力量、增添人民信心、鼓舞人民斗志的积极作用，社会主义核心价值观则是当代中国精神的集中体现，凝结着全体人民共同的价值追求，二者都是社会主义核心价值体系的重要内容，具有共同的文化整合功能和教育导向功能。

　　众多实践证明，榜样的力量是无穷的。当代大学生通过了解掌握劳动模范的先进事迹和生动案例，近距离感知和领悟劳模精神，可以实现润物无声、潜移默化的自我教育效果。同时也能为大学生自觉践行社会主义核心价值观提供学习素材和精神支撑，进而做到勤奋学习、勤于钻研、勤勉敬业，争做践行社会主义核心价值观的典范。

（2）对于深化当代大学生的爱国情怀具有重要作用。新时代的爱国主义，不只在枪林弹雨中辉煌，也不只在惊涛骇浪前闪光；不只在飞船卫星上凝聚，也不只在紧急危难时高扬。在平凡普通的岗位上，处处都能体现爱国情怀，如爱岗敬业同样可以升华和弘扬爱国精神。岗位上的无私奉献是劳模精神的主旋律，从革命战争时期革命根据地兵工事业的开拓者吴运铎，到社会主义建设探索时期掏粪工人时传祥、刀具工人马学礼、石油工人王进喜，再到改革开放时期技术工人孔祥瑞、光学科学家蒋筑英等，历代劳动模范和先进工作者都彰显着深厚的爱国情怀。当代大学生弘扬劳模精神，有助于大学生正确理解甘于奉献的含义，正确认识个人与集体和国家的关系、理想与现实的关系，从而激励当代大学生志存高远，在国家发展和民族复兴中规划青春、奋力拼搏、奉献自我，将个人梦想融入国家和民族的事业中，用奋斗书写无愧于时代的青春之歌和精彩人生。

（3）对于培养当代大学生的奋斗精神具有重要作用。奋斗精神作为中国精神的有机组成部分，有着深厚的价值内涵和深远的时代意蕴。习近平总书记在全国教育大会发表重要讲话时特别强调："要在培养奋斗精神上下功夫，教育引导学生树立高远志向，历练敢于担当、不懈奋斗的精神，具有勇于奋斗的精神状态、乐观向上的人生态度，做到刚健有为、自强不息。"中国特色社会主义新时代是奋斗者的时代，一个伟大的时代，总要有奋发向上的精神引领和令人感奋的创造激情。

劳动模范是民族的精英、国家的栋梁、社会的中坚，他们身上涌动着创造、创新、创业的激情，并以炽热的报国情怀、精湛的专业技能在各自岗位上建功立业，托举起了一个国家、一个民族的梦想。当代大学生在校期间弘扬劳模精神，学习劳模先进事迹，有利于自身正确看待体力劳动和脑力劳动的分工，正确看待不同职业之间的收入差异，正确理解付出与回报的辩证关系，从而自觉地把人生理想、家庭幸福融入国家富强、民族复兴的伟业之中。同时，一些新时代劳模的事迹和精神，还能够帮助大学生理性面对求职就业、职业发展、创新创业中遇到的困难挫折，激发大学生攻坚克难的斗志，为将来成长为知识型、技能型、创新型劳模奠定基础。

3.2 劳动精神、工匠精神、劳模精神的内在关系

劳动作为一种有目的、有意识地改造自然物质世界的活动，具有物质性和精神性两个方面。劳动的物质性表现在，劳动不是主观思维过程，而是与客观物质世界实际发生相互作用的过程。劳动的产品不是无中生有，而是把已有的自然物质元素按照人的需要和构想组织和结合起来。劳动的精神性表现在，劳动是有目的、有意识、有计划地进行的，并且能够创造出自然界本身不存在的物质产品，从而满足人类所特有的需要。

拓展阅读

在人类社会发展的不同阶段，由于劳动方式和劳动特点不同，劳动的物质性和精神性主导地位也会发生变化，如图 3-5 所示。

社会形态	劳动方式	劳动特点	劳动的物质性和精神性主导地位变化
原始社会	采集和狩猎	获取自然界提供的食物	物质性主导
奴隶社会 封建社会	畜牧业和农业	高度依赖外部和内部（人力）自然力	精神性虽然有了较大的发展，但物质性仍占主导地位
近现代社会	工业文明取代农业文明	对自然改造的强度、广度和深度都大大增加	精神性的作用日益彰显，成为推动劳动质量的重要保障

图 3-5

近代以来，工业文明取代了农业文明，科学技术和机器体系成为主要的生产力，物质财富快速增加。这些财富不再保留自然形态的产品，而是通过对自然物质元素进行重组形成自然界本身并不存在的人工制品。在这一过程中，人类的精神性得到了前所未有的解放和发展，对劳动的推动作用越来越凸显。

3.2.1 劳动精神、工匠精神、劳模精神对劳动的推动作用

人类在劳动过程中，不断对大自然中的物质和客观世界进行认识和创造，并产生了精神，创造了精神。劳动精神、工匠精神、劳模精神都是劳动创造的产物，即劳动是这三种精神的前提和基础。反之，劳动精神、工匠精神、劳模精神又都对劳动具有积极的推动作用。劳模精神、工匠精神、劳模精神功能与作用示意图，如图3-6所示。

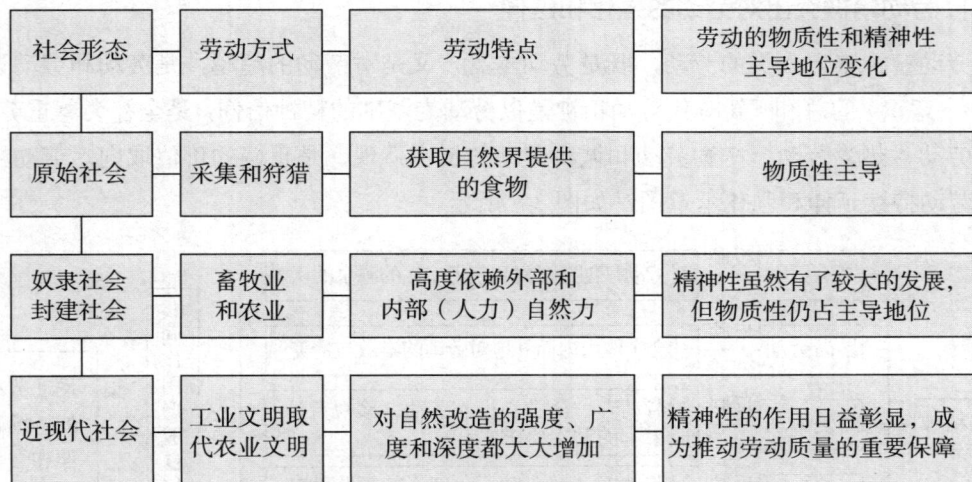

图 3-6

1. 劳动精神突出对劳动的强化和延伸

劳动精神来自人类的劳动，既是劳动本身，又是对劳动的超越，是劳动和劳动认知（体验、意识）的总和。新时代劳动精神是以劳动为基础的精神信仰，是全社会尊重劳动、崇尚劳动、热爱劳动、辛勤劳动和诚实劳动的集中体现，是正确的价值取向。劳动精神推动劳动持续延伸和强化示意图，如图3-7所示。

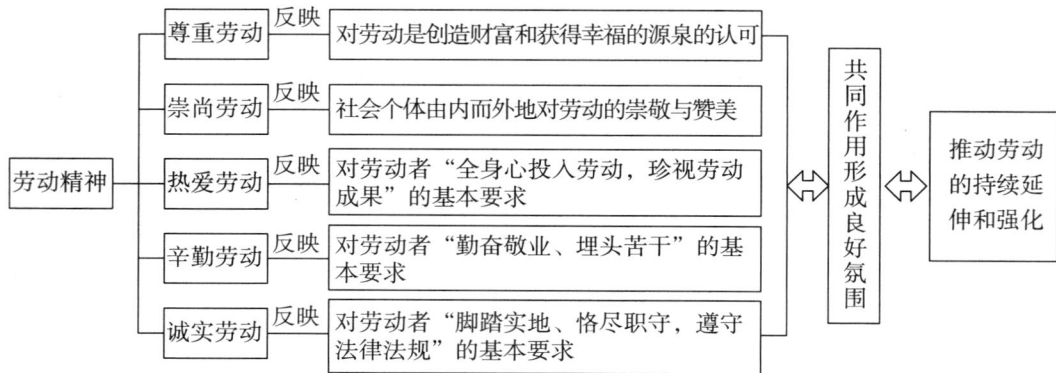

图　3-7

在全社会形成尊重劳动、崇尚劳动、热爱劳动、辛勤劳动和诚实劳动的良好氛围，既有利于确保当前社会劳动的顺利开展，也有利于推动劳动的持续延伸和强化。当今，我国广大的劳动者正是在这种劳动精神的感召和激励下，不畏艰难险阻，勇于克服各种困难，每个人都在平凡的岗位上续写着不平凡的故事，为实现中华民族伟大复兴贡献力量。

2. 工匠精神突出对劳动的创新和改进

工匠精神作为人类劳动实践过程中特有的价值现象，随着时代的变迁而变化。中国工匠精神源远流长，一直以来都是中国工匠至信笃行的精神理念，鼓舞着各行各业以技术技艺见长的劳动者们奋发进取、开拓创新。伴随着社会需求和生产方式的变化，我国新时代工匠精神在对中国传统工匠精神的继承和发扬以及对外国工匠精神的学习借鉴的基础上，内涵不断延伸，现已成为我国现代化强国建设的强力推手。它与劳模精神、劳动精神构成一个完整的体系，成为激励广大职工积极投身中国特色社会主义建设的强大精神力量。新时代中国"工匠精神"促进劳动创新示意图，如图3-8所示。

3. 劳模精神突出对劳动的示范和引领

新时代的劳模精神，代表的是新时代的价值取向，体现的是新时代的精神面貌。这种精神的感召是一种无形的社会力量，它包含着文化价值彰显、道德观的约束，更重要的是代表积极向上的精神力量。劳动模范作为亿万劳动者的杰出代表，是当之无愧的时代领跑者。从"杂交水稻之父"袁隆平到新时期专家型工人包起帆……不同的时期，劳模的贡献各有不同，分布的领域越来越广。弘扬劳模精神，在全社会树立通过辛勤劳动、诚实劳动创造美好生活的风气，对实现我国经济社会高质量、高水平发展，实现国家富强和中华民族伟大复兴具有至关重要的意义。

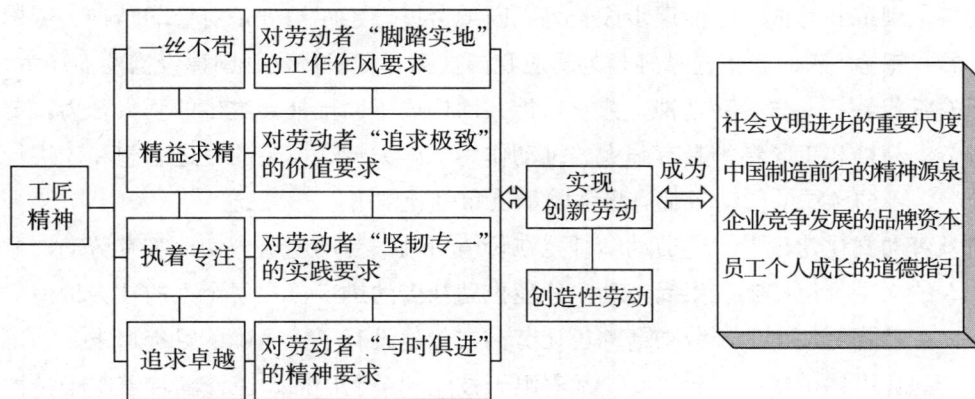

```
            ┌─ 一丝不苟 ── 对劳动者"脚踏实地"
            │              的工作作风要求
            │
            ├─ 精益求精 ── 对劳动者"追求极致"                社会文明进步的重要尺度
  工匠          │              的价值要求        实现         中国制造前行的精神源泉
  精神 ─┤                              ⟷  创新劳动  ⟷   企业竞争发展的品牌资本
            ├─ 执着专注 ── 对劳动者"坚韧专一"                员工个人成长的道德指引
            │              的实践要求        创造性劳动
            │
            └─ 追求卓越 ── 对劳动者"与时俱进"
                           的精神要求
```

图　3-8

3.2.2　劳动精神、工匠精神、劳模精神之间的逻辑关系

劳动精神、工匠精神、劳模精神是广大劳动群众在从事社会生产的劳动实践中形成的，是中国精神的重要组成部分，是我们宝贵的精神财富和前进的不竭动力。它们之间既相互联系，又相互促进，缺一不可，共同构成了鼓舞全党全国各族人民风雨无阻、勇敢前进的强大精神动力，如图3-9所示。

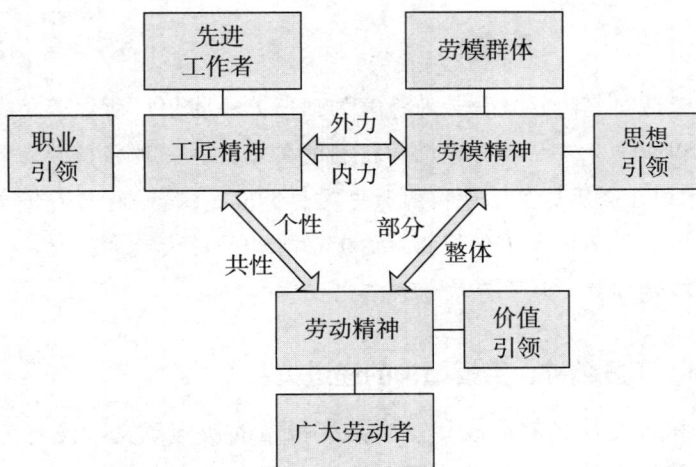

```
            先进                     劳模群体
            工作者
  职业          工匠精神    外力   劳模精神         思想
  引领                     内力                     引领
                  个性    部分
            共性              整体
                  劳动精神         价值
                                   引领
                  广大劳动者
```

图　3-9

1.劳动精神、工匠精神、劳模精神之间的内在联系

从诉诸群体看，劳动精神的主体是广大的普通劳动者群体，劳模精神的主体是为社会作出突出贡献的劳动模范群体，工匠精神的主体是拥有专业特长和一定技术技能的产业工人。

从相互之间的作用看，劳动精神是工匠精神、劳模精神的基础和保障，劳动者通过有意识的自觉训练和养成，才能逐步成长为工匠或劳模。工匠精神是对劳动精神、劳模精神的发展和完善，新时代工匠精神是为适应我国社会主义现代化强国建设需要而产生，带有较强的时代特征，与劳动精神、劳模精神共同构成了助推社会进步的强大合力。劳模精神对劳动精神和工匠精神具有强大的推动作用，广大劳动模范的先进思想和先进行为对全社会、不同领域的劳动者都有极强的示范和引领作用。

从引领劳动文化建设看。①劳动精神重在价值引领。劳动创造一切，唯有劳动，才能实现个人的人生价值；唯有崇尚劳动，才能推动社会的进步，实现个人的社会价值。劳动使广大劳动者更加自信，劳动精神也让劳动文化建设有了更明确的目标追求。②工匠精神重在职业引领。"工"和"匠"都着眼于技能和手艺层面，工匠精神着眼于精神层面，它是一种品质，一种追求，更是一种职业信仰。真正的工匠精神，是有一种把事情做好的强烈愿望，并将这种愿望体现在对产品的精雕细琢、精益求精上；是树立起一种对职业敬畏、对工作执着、对产品负责的态度，把职业做到完美和极致；是一流匠人身上所蕴含的一流品格、一流心性和一流技术。③劳模精神重在思想引领。劳模精神代代相传，历久弥坚，具有莫大的鼓舞和激励作用。作为广大劳动者当中优秀分子的劳动模范，身上孕育和凝聚的劳模精神，彰显了劳动文化的先进性。弘扬劳模精神，就要自觉地承担起用先进劳动文化引领社会进步的责任，用劳模精神引领社会思潮，促进和推动社会发展进步。

拓展阅读

王江松在《劳动文化的复兴和劳动教育的回归》中指出：所谓劳动文化……是一种伸张劳动的价值和地位、劳动者的尊严和权利的文化，是一种弘扬劳动者的经济政治主体、精神文化主体和社会历史主体地位的历史观和价值观，是一种与官僚文化、贵族文化、奴隶主文化、地主文化和资本文化等相对的劳动者和平民大众的文化。一句话，是一种属于劳动者、依靠劳动者、为了劳动者的文化。①

2.劳动精神、工匠精神、劳模精神的递进关系

劳动对于人和人类社会的形成和发展具有根本的决定意义，没有劳动就没有劳动者，没有劳动者就没有追求卓越的工匠，没有工匠就没有争创一流的劳模，没有劳模

---

① 王江松.劳动文化的复兴和劳动教育的回归[N].中国教育报，2018-11-22（8）.

就不会有更多的劳动者去崇尚劳动。

从劳动精神、工匠精神、劳模精神的递进和深化关系看，劳动精神是使人成为普通人的精神，工匠精神是使人成为更加卓越的人的精神，劳模精神则是使人成为影响别人的人的精神。成为人、成为更加优秀的人、成为影响别人的人，就是一种逐步递进的关系。我国要在新时代建设社会主义现代化强国，不仅需要大量的劳动者，更需要大量更加优秀的劳动者乃至楷模式的劳动者。从中央到地方评出的各级工匠就是更加优秀的劳动者，楷模式的劳动者就是各级劳模。党和国家现在大力呼吁弘扬劳动精神、工匠精神、劳模精神，目的就在于让每一个人都热爱劳动，成为自食其力的劳动者，更要成为优秀的劳动者，甚至成为广大劳动者群体中的佼佼者和大家学习的榜样。

3. 劳动精神、工匠精神、劳模精神的内在逻辑

（1）**劳模精神和劳动精神的关系是部分和整体的关系。**从主体上看，劳模精神的主体是劳模群体，劳动精神的主体是所有的劳动者。劳模群体是广大劳动者群体中的佼佼者和杰出代表，也是广大劳动者学习的榜样和楷模。劳模群体是劳动者群体中的一部分。劳模精神也是劳动精神的一部分。劳动精神是做一名合格的劳动者应该有的精神，劳模精神则是成为劳模必须有的精神。做劳动者不合格，做劳模更不可能。没有劳动精神，就很难有劳模精神。所以，劳动精神应该成为所有劳动者必须拥有的精神，劳模精神是所有劳动者都应该学习的精神。二者是方向和基础的关系，劳模精神是方向，劳动精神是基础。[①]

（2）**劳模精神和工匠精神的关系是外力和内力的关系。**劳模精神是所有劳动者都应该学习的精神，是影响和引领每一位劳动者从平凡走向不平凡的外力。劳模精神从外部影响每一位劳动者，工匠精神则是每一位劳动者都应该具有的精神，是激发和激励每一位劳动者不断自我挑战和自我超越的内力。工匠精神从内部唤醒每一位劳动者不断成为最好的自觉。劳模精神是超越别人的精神，工匠精神是超越自己的精神。工匠精神是让劳动者成为自己的"劳模"，劳模精神是让劳动者成为别人的"模范"。工匠精神点亮了自己的生命，劳模精神则照亮了别人的生命。[②]

（3）**劳动精神和工匠精神是共性和个性的关系。**劳动精神是所有劳动者的共性，每一位劳动者都应该有劳动精神。工匠精神则揭示了不甘于平庸的劳动者的个性，是成就优秀劳动者的必要条件。个性不仅是产品和企业的核心竞争力，也是劳动者的核心竞争力。这里所说的劳动者的个性主要是指劳动者在自我超越的过程中彰显出的个人优势及其精神状态，也就是工匠精神。换句话讲，没有工匠精神的劳动者很难有出色的成就和骄人的业绩。精益求精是践行工匠精神的核心，也是成就杰出劳动者的根源。当然，

---

① 乔东，萧新桥.深刻理解劳模精神、劳动精神、工匠精神的丰富内涵[Z].人民网理论频道，2019.04.
② 乔东，萧新桥.深刻理解劳模精神、劳动精神、工匠精神的丰富内涵[Z].人民网理论频道，2019.04.

工匠精神成就的劳动者不仅大大超越了过去的自己，也大大超越了别人，在企业、行业、全国乃至全世界都成为最优秀的劳动者。那么，他就会成为别人学习的榜样和楷模，最终就会成为劳模，劳模精神也随之产生。①

3.3 弘扬"三种精神"，争做新时代楷模

劳动者在劳动过程中一般需要两种力量；一种是身体的力量（亦称物质力量）；一种是内心的力量（亦称精神力量）。二者相互作用，物质力量是精神力量的有形载体和物化，精神力量是物质力量的无形延伸和强化。因此，当代大学生既要积极弘扬新时代劳动精神、工匠精神、劳模精神，更要在劳动精神、工匠精神、劳模精神内涵要求的引领下践行使命担当。

3.3.1 爱岗敬业

1. 让爱岗敬业成为基本的职业精神

爱岗敬业是爱岗与敬业的总称，二者互为前提、相辅相成。爱岗是敬业的基石，敬业是爱岗的升华。

爱岗，通俗地说就是热爱自己的工作岗位，热爱自己的本职工作。岗位与人对应，通常由一个人或若干个人担任。岗位是职工的工作位置，即职工生产和服务的场所，是职工学习成长的实践基地，也是职工展示才华的舞台。职工在一定的岗位上，享有该岗位赋予的权利，并履行相应的岗位职责。岗位职责就是岗位需要完成的工作内容以及应当承担的责任范围。任何岗位职责都是责任、权利与义务的综合体，有多大权力就应该承担多大的责任，有多大的权力和责任就应该尽多大的义务。敬业，通俗地说就是以非常负责的态度对待自己的工作。每个人在社会中立足，求得生存和发展，总要通过一定的职业途径来实现，个人价值也需要从中得到体现。对于所从事的职业常怀敬畏之心，专心致志、严肃认真、勤奋努力地对待自己的事业。这不仅因为它是获取生产资料和生活资料的重要手段和根本保障，而且更因为它是个人价值实现和成长发展的必由之路。

因此，爱岗敬业是一个人在工作中最基本、最重要的职业精神，是职工最基本的素质，是一切素质的载体，是对人们工作态度的普遍要求，也是对每个社会成员最基本的道德要求。

---

① 乔东，萧新桥.深刻理解劳模精神、劳动精神、工匠精神的丰富内涵[Z].人民网理论频道，2019.04.

2. 甘于岗位的平凡，但不安于平庸

（1）干一行爱一行。《论语·雍也》中说："知之者不如好之者，好之者不如乐之者。"热爱一件事物，才会对它充满热忱，集中全部的注意力。初入社会的劳动者，大部分都是从"自己不喜欢的工作"开始的，但若干年后，人与人之间就会产生较大的差别，之所以如此，很大程度上取决于工作中做事的态度。有的人得过且过、消极怠工、牢骚满腹，在日复一日的消沉中湮灭了自己的雄心和才华；有的人却摒弃偏见，付诸努力，在转变心态的过程中，爱上了自己的工作，找到了自己的价值。

经典故事

1984 年，正值青春年少的沙永玲，成为临汾市环卫工人，干着扫马路的工作，在一些人眼中她成了"另类"。但是，沙永玲不顾家人的反对和世俗的偏见，硬是咬着牙坚持了下来，她用自己辛勤的汗水演绎着朴实和勤劳。

沙永玲负责清扫的是临汾东关街，路南是长几百米的马路菜市场，路北有东关小学等十多家单位，路面坑洼不平，清扫、保洁难度很大。东关小学门口是工作的难点之一，每天学生放学后，发广告的、卖小吃的一拥而上，有时纸片像雪花一样，扔得满地都是。另一个保洁难点是下水道口，沿街的门店随意倾倒剩菜、剩饭，甚至还有大小便，夏天又脏又臭，冬天容易结冰，一旦结冰，就得拿锤子砸，有时扫不动，还得拿手抠，手被划破是经常的事。面对这样的工作环境，沙永玲心中只有一个信念：把工作干好，让行人走着舒心。凭着这股韧劲，她把工作干得有声有色，连续几年被评为"模范环卫工""先进工作者"，2009 年被评为"临汾市十佳城市美容师"，2010 年又被评为"全国劳动模范"。

沙永玲 26 年如一日，在平凡的岗位上，任劳任怨、忘我工作，把自己的工作岗位当作创造人生价值的最佳平台，享受干一行爱一行的乐趣。她用自己的实际行动，向我们诠释了无论是"干一行爱一行"，还是"爱一行干一行"，哪个在前不重要，关键是把爱与干，把兴趣与事业结合在一起，就能在平凡的工作岗位上实现不一样的人生价值。

如何实现"干一行爱一行"？

1）努力培养职业兴趣。不论将来从事什么行业、什么岗位，一旦选定，就要做到干一行爱一行，怀着强烈的工作热情投入工作，并在实践中培养自己对工作的热爱，继而发自内心地敬业爱岗。一个人的兴趣爱好并不是天生就具备的，也不是一成不变的，加之青年人具有很强的可塑性，完全可以根据新的需要来培养自己的兴趣爱好。

2）全身心投入工作岗位。三百六十行，行行都要有人干，行行都能出状元。不论我们对未来从事的岗位是否有兴趣，都要本着对工作负责的态度，心怀对责任的敬畏，像螺丝钉一样，牢牢地"拧"在那里，全身心投入职业活动，切实做好工作。

3）高度重视基础工作。职场中，每个人都想成就一番大事业，体验成功的感觉，然而在社会这部大机器中，大多数人从事的都是平凡、简单、琐碎的基础性工作。我们每个人都要明白：大事是由若干个小事构成的，一个拒绝做小事，不愿意做具体工作的人，不可能获得能力的持续提升，也不可能成就大的事业。莎士比亚说："卑微的工作是用艰苦卓绝的精神忍受着的，最低陋的事情往往指向最崇高的目标。"因此，每一个新入职场的员工，都要重视基础工作，在一步一个脚印中收获经验和能力，在平凡的岗位上成就卓越的境界。

（2）干一行钻一行。"痴于艺者技必精"，对技艺专心致志，技术就能精通。任何一个渴望有所成就的人，都必须做到专心。现代职场员工最需要学习的，就是"专注"精神。专注是一种境界，是一个人必须能够把自己的时间、精力和智慧凝聚到所要干的事情上，从而最大限度地发挥积极性、主动性、创造性，去实现集体或个人的既定目标，即使遭遇困难受到挫折也不退缩。

经典故事

有人问王永庆："你为什么会成功？"王永庆说："其实成功最基本的就是要全心投入、专心专注，唯有如此才能克服浮躁，忘记艰辛和烦恼……人生多由挫折和困顿构成，而工作蕴含着一种改变的力量，它能帮你战胜挫折，克服困难，给人生带来喜悦和希望。"15岁那年，王永庆小学毕业，先到茶园做杂工，后到台湾南部嘉义县的一家小米店当了一年学徒。第二年，他开了家米店，自己当老板。但米店开张后没有多少生意，原因是隔壁的日本米店具有竞争优势，而城里的其他米店又拴住了老顾客。16岁的王永庆为打开销路，维系客户，不仅挨家挨户上门推销自己的大米，而且还免费给居民掏陈米、洗米缸，在销路上逐渐占了上风。此外，当时大米加工技术比较落后，出售的大米掺杂着米糠、沙粒和小石头，买卖双方都是见怪不怪。但王永庆每次卖米前都把米中杂物拣干净，买主得到了实惠，一来二往便成了回头客。起初王永庆的米店一天卖米不到12斗，后来一天能卖100多斗。几年下来，米店生意越来越火，王永庆筹办了一家碾米厂，同时完成了个人资本的原始积累，并开始了后来问鼎台湾首富的事业。王永庆的成功案例向我们证明：一个人的生命和精力都有限，只有对自己所认定的目标全力以赴、全神贯注、持之以恒，才有可能如愿以偿。

王进喜之于石油事业，成龙之于演艺事业，屠呦呦之于医学事业，袁隆平之于水稻事业，南仁东之于天文事业，孔祥瑞之于港口码头操作岗位，王顺友之于邮政投递岗位，徐虎之于物业维修岗位，他们都是干一行爱一行的典范。任何一名劳动者只有在一个行业领域或岗位不断地热爱、钻研、进取，才能把这个行业或岗位做得更具特色、更具专业水准。所以，我们可以用乔布斯的话共勉："你的工作将会占据生活中很大的一部分，你只有相信自己所做的是伟大的工作，你才能怡然自得""把今天的工作做好了，明天自然属于你。"

（3）干一行精一行。在跳槽比较普遍的今天，很多职场人转战于各行各业，也积累了一定的经验，表面上看似"什么都懂""什么都会"，可要是把一个重要的职位交给他们，却又未必能做得很好。其实，这样的"全才"在工作中并不受青睐，因为他们所谓的"全"，涉及的往往是一些工作内容简单、技术要求不高的岗位，企业真正需要和欢迎的人，应当是同时具备基本技能和专业技能的人。比如，一位软件开发工程师，需要有一定的英语和文字转化能力，更需要精通 Oracle/Microsoft SQL SERVER 等数据库管理、精通 PL/SQL 编程、熟悉数据库建模等。因此，实现梦想是一个精益求精的过程，但"精"不是简单的"熟"，正如宋代文学家欧阳修创作的《卖油翁》中的老人，不是每一个卖油的人都能达到"将油穿铜钱方孔而过，而铜钱不湿"的水平。一个人要想成为所在领域的工匠，就要在选定的方向上持之以恒地走下去，就要在日复一日的重复性工作中尽心尽力地追求完美，力求做到这一领域的"专家"，业务技能精湛永远是做好本职工作的要件，也是竞争中的王牌。企业家陈天桥曾说过："成功的人在很大程度上都是'偏执狂'，他们如果看准了一件事，就会一直坚持干下去，不会轻易放弃也不会轻易改变方向，直到有所收获。"

许振超、管延安、高凤林、周东红、胡双钱、孟剑锋、张冬伟、宁允展、顾秋亮……这群平凡劳动者的不平凡的成功之路，就是默默坚守、孜孜以求，在平凡的岗位上追求职业技能的完美和极致，并最终脱颖而出，跻身"国宝级"技工行列，成为一个领域不可或缺的人才，被赋予"大国工匠"的称号。

经典故事

宁允展，南车青岛四方机车车辆股份有限公司（以下简称南车四方）车辆钳工，高级技师，南车四方技能专家。1991 年，19 岁的宁允展从铁路技校毕业，进入当时的四方机车车辆厂（南车四方的前身），从事车辆钳工工作。多年来，他紧盯研磨工艺，反复探索，发明了"风动砂轮纯手工研磨操作法"，成功打破高速动车组转向架生产瓶颈难题，成为国内唯一能够在 0.05mm 的研磨空间里进行打磨作业的人，为高速动车组转向架的高质量、高产量的制造作出了突出贡献。

许振超，青岛港前湾集装箱码头员工，参加工作三十多年来，他以"干就干一流，争就争第一"的精神，立足本职，干一行，爱一行，精一行，练就了"一钩准""一钩净""无声响操作"等本领，他带领团队按照"泊位、船时、单机"三大效率的标准要求，深入开展比安全质量、比效率、比管理、比作风的"四比"活动，先后六次打破集装箱装卸世界纪录，使"振超效率"令世人赞叹，将"振超精神"名扬四海。

3. 虚心学习勤于实践，立足岗位履职尽责

（1）新时代呼唤学习型人才。当前，我国社会的主要矛盾发生了历史性变化，对满足人民日益增长的美好生活需要以及推动人的全面发展、社会全面进步而言，呼唤更高水平的劳动者大军。党的十九大报告明确提出"建设知识型、技能型、创新型劳动者大军"，就是为了适应新时代这一迫切形势而作出的必然选择。

从经济社会发展的实际情况看，在新时代背景下，传统产业"让位"于新兴产业，发展的竞争力也从过去的拼产业、拼政策、拼招商，过渡到"拼人才"的新维度，但随之对"人才"的要求也出现了新特点。当今，对一个人的考察，不是仅仅看其掌握了多少知识，而是更加关注一个人利用所掌握的知识为企业、为社会创造了多少财富；关注其在前人的基础上作出多少对社会发展产生影响的创新；关注其是不是会求知、会做事、会合作、会奉献、会创新、会发展、会做人。为此，当前每一个从业人员都需要根据时代的要求，加强学习、虚心求教，不断完善和提升自身的道德素质、专业技能素质、文化素质、团队合作素质和学习创新素质，以保持个人和企业的持续竞争力。

对尚处于学习成长阶段的大学生来说，正是学习的大好时光。学习是习近平总书记和青年交流时使用频度最高的词汇。早在 2013 年的五四青年节，他就语重心长地说："青年人正处于学习的黄金时期，应该把学习作为首要任务，作为一种责任、一种精神追求、一种生活方式，树立梦想从学习开始、事业靠本领成就的观念，让勤奋学习成为青春远航的动力，让增长本领成为青春搏击的能量。"广大青年学子一定要珍惜大好学习时光，求真学问，练真本领，更好地为国争光、为民造福。

（2）在学习中提升创造价值的能力。爱岗敬业不只表现在精神层面，更不是一句口号，而是要有明确的目标、实施计划、实现目标的能力和实际行动。能力从何而来，无非是靠日积月累的学习和实践。只有持续学习，才能不断摄取能量，进而提升自己创造价值的能力。

1）"学""干"结合。学习是人类掌握已有知识、探求未知领域以提高认识世界、改造世界能力的实践活动。学习包括"学"与"习"两个过程，毛泽东对学习"是什么"进行了长期深入的思考，他认为学习是一个知行统一、学用结合、探索真理、掌握规律的过程。在这个过程中，既要不断地"学"，也要不断地"习"，不断地模仿与重复、探索与创新，直至达到"融会贯通"和"学以致用"的目的。有个"蓄电池理论"，说的是人的一生只充一次电的"干电池时代"已经过去，只有成为一块高效的"蓄电池"，持续充电，才能不间断地释放能量。大学生进入职场后，都会面临由于"信息传播加快""知识迅速倍增"等带来的知识、能力不足的问题，要想使自己成为岗位上的行家里手，就必须勤于学习、善于学习，边干边学、边学边干，以干促学、以学促干。

经典故事

信振寰，吉林机场集团动力源公司电力保障部职工，2008 年荣获"全国五一劳动奖章"称号。1996 年，信振寰从机电技术学校毕业后进入机场变电所工作。刚出校门走上工作岗位，他的理论与业务技能都严重欠缺，连最基础的照明维修、安装电线都非常吃力，但他相信天道酬勤，工作中坚持不间断地进行理论学习和业务技能训练。特别是 2005 年，长春机场引进了更为先进的设备，新技术、新领域都是摆在信振寰面前的巨大挑战。为此，他利用业余时间熟悉电路图，查看线路走向，积极学习送配电知识，并经常向送变电方面的专家请教。在较短的时间内，掌握了 GIS、66kV 及 10kV 备自投等当时的新技术，为适应工作扫除了障碍。当建设方撤离，提出 30 万元可以有偿代运行建议时，他毅然说"这钱给了他们，单位还养我们干什么？"事实证明，在他的带领下，变电站运行了十几个年头，未发生一起安全事故。同时，他还在查阅大量的技术资料，走访行业专家的基础上，经过反复研究，提出了适合服务机场的供电系统"合环"思路，编制了"合环"试验操作程序，并在"合环"操作中实施，不仅优化了机场供电质量，而且提高了机场能源系统的安全系数。

有人说工作太忙，没有时间读书学习；知识太专，看不懂，也学不会。时间对每个人都是公平的，只有"挤"才能有；知识对每个人都没有偏心，只有"钻"才会拥有。哈佛大学的研究表明，人与人之间的差别在于业余时间。如果一个人每天抽出 2～3 个小时阅读、思考或参加训练，在自己的专业领域持续积累知识经验，就一定能成长为行家里手。

2）用所"学"创造价值。李新在其《为有源头活水来》中提出"学以致用"，其大意是要为了实际应用而学习。战国末期的荀子也曾提出过类似的说法，《荀子·儒效》中有"知之而不行，虽敦必困"，大意是：懂得许多道理却不付诸实践，虽然知识很丰厚，也必将遇到困难。一个人即使学了再多的知识、技术，如果只是放在大脑里搁置不用，也会随着时间的流逝一点点变得无用。正如有的学生尽管很认真地学习了老师课堂上讲的很多知识，可并没有真正地将自己所学的那些知识转化为实际可用的能力，而有的学生看起来并不是学习成绩最优秀的，但却是那种爱动脑筋的，他们在学习之后总是多问几个为什么，总喜欢根据自己的所学想出一些方法训练自己，他们这种执着与认真，甚至有点顽固与木讷的行为，却能帮助他们一步步走向成功。

经典故事

1923 年，美国福特公司的一台大型发动机发生故障，专家会诊了三个月仍未解决问题。福特公司只好请来法国的电机专家斯坦因门茨，他围着电机转了两天，边观察边计算，最后用粉笔在电机上画了一条线，说："打开电机，把画线处的线圈减去 16 圈。"工人们按照他的吩咐修理后，电机立即恢复了正常运转。斯坦因门茨要求福特公司支付 10 000 美元的酬劳费。有人说他勒索，但斯坦因门茨在付款单上这样写道："画一条线是 1 美元，指导在什么地方画线是 9 999 美元"，看似简单的判断背后是深厚的专业功底和丰富的实践经验。这则故事告诉我们，知识不仅能创造财富，其本身就是最大的财富。

在校大学生虽然还没有踏入社会，但是为了未来能够使自己成为受职场欢迎的人，从现在开始就要努力做到三点：①要提高吸纳知识的能力。用心学习、领悟精要，努力使自己的思想水平、知识结构和认知能力达到广领域、宽口径，使各方面知识能融会贯通、为己所用。②要提高转化知识的能力。学习的目的在于运用，能否把学到的知识转化为工作能力，是检验学习成效的一个重要标准。只有把理论知识与具体工作紧密结合，才能不断提高解决问题的能力。③要提高创新知识的能力。在工作中，要经过自己的领悟、提炼、升华，做到举一反三，归纳出新的经验和做法。

（3）敬畏责任加苦干、实干与巧干。

1）要养成敬畏责任的良好习惯。《礼记·学记》提出了"敬业乐群"，后来南宋朱熹也提出"敬业者，专心致志以事其业"，即用一种恭敬严肃的态度对待自己的工作，认真负责、一心一意、任劳任怨、精益求精。任何时代，责任感都是不可或缺的精神。在我们党团结带领人民进行革命、建设、改革的各个历史时期，诸多优秀的劳动者都以主人翁的高度责任感和艰苦创业的奋斗精神，谱写出一曲曲可歌可泣的动人赞歌，为青年大学生树立了光辉的学习榜样。

经典故事

全国劳动模范宋心军，是中国铁路太原局集团有限公司侯马车务段赵城站值班员。自 2004 年入路到 2015 年，他一直从事调车工作，从入路的第一天起，他就苦学理论知识及业务技能，并始终坚持"安全第一"的思想，作业中本着"一点都不能出差，差一点都不行"的要求，认真落实规章制度，严格执行作业标准，主动卡控安全关键，作业后认真进行复检。他十几年如一日顶严寒冒酷暑，夏天时工作服经常是湿了晒干，干了又浸湿，来来回回七八次，一直到下班，工作服都变硬了；冬天寒风刺骨，遇上刮风下雨，滋味更是不好受。但他始终如一认真履行工作职责，严格落实作业标准，仅以 2014 年为例，一年内他防止调车作业严重安全问题 9 起，制止并纠正现场违章违纪 15 次。多年来，他把工作当成一项使命，全身心投入，以扎实的专业功底、强烈的事业心、勤勉的工作态度、旺盛的进取意识、无私的奉献精神，在平凡的工作岗位上默默奉献、脚踏实地、无怨无悔、安贫乐道、不求索取，在调车场上展现了自己的风采，实现了人生价值。

在校大学生要以宋心军等劳动模范为榜样，无论将来从事什么工作，在什么岗位上工作，都要在分内事上下功夫，做好本职工作，用强烈的责任心做好、做细每一件事，并使之成为一种自觉、主动、持久、稳定的良好习惯。

2）要做到苦干、实干和巧干。敬业，不是一句空话，形式上的承诺不是敬业，口头上的口号也不是敬业，真正的敬业表现为说得到位，做得更要到位。俗话说："说一千，道一万，不如'两横一竖''干'。""干"是本分、是境界，也是最好的工作方法。当然，也要讲究"怎么干"，敬业不是一味地苦干、蛮干，而是既要有"肯干"的追求，又要有"实干"精神，还要有"干好"的本领。

苦干，是一种不怕苦的工作作风，是一种不怕累的精神状态，是敢于拼搏、勇往直前、无所畏惧的"干"。苦干，需要坚持"苦"字当头，比别人吃更多的苦、流更多的汗、付出十倍百倍的艰辛与努力。在遇到工作难题时，敢于硬碰硬、敢于啃硬骨头、敢于攻坚。实干，是指实实在在、踏踏实实地做事情。空谈误国，实干兴邦，言不在多，贵在实干。真抓实干才能攻坚克难，实干才能梦想成真。何为实干？一要专心谋事，时时刻刻把心思和精力用在落实工作上；二要敢于担事，遇到困难不回避，关键时刻敢出面；三要踏实干事，做事情要有始有终、有行有果。巧干，是指干工作要有巧的方法和行动，干事情既要摸清形势，巧用策略，又要抓住重点，突破难点。

苦干是一种精神，实干是一种态度，巧干是一种能力。如果在工作中只晓得苦干、实干，遇到复杂多变的任务，就会缺乏科学合理的思考、分析，很容易一条道走到黑，既耗费精力，又浪费时间，而且收效甚微。知识经济时代是"巧干"升值的时代。对待任何一项工作都应巧干，善于发现和利用规律。当然，巧干不是投机取巧，更不是对苦干、实干的否定，而是一种分析判断、发明创造和解决问题的能力。

经典故事

付永伟是中国邮政北京分公司西城中南海支局投递员。西城区赵登禹路附近有大帽、中帽、北帽、前帽、后帽等几个胡同。这几个"帽"，展示给人们的是几乎相同的面貌，就像是迷魂阵，每天送件都要2个多小时。为了摸清它们的"脉络"，付永伟画出图样，登记上门牌号，并向居住地的阿姨们请教。终于弄清楚这几个含"帽"字的胡同形成"井"字格局，他在前期绘制图样的基础上，把复杂的线路串联成了一条投递捷径，一般只用20多分钟就能送完当天所有"帽"字胡同的邮件。对于其他胡同，他也经常在投递的过程中，找院里的住户聊几句，了解周边情况，以做到有备无患。在熟悉道路以后，他几乎总是第一个出去，第一个回班。

如果说苦干、实干做的是加法，那巧干做的就是乘法，是干的升华，更是苦干、实干的必然归宿。每一个职场员工在工作中要经常问问自己："能不能找到更简单的方法。"

❤️ 3.3.2 争创一流

争创一流，就是在高起点上继续求高，在新起点上继续求新，它表现为一种积极奋发的精神风貌。争创一流，从表面上看，是行动的飞跃；从根本上讲，是思维的飞跃。同时，争创一流是一种凝心聚力的目标追求，是职场人员提高工作水平的基本前提和条件，也是推动我国社会生产力水平整体提升的坚强保障。

1. 让争创一流成为永恒的追求目标

劳动模范包起帆曾经对大学生说过这样一句话："无论是走上工作岗位还是继续深造，希望你们严格要求自己，爱岗敬业，争创一流。"主持人白岩松也曾对大学生有过忠告："不管你将来从事什么职业，不管你从事职业的难易程度和薪酬水平如何，重要的是，你一定要成为这个职业上不可或缺的人。"

拓展阅读   **什么是不可或缺？**

顾名思义是不可缺少，引申为非常重要。一位企业负责人曾这样说："我有 10 位销售主管，但有三个人的销售业绩之和占到公司总销售额的 50% 以上，所以这三个人我丢不起。"我们可以说，这三个人对公司来讲就是不可或缺的。

几乎每一位大学毕业生在入职之初，都会抱着满腔热血，都想成为单位不可或缺的一分子，这是非常值得肯定的。但是，如何才能把成为不可或缺人才的想法变成现实呢？建议做到以下五点。

（1）**拓宽视野**。视野的物理意义是指人眼固定地注视某一点或某一片区域时（或通过仪器）所能看见的空间范围，即通过眼睛所能看到的事物。其引申意义为人思想或知识的领域。一个人要想创造一流的业绩，就需具备宽广的视野。拓宽视野的方法有：①跳出本行业、本单位、本岗位去追求一流水平，正所谓"不识庐山真面目，只缘身在此山中"，只有跳出狭小的范围，才能摆脱主观成见的束缚。②不局限于自己的原有状态，不用现在的自己和过去的自己作比较，不局限于小小的个人进步。③具有长久的眼光和开放的思维。

经典故事

视野就是看待世界的格局，吉利集团的创始人李书福，是人们眼中的"汽车狂人"，从 1997 年进入汽车领域后，吉利集团在他的带领下于 2010 年从福特手中收购了沃尔沃，后又入股沃尔沃集团，成为其最大的股东。2017 年，先后收购了马来西亚车企宝腾 49% 的股份、豪华跑车品牌路特斯 51% 的股份、英国跑车品牌莲花汽车的控股股权以及美国飞行汽车公司。2018年，又收购了戴姆勒股份公司9.69%具有表决权的股份，一跃成为奔驰母公司的最大股东。这些海外收购，无不显示出吉利集团布局国际汽车市场的"野心"。正如李书福在接受《汽车商报》采访时所说："未来世界传统汽车行业只有2～3家企业能活下来，谁能届时占领技术制高点，谁就是胜利者。"戴姆勒是全球汽车领导者，在电动化、智能化、无人驾驶与共享出行等领域都是引领者，在李书福看来，从战略协同的角度，戴姆勒与吉利、沃尔沃产生协同效应才是吉利入股戴姆勒的一大原因。

拓展阅读

受全球经济下行，中美贸易摩擦，国五、国六排放标准切换等因素影响，2019年汽车市场整体下滑，但吉利全年的总收益达974亿元，净利润82.6亿元，汽车市场占有率从2018年的6.2%提升至6.5%（终端，含国际），能取得如此好的业绩，与吉利集团的国际视野和战略定力是分不开的。

视野决定人或企业的格局，在不同的位置看世界、看未来、看事态，造就不同的格局观。"会当凌绝顶，一览众山小"，视野大、格局大，做人做事就容易成功。一个人拓展视野的路径很多，如多读书，多走出去看看，多和优秀的人接触，多与别人进行交流分享，多学习一些自己专业之外的知识等。

（2）追求最优。每个人的人生定位不同，工作和生活态度自然就不同。《易经》上说"取法乎上，仅得其中；取法乎中，仅得其下"。大意是：一个人制定了高目标，最后仍然有可能只达到中等水平，而如果制定了一个中等的目标，最后有可能只能达到低等水平。因此，一个志存高远的人，必定将追求最优作为自己的人生目标，从而不断地增强争创一流的意识，并将其落实到实际工作中。每当百度公司的部门在汇报项目进展时说"我们这个产品比上一个版本好了多少多少"的时候，李彦宏总是要问一句，"你这个产品做得是不是比市场上所有的竞争产品都要好，而且明显得好？"李彦宏的言下之意，就是你有没有把事情做到最优。

哈佛大学吸引了全美甚至全世界最优秀的学生，其校训正是"追求卓越"。追求最优的表现有：①追求最优是创造性思考。保持自己积极思考的习惯，保持自身思维的独立性与前瞻性。②追求最优是一种态度。态度决定一切，如果一个人充满热情、积极主动地工作、学习和生活，人生必定会与众不同。③追求最优是一种坚持。很多成功都需要积淀，需要经过量变到质变的过程，只要不断追求，每一个阶段性的成果都会成为一个新的起点。

（3）积极心态。"心态"是决定人们思维模式和行为方式的一种心理状态或态度。积极心态是面对工作、问题、困难、挫折、挑战和责任时，能够从正面去想，积极采取行动，努力去做。积极心态是成功的基本要素。

拓展阅读

罗森塔尔效应，亦称"人际期望效应"。美国心理学家曾对18个班的学生进行了"未来发展趋势测验"，他们将一份"最有发展前途者"的名单交给了校长和相关老师，并叮嘱他们务必要保密，以免影响实验的正确性。其实，罗森塔尔撒了一个"权威性谎言"，因为名单上的学生是随便挑选出来的。8个月后，罗森塔尔和助手们对那18个班的学生进行复试，结果奇迹出现了：凡是上了名单的学生，成绩个个有了较大的进步，且性格活泼开朗，自信心强，求知欲旺盛，更乐于和别人打交道。

实验者认为，教师因收到实验者的暗示，不仅对名单上的学生抱有更高的期望，而且有意无意地通过态度、表情、体谅和给予更多提问、辅导、赞许等行为方式，将隐含的期望传递给这些学生，学生则给老师以积极的反馈。这种反馈又激起老师更大的教育热情，维持其原有期望，并对这些学生给予更多的关照。如此循环往复，以致这些学生的智力、学业成绩以及社会行为朝着教师期望的方向靠拢，使期望成为现实。

日本小松油田的创始人小松昭夫说："一个人的事业成功，50%来源于人生哲学、正确观念、积极心态。"执着、挑战、热情、风险、激情、愉快、爱心、自豪、渴望、信赖，这些积极心态都有助于我们达成目标。一个人有了进取心，才能充分挖掘自己的潜能，实现人生价值。人的一生难免会遇到各种各样的困难和挫折，困难和挫折并不可怕，可怕的是当困难和挫折来临时，我们没有以积极的心态对待它。

（4）进取之心。进取心是指不满足于现状，坚持不懈地向追求新目标的蓬勃向上的心理状态。人类如果没有进取心，社会就会永远停留在一个水平上，正如鲁迅先生所说："不满是向上的车轮。"社会之所以能够不断发展进步，一个重要的推动力量，就是我们拥有这只"向上的车轮"，即我们常说的进取之心。一个具有进取心的人，会渴望自己有所建树，会积极争取更大和更好的发展，会为自己设定较高的工作目标，并勇于迎接挑战，要求自己工作成绩出色。为此，进取心也是成功的要素之一。

战国时期，孟子曾说：要是有人，自以为他连一只小鸡都提不起来，那他便是一个没有力气的人。如果有人说自己能够举起三千斤的物品，那他就是一个很有力气的人。人难道以不能胜任为忧患吗？只是不去做罢了。这段话告诉我们：要相信别人能行，我也能行，事情没有多难，只要去做就行了。

（5）自信之心。自信心是一种反映个体对自己是否有能力成功地完成某项活动的信任程度的心理特性，是一种积极、有效地表达自我价值、自我尊重、自我理解的意识特征和心理状态，也称为信心。从职业的观点看，自信心可以帮助一个人充分认识自己的长处，挖掘自己的潜能。

经典故事

钱学森，中国两弹一星功勋奖章获得者，由于其回国效力，中国导弹、原子弹的发射向前推进了至少20年。1955年，钱学森在"哈军工"参观期间，陈赓院长曾问钱学森："钱先生，你看我们中国人能不能搞导弹？"钱学森望着陈赓，脸上露出坚定的神色，不假思索地说："外国人能造出来的，我们中国人同样能造出来，难道中国人比外国人矮了一截不成。"1960年11月，中国第一枚近程导弹发射试验圆满成功。正是因为对新中国、对自身的满满自信，才有了他对航天事业的执着追求，并最终使他的人生熠熠生辉，也使他成为我们学习的楷模。

列宁说过："肯定自己是走向卓越的第一步。"爱默生也说过："自信是成功的第一要领。"信心是我们精神大厦的基石。在竞争日益激烈的今天，想要脱颖而出，信心就显得尤为重要，因为只有树立起信心，才能让自己在困难中披荆斩棘，获得最后的胜利。

拓展阅读

"靡不有初，鲜能克终"出自《诗经·大雅·荡》，这句话讲述了一个道理：人们在开始做事时往往热情高涨，随着时光流逝，激情开始降温，最后事情或是不了了之或是草草收场。一个人确立一个理想、一个人生目标，并不是难事，难的是抱一而终，终生孜孜以求，只有那些对自己的人生追求充满自信的人才能终身无悔。

当我们缺乏自信时应该怎么办呢？一是行动塑造，如学会进入别人的视线，学会正视别人，学会当众发言，运用肯定的语气，抬头挺胸走快一点，学会坦白。二是语言塑造，如反复练习演讲，养成记日记的习惯。三是装扮塑造，如每月为自己的装扮进行一些改变，经常保持自己衣着清新整洁等。

2. 制定争创一流的奋斗目标

"没有伟大的愿望，就没有伟大的天才"，巴尔扎克的这句名言指明了目标的重要性。有人说："生命对某些人来说是美丽的，这些人的一生都为某个目标奋斗。"这是因为一个人如果没有目标，就会安于现状，就会放松自己，就很有可能一事无成。如果选择一个人生目标，并为这个目标持续耕耘，成功就会越来越近，就会获得满足感。哈佛大学有个著名的关于目标对人生影响的跟踪调查，对象是一群智力、学历、环境等都差不多的年轻人。其中，3%有清晰长期目标的年轻人，25年中都不曾更改过人生目标，最终几乎都成了各个领域的顶尖人士。这就告诉我们成功要从设定并坚持目标开始。

当然，目标有大有小，目标的大小是一个人有无作为和成就大小的重要前提。只有怀着伟大的目标，才能有伟大的行动。任正非说过："我们牺牲了个人、家庭，是我们为了一个理想，为了站在世界高点上。"华为成立 30 多年来，曾面临房地产、互联网、电动车……诸多的诱惑，但它始终心无旁骛、上下同欲，近 20 万人朝着"站在世界高点上"这个目标前进。今天的华为，在经历风雨后，从创始之初的兵微将寡，一路壮大成为今天百战百胜的集团军。任正非和他的团队用事实向我们证明，确立争创一流的目标，才能对自己的工作精益求精，才能激发自己无限的工作潜能。

需要注意的是，一个人在制定目标的时候要关注：①目标适中，力所能及。②目标积极，符合时势。③目标具体，易见成效。④目标多层，有机统一。一个人的目标定得高、定得远，就意味着必须付出更多的辛劳汗水，实现争创一流的目标必须艰苦奋斗、脚踏实地，一步一个脚印走好每一步路。当然，有成功也会有失败，从哪里跌倒就要从哪里爬起来，风雨过后总会有彩虹，即使经过全力打拼仍不能实现既定目标，但至少会比他人走得更远。

3. 努力实现争创一流的目标

创一流效率、创一流技能、创一流服务、创一流水平，这些都可以成为我们的目标，但争创一流最终还是要落到实现一流的业绩上。我们选定目标后，就要"咬定青山不放松"，惟有笃定目标，才能披荆斩棘、一往无前、跨越赶超。

（1）**目标既定，认真落实**。现实生活中，很多人都非常重视目标的制定，但能够百分之百落实目标的人却不多。为此，我们要在落实目标上下真功夫：①做好记录，把目标和实现目标所需的条件和理由写下来，时刻提醒自己。②认真分析，对目标的完成期限、完成标准和自己所处的水平、阶段以及资源情况进行客观分析。③量化目标，设定时间表，分步实施。④设定时限，尽力做到日事日毕。⑤定下承诺，不轻言放弃。⑥马上行动，即可开始执行目标。⑦调整目标，修正不切合实际的计划。

（2）**攻坚克难，不言放弃**。成功的路上，鲜花和掌声是达到终点时的礼物，但每个人踏向成功的路必定会充满荆棘和坎坷。这就如同钉钉子，遇到过于坚硬的东西，钉起来就会比较费劲。工作也是如此，难免会遇到麻烦和困惑，但这些问题并不是无法解决的，只是需要解放思想、开动脑筋，需要我们多花费时间和耐心，还没有尝试就放弃，结果只能是失败。

经典故事

1948 年，英国牛津大学要举办一次"成功奥秘"的讲座，轮到丘吉尔演讲时，他说："我的成功秘诀有三个：第一，是决不放弃；第二，是决不、决不放弃；第三，是决不、决不、决不放弃！我的演讲结束了！"说完，他就走下了讲台；会场上沉寂了一分钟后，突然爆发出热烈的掌声，经久不息。

丘吉尔最大的成功秘诀就是"不放弃"。当工作遇到瓶颈时，我们都会进行修整，这是情理之中的事，也是必须要做的事。但修整不是放弃，修整是调整心态、改变策略，逐步去发现解决问题的切入点。伟大的艺术品，都少不了打磨的过程，几乎都是靠时间累积出来的，争创一流与打磨艺术品同出一辙。攀登高峰的路上谁能一如既往地坚持下去，并能精益求精地追求极致，谁便能脱颖而出。

（3）耐住寂寞，守得花开。无论是争创一流的效率，还是争创一流的技能；无论是争创一流的服务，还是争创一流的水平。争创一流不是在拼口号，而是要拼实力和机遇，当实力还有欠缺，或机遇还没有降临时，忍耐和坚持就显得尤为重要。尤其对初入职场的年轻人来说，更要耐得住寂寞，浮躁只会让自己的努力白费，忍耐中的坚守却常常能峰回路转，春暖花开。齐白石、钱钟书、邓稼先、袁隆平、南仁东、屠呦呦、陈景润，哪一个不是在默默无闻的钻研中，独自忍受寂寞的煎熬。如果没有一颗宁静的心，总是向往世俗的热闹，如何能沉下心来做一番事业呢？又何谈实现争创一流的目标呢？

3.3.3　勇于创新

创新是一个民族进步的灵魂，是事业发展的不竭动力。一个全民创新的国家会更有力量，一个全员创新的企业会更有生机，一个自我创新的员工会更有作为。

拓展阅读

我国进入新时代以来，党中央、国务院高度重视创新工作，制定了国家创新驱动发展战略，并于2016年出台了《国家创新驱动发展战略纲要》，明确了"三步走"的战略目标。第一步，到2020年进入创新型国家行列，基本建成中国特色国家创新体系，有力地支撑全面建成小康社会目标的实现。第二步，到2030年跻身创新型国家前列，发展驱动力实现根本转换，经济社会发展水平和国际竞争力大幅提升，为建成经济强国和共同富裕社会奠定坚实基础。第三步，到2050年建成世界科技创新强国，成为世界主要科学中心和创新高地，为我国建成富强民主文明和谐美丽的社会主义现代化国家、实现中华民族伟大复兴的中国梦提供强大支撑。由此可见，创新已经不再是哪个人或哪个单位的事情，已经成为我们党和整个国家的战略决策。

创新是指以现有的思维模式提出有别于常规或常人思路的见解为导向，利用现有的知识和物质，在特定的环境中，本着理想化需要或为满足社会需求而改进或创造新的事物、方法、元素、路径、环境，并能获得一定有益效果的行为。[①] 创新的本质是突破，

---

① https://baike.baidu.com/item/%E5%88%9B%E6%96%B0/6047?fr=aladdin.

即突破旧的思维定式。创新的核心是"新"，或者是产品的结构、性能和外部特征的变革，或者是造型设计、内容的表现形式和手段的创造，或者是内容的丰富和完善。

1. 让勇于创新成为常态的行为习惯

创新意味着改变、付出和风险，所以创新非常不容易，这就是为什么人们总会在创新前面加上"积极、勇于、大胆"之类的词汇。创新涵盖众多领域，包括政治、军事、经济、社会、文化、科技等各个领域的创新。因此，创新可以分为科技创新、文化创新、艺术创新、商业创新等。每个岗位都是创新的阵地，都存在着很大的创新空间，能不能产生创新，关键要看从业者是否具有良好的思想态度和创新意识。

有人用"塔"比喻创新："塔尖"是获奖科学家，"塔身"是科研工作者群体，而全体国民，特别是青少年，则是"塔座"。只有国民的创新能力不断提高，"塔座"才会更扎实，"塔身"才能更优秀，"塔尖"才将光芒四射。因此，创新关口必须前移，要让创新成为全民族的一种习惯，让创新思维渗透于工作、学习、生活和一切社会事务中。

我们所说的"让创新成为一种日常习惯"，指的是对于从业者来说，创新并非源于利诱或胁迫，而是如同吃饭穿衣一样，已经成为生命中不可或缺的一部分。对于从业者来说，创新就是一种本能、一种自发的要求，否则就会失去生活的乐趣和生命的意义。享誉世界的数学大师陈省身把数学看成生活的一部分，走路、聊天、吃饭甚至是睡觉，每时每刻都会想到数学问题。他花费几十年的时间思考数学界 50 年来未曾破解的难题，即关于六维球面上的复结构问题，并在 93 岁生日的第二天公布了他在这方面的最新研究进展。

勇于创新的意义就在于营造一种人人谈创新、时时想创新、无处不创新的氛围，鼓励从业者勇于创新，使每个人都不能满足于简单的重复性工作，而是要努力探索新的方法、找出新的程序，只有不断地去探索、尝试，才能有所创新、有所贡献。在中华民族共同为建设社会主义现代化国家努力奋斗的今天，需要每个人都要有清醒的头脑和学习的目标，要看到不足，找准差距，厘清思路，明确方向，着力追求理想的工作效果。要从思想转变入手，树立创新的意识和观念，善于发现和解决问题，带着创新的思想去工作和学习，开发创新潜能，积极投身创新实践。

2. 在求新求变中求发展

求新求变，就是求发展。只有不断地改革创新，才能为永续发展注入源源不竭的动力。人生的幸福就在于追求的过程之中，一个人有了梦想和追求，才能不断地去努力；整个民族有了梦想和追求，才能上下同欲、攻坚克难，屹立于世界民族之林。近代以来，正因为每一代中国人都怀揣梦想，不断进行积极的探索，才有社会的高速发展，才有中国由弱国到强国的蜕变。当今正处于知识经济时代，经济的增长和社会的进步更加依赖技术的创新和高新技术产业的发展。在日趋激烈的国际、国内竞争中，竞争的核心是综合实力的竞争，而创新力是竞争的制高点。谁占据了创新力这一竞争的制高点，谁就会在竞争中立于不败之地。

（1）学着做个"思考者"。达夫·弗罗曼是半导体行业的先驱，他倡导领导者要把自己50%的时间从日常工作中解放出来，认为"大部分经理人……沉迷于救当前之火以至于根本无法应对机构面临的长期威胁和风险"。弗罗曼的观点不仅适用于领导，也适用于所有从业人员。保留思考的时间是成功的需要，孔子曰："学而不思则罔。"当今，生活节奏越来越快，很多人每天忙碌于工作，忙碌于生活，加上微信、朋友圈、游戏等各种网络世界的充斥，大脑每天都在高速运转，留给自己思考的时间就很少了，甚至是不思考，这往往会成为我们成功的障碍。有一个很成功的推销员曾说过，他的成功源于他的勤于思考，多问自己几个"为什么"。他说，去拜访顾客之前，我一定要先静下心，喝杯咖啡，擦擦皮鞋。这样一来，在我真正踏入顾客办公室之前，我就有了一个最后思索的机会，即如何表现自己。

一个人若想成就大事，必须勤于思考，思考成功的目标，思考实现目标的时间、方案、步骤、风险以及避免风险的措施等。在事业的开创过程中，只有养成爱思考的习惯，才能不断地弥补不足之处，改正错误之处，只有这样才会不断地进步，最终走向成功。牛顿因为思考"苹果为什么会落到地上呢？"而发现了万有引力定律；爱因斯坦思考"为什么星星在天空中移动而不会互相碰撞？又是什么将那些微小的原子组合在一起形成各种各样的物体呢？"而写出了《狭义相对论》；伽利略因思考"吊灯在风中摆动有无规律"而发明了摆钟。因此，每一名从业人员都要善于总结反思，对于工作中存在的不足，要分析原因，吸取教训，避免下次再犯；对于做得好的地方，也要进行总结，积累经验，争取精益求精，这样我们才能一步一步走向成功。

（2）学着做个"创造者"。在职场中一般会有三种人，即创造者、参与者和围观者。创造者一般指在产品、内容、价值、思想、模式等方面进行创造的人；参与者一般指参与到进行创造的人所创造的事情中的人；围观者一般指不创造、不参与，仅仅只是围观的人。我们暂且把创造者和参与者都归入到创造者的行列，围观者则归入非创造者行列。

任何行业、任何领域都需要创造者，只有真正的价值创造才有出路。当然，因为创造需要知识、智力、能力及优良的个性品质等复杂要素，所以不是人人都能进行创造，但人人都可以参与创造，参与者借助创造者的势能也可以找到很好的出路。在现实生活当中，围观者永远都是最多的一群人，这里需要注意的是，一个人即使长久围观，都不可能获得良好的发展机会。

圣埃克苏佩里认为创造是"用生命去交换比生命更长久的东西"。创造者与非创造者的区别就在于，创造者是为了创造自己用不上的财富，而生命的意义恰恰是在这用不上的财富上。非创造者只是用生命去交换维持生命的东西，仅仅生产自己直接或间接用得上的财富。大学生作为未来的职场生力军，一定要尝试着去做创造者，至少也得做个参与者，千万不要成为围观者。

如何才能让自己成为一个名副其实的创造者呢？

1）培养创新意识。简单地说，创新意识就是创新的愿望和动机。创新意识是创造性思维和创造力得以发挥的前提条件，具有创新意识的人才能对已积累的知识和经验进行科学的加工创造，产生出新知识、新思想、新概念、新成果或新产品。培养创新意识，首先要解决认识和观念上的问题，改变只有科技攻关才是创新的观念，坚定创新时时可为、处处可为的信念，自觉从小处入手，由小到大开展创新活动。其次，努力钻研先进的生产技术，提高自身的生产技能，使自己成为适应现代化强国建设需要的有理想、高素质、掌握先进技术的新型劳动者。

2）训练创新思维。创新思维是反映事物本质属性和内外在有机联系，并能引导与促进创新的广义的心理活动，主要包括联想、想象、灵感、直觉、发散、集中、逆向、立体、求异、求同、逻辑、分析、综合等形式。要具备创新思维，就需要做到：①要质疑问难，提出疑难问题来反复讨论、分析。②要引趣启智，启发自己的兴趣和好奇心理，保持思考和探究的热情。③要勤奋学习。④要攻坚克难，用难题和艰巨的任务逼迫自己思考。⑤要集思广益，积聚团队的力量。⑥要抓住根本。

3）注重日常观察。创新活动是从发现和利用旧秩序内部的一些不协调现象开始的。例如生产经营遭遇瓶颈、企业意外的成功或失败等，这就要求我们注意现场观察，要不断地发现岗位上的"问题点"，把"问题点"作为"改进点"，把"改进点"作为"创新点"。这就要求我们养成爱观察、爱思考的习惯，积累更多的经验；观察时要积极思考，多问为什么，并与别人交流看法；带着目的和问题去观察，在观察的基础上有效创新。

4）积极投入实践。创新成功的秘诀就是立即行动。发现问题的同时，也相当于发现了机遇，把机遇变为现实，就有可能创造出有价值的业绩。但"事不行则不至"，唯有行动起来，才能走向成功。即使起初的构想还不够完善，也要大胆进行尝试，看看会有什么样的结果。创新的构想只有在不断的尝试中才能逐渐完善。在创新的过程中，我们可以根据实际情况及时调整改进方法、思维方式等，就会使不可能变为可能。但如果只有思想，没有行动，一味追求完美，很有可能坐失良机，失去创新的机会。

5）不能轻言放弃。"锲而舍之，朽木不折；锲而不舍，金石可镂"，我们做任何一件事，如果不坚持、不努力，即使再简单的事情也不能轻易成功。更何况，创新就是要打破固有的、常规的事物。创新过程本身就是一个不断尝试、不断失败、不断提高的过程。事实上，成功人士一般都会比常人犯更多的错误，遭受更多的失败。他们最后之所以能够成功，首先是善尝试、知变通，其次是坚持、坚持、再坚持。坚持不懈，既是心力的考验，又是实践的砥砺；既是数量的积累，又是质量的提升；既是工作的延续，又是成果的扩大。

诺贝尔奖得主屠呦呦自述，523 项目于 1967 年启动，进展并不顺利。直到 4 年后，她才首次成功地用沸点较低的乙醚制取青蒿提取物，并在实验室中观察到提取物对疟原虫的抑制率达到了 100%。而在这个关键转折点出现之前，她已经历了 190 次失败。第一代航天人龙乐豪是长三乙的总设计师兼总指挥。1996 年 2 月 15 日，这个代表当时中国最大运载能力的火箭首飞，大胆地选择发射一颗国际卫星，并向全世界公开直播，不想遭遇惨败。龙乐豪因重压"一夜白头"，但他带领团队忍辱负重，最终完成了 122 项试验，后续飞行才皆获成功。

创新没有捷径，创新不是一瞬间的顿悟，而是一辈子的坚持。一个创新创造者要做的最重要的事是行动，最不能做的事是放弃。

3. 争做岗位创新的"主人"

创新型国家建设，企业是主体，企业职工理所当然应该成为创新的主人，而企业员工创新的重点是岗位创新。

（1）人人均可岗位创新。在很多职工看来，技术创新是专家、技术人员的专利，与普通职工无缘。其实，这是一种比较片面的看法，普通职工经过不断总结、反复研究，同样可以创造出令人瞩目的新技术。

经典故事

2007 年 2 月 27 日，国家科学技术奖励大会在人民大会堂隆重举行。中国第一汽车集团公司普通技术工人王洪军，获得了 2006 年"国家科学技术进步二等奖"，王洪军成为新中国成立以来工人获得国家科学技术进步奖的第一人。王洪军 1990 年从技工学校毕业后进入一汽集团，一直在一汽大众焊装车间一线工作。多年来，他立足岗位，苦练技能，钻研技术，大胆创新，发明制作了钣金整修工具 40 余种 2 000 余件，提炼出 123 种钣金修复方法，创建的"王洪军轿车钣金快速修复法"，维修速度快、效果好、花钱少。专家们一致认为，这种快速修复法对车身表面钣金修复和调整具有重大的实用价值，居于国际先进水平。

再如王钦峰，原本是山东豪迈机械科技股份有限公司的一位农民工，他从一个只有初中文凭的农村孩子，成长为一个掌握了高端技术、拿下多项专利的工程师，先后进行了 60 多项工艺革新，设计了 20 多种专用设备，拥有 10 多项国家专利，作为电火花科研组组长，他带领团队研制的第 10 代电火花机床填补了国内空白。

同时，一线员工将科学家的实验成果、工程师设计的图样变成现实的产品，也是一个再创造的过程。只要职工肯钻研、肯付出，经得起失败和挫折，人人皆可在自己的工作岗位上进行创新。

（2）创新的空间在岗位。岗位创新是指在企业生产经营活动中，广大职工立足于本岗位，通过模仿、引进、独创、改进等方式，在生产、管理、服务等方面形成的，具有新颖性、独创性和效益性等的制度、措施、方法、工艺和技术等。① 工作岗位是创新的土壤，职工在工作岗位上的实践活动是创新的源泉。其实，身处生产一线的员工对生产的过程环节、操作细节都了如指掌，往往最清楚生产效率的哪个环节最薄弱，哪个环节存在改进的空间，他们凭借丰富的实践经验，往往能够找出更好的解决办法，而这恰恰是专业技术人员难以做到的。

经典故事

苏彩云，青岛公交集团员工，她 18 岁便进入公交维修行业，曾经带领十几位徒弟进行技术攻关，研制出一套维修方法，他们的创新成果每年为青岛公交集团节省数十万元的维修经费。几十年来，她凭借自身过硬的技术成为维修工中的技术骨干。

科技研发和生产实践都是创新的源头活水，创新既需要产学研的深度融合，也离不开一线生产中的发明创造。一线工人和科技工作者一样，同样能够为创新贡献自己的力量。大量的实践表明，生产一线往往是创新项目的温床，也正因为如此，近年来岗位创新已经成为一种企业文化和企业的核心竞争力。

经典故事

百度和海尔都是具有极强竞争力的企业，它们的共同特点之一就是都重视大力推动员工的创新工作。2010 年，为了提高员工创新的积极性，百度 CEO 李彦宏提出了"百度最高奖"，针对公司总监以下的、对公司产生卓越贡献的基层员工进行高达百万美元的股票奖励。不仅如此，奖励对象还都是 10 人以下的小团队，这应该是国内互联网企业中给予普通员工的比较高的奖励。

海尔更是打出借助"外脑创新"的奇招。海尔除了鼓励员工个人积极思考、大胆创新外，还可以动用自己的家人、亲朋等关系，借用"外脑创新"。为了发动员工家属创新，海尔专门制定了《员工家属建议表》发给每个员工家属，并对建议进行评选，"合理化建议优秀家属"还被聘为海尔编外员工，这样海尔的员工就可以和他的家人或朋友比一比，看谁干得更好，员工家属同样是海尔的客户群体，在"客户"和"编外员工"两种身份下为企业提供创新的点子。

（3）抓住岗位创新的重点。在国内，像百度、海尔这样大力支持员工创新的企业

---

① https://baike.baidu.com/item/%E5%B2%97%E4%BD%8D%E5%88%9B%E6%96%B0/3817065?fr=aladdin.

还有很多。因为它们都明白：只有不断地创新，才能持续地提高企业的核心竞争力；只有提高企业的核心竞争力，才能在竞争日趋激烈的社会中生存下去，这是现代企业发展的不争事实。所以，创新是每个岗位的职责，是每个员工义不容辞的责任。只要认真观察，努力寻找，企业中可以创新的地方有很多。科学发明和新理论的提出是创新，生产工艺和流程的改进是创新，组织、管理的改革和优化是创新，用新思维开发出新的业务模式是创新，业务流程的优化也是创新……企业的创新有别于科研机构的创新，它是与直接的经济效益分不开的，对企业而言，创新即优化。企业员工进行岗位创新主要集中在以下几个方面。

1）基于工作效率的提高而创新。工作效率是评定工作能力的重要指标，提高工作效率就是要求正效率值不断增大。一线职工要实现创新，最方便的途径就是立足本职岗位不断尝试，改进工作方法，提高工作效率，创新工作成果。

经典故事

索小亮，安徽美芝精密制造有限公司员工，他接触的第一个岗位是配送，主要任务是接收企业采购的主壳体等原材料并将之运送到生产一线。日常工作中，大家都比较随意，将材料搬运到目的地就完成任务了。但索小亮发现，搬运中存在物流路线不合理、搬运浪费、劳动负荷增加等问题。工友们普遍反映工作强度大、体力消耗高，但工作效率却不高。索小亮利用自己学到的"精益生产"知识，结合岗位实际，画图样、做设计，组织推动了材料包装规格标准化、物流路径优化、流利式货架等一系列微创新。以运送为例，改革前，工人们在厂区门口接收货物，将其运送到堆场，再从堆场取出货物，送往生产一线的平均距离是600m。经过堆场位置的调整以及内部格局的优化，平均距离减少到300m。同时，他还推动企业将部分手推车改为电瓶车，将剩余手推车车轮由铁轮改为橡胶轮。一个个细微的改变，降低了品质风险、劳动强度和工作浪费，进而提高了工作效率。工作不满10年的索小亮，就是在这样一个看似单调、重复、枯燥的基层岗位上，凭借吃苦耐劳、善于思考的干劲，为改进岗位工作贡献了智慧和力量。他不仅多次在企业技能比武中脱颖而出，还获得了2019年芜湖市"五一劳动奖章"等多项荣誉，获得了广泛认可。

2）基于产品精度的提高而创新。产品精度是机械质量的关键，机械质量又决定了产品的工作性能和使用寿命，在机械制造中，怎样提高产品的精度和质量，是每个制造业员工努力的方向。一线员工在实际工作中为提高产品精度而进行创新时，应注重从机械的转配精度和零件的加工精度等方面入手。

经典故事

苏健，全国劳动模范，中车唐山机车车辆有限公司数控管道工。多年来，他不断创新，获得国家专利授权 12 项，自制工装 40 余套，攻克生产瓶颈难题 58 项，60 余项创新成果获得公司奖励。工作中，他和团队成员先后对 3 个厂家的 14 种原材料管和 22 种半径模具进行了 5 000 多次实验，采集了 12 000 多个数据，编制出收录了 30 000 多个数据的《CRH3 数控弯管角度补偿数据库》。按此数据进行补偿后的管材角度误差控制在 0.1 度，长度误差控制在 1mm，实现了精确补偿，填补了行业内的一项空白，为动车组的产能提升扫除了障碍，助推公司动车组制造迈进崭新的阶段。

3）基于故障排除、问题解决而创新。有些一线员工之所以能够取得创新成果，是因为他们用心观察现场设备的"常见病、多发病"，并想办法排除故障、解决问题。

经典故事

遵义供电局"申友强创新工作室"的 20 个人，在干好本职工作的同时，承担了城区供电分局所有的科技创新任务。他们围绕电力故障抢修工作中遇到的难点，通过科技创新，攻坚克难，解决问题。

事例之一：普通脚扣穿"外衣"，提升服务增效益

遵义地处黔北高原，许多故障地点配网带电作业车辆根本就无法进入，为解决绝缘斗臂车受环境限制无法到达作业现场的难题，他们按照"如果登杆用的脚扣是绝缘材料制成的，如同绝缘平台那样，就完全可以满足开展带电作业的安全要求"的思路，历经无数次的现场反复实验与实地模拟操作，最终采用电缆热缩管（硅橡胶材料）制作绝缘脚扣，将电缆加热缩套在普通脚扣的外层，从而达到良好的绝缘作用，并经过 18kV 每分钟电气试验耐压值，达到了 10kV 电压等级线路上使用的安全要求。

事例之二：找准病因找病根，排除故障搞革新

面对遵义两城区跌落式熔断器故障发生率总是居高不下这一难题，创新工作室成员对多年来发生的 10kV 跌落式熔断器故障进行分析，发现大部分的故障都发生在跌落式熔断器的引线接头处。症结所在：原有的接头安装工艺，由于引线上的上下接头采用传统的"铝芯绕接法"有效压接面积较小，容易造成接头接触不良，诱发接头熔断故障。找准症结后，他们决定采用"设备线夹紧固法"代替"铝芯绕接法"对城区内跌落式熔断器进行部分改进，通过实际运行效果检验，引线之间接触紧密，导电良好。

事例之三：接地装置接地气，保障安全真"给力"

在电缆线路上工作，不能实现封闭地线作业一直是个令人头疼的问题。为了解决这

一严重装置性违章问题，创新工作室结合日常电缆故障抢修工作经验，设计了一套可直接挂在电缆分接箱接线柱上的接地装置，并在逐步改进图样后，设计出了10kV电缆分接箱电缆插头接地装置。随后他们联系制作厂家，与厂家共同对相关材质和参数进行定型，交由协议厂家代工，最终形成了便于携带、安全可靠的接地装置。

4）基于减轻劳动强度而创新。劳动强度是劳动的内含量或劳动的密度，表现为在一定的时间内劳动者在创造物质产品和劳务中所消耗的劳动的量。劳动工具因素是劳动强度的一个重要方面，减轻劳动强度就要对劳动工具进行创新。劳动工具因素包括机器的操作力度、速度、技术难度、容错性能和宜人特性等。

经典故事

范江峰，全国劳动模范，济南冶金化工设备有限公司机加工车间主任。多年来，每当企业技术发展遇到瓶颈时，江峰就主动请缨，带领车间员工攻坚克难，解决了许多工艺技术等方面的难题，通过技术革新和发明创造，先后发明制造了大型卷管机、多功能螺旋板卷床、坡口机、扁钢弯卷机、半自动法兰焊接旋转机、钢管缩口机等设备，为公司大大节省了设备投资，节约了原材料，提高了工作效率，提升了经济效益，降低了工人的劳动强度，减轻了环境污染。迄今，他已连续26年被公司评为"先进工作者"和"革新能手"，并于2020年荣获"山东省五一劳动奖章"，在平凡的工作岗位上努力实现着自己的人生价值。

3.3.4　艰苦奋斗

艰苦奋斗，传统意义上是指不怕艰难困苦，坚持英勇斗争。随着实践的发展、社会的进步，艰苦奋斗的精神内涵也在不断地拓展和丰富，新时代的艰苦奋斗是一种不怕艰难困苦，奋发图强，艰苦创业，为国家和人民的利益乐于奉献的斗争精神。艰苦奋斗精神的内在核心是不怕苦难、自强不息，不屈服于艰难困苦，不屑于富足安逸，不满足于自己已有的成绩，不避讳于自己的差距，始终奋发向上、谦虚谨慎，保持一种不断进取的精神状态。

1. 让艰苦奋斗成为坚实的精神底色

艰苦奋斗是中华民族的传统美德，是中华民族的优良传统。中国特色社会主义进入新时代，艰苦奋斗不仅是我们需要持之以恒的优良作风，也是中国共产党人的本色和优良传统，更是实现中国梦和个人理想的重要保证。

经典故事

徐虎，全国劳动模范，上海房管行业的一名普通水电工。他十几年如一日，坚持夜间开箱为人民服务，饿着肚子，放弃休息，不怕苦不怕累，为广大居民排忧解难。徐虎的这种精神，就是一种艰苦奋斗的精神。

童第周，出生在浙江鄞县一个偏僻的山村里。因为家里穷，他一面帮家里做农活，一面跟父亲念点儿书。在艰苦的环境中依然坚持学习，最终成为我国著名的生物学家，这也是一种艰苦奋斗的精神。

在实现中华民族伟大复兴的新征程上，必然会有艰巨繁重的任务，必然会有艰难险阻甚至惊涛骇浪，特别需要我们发扬艰苦奋斗的精神。习近平总书记指出："奋斗是青春最亮丽的底色。"新长征路上，大学生就是要在思想意识上、精神意志上、工作（学习）行为上、生活态度上始终以艰苦奋斗的前进姿态，同亿万人民一道，在实现中华民族伟大复兴中国梦的新长征路上奋勇搏击。

在思想意识上，要树立正确的价值取向和立场观点，增强不怕困难的意识，坚定克服困难的信心，培育在艰苦环境中敢于奋起、有所作为的品格。在精神意志上，要始终保持昂扬的朝气、奋进的锐气、浩然的正气，"任尔东南西北风，咬定青山不放松"，矢志不渝、志存高远、百折不挠。在工作（学习）行为上，要始终勤奋工作（学习）、努力创新、厉行节约。吃苦在前，享受在后。只有勤劳肯干、勤学苦练，才能持续提高自己的职业技能，不断实现自我突破。在生活态度上，要保持心态平和，耐得住清贫、抗得住寂寞、抵得住诱惑、把得住大节，自觉摆脱低级趣味，抵制腐化堕落的生活方式。

2. 在艰苦奋斗中追求美好幸福生活

"天行健，君子以自强不息"，这句话告诉我们，天（即自然）的运动刚强劲健，相应的，君子处事，也应像天一样，力求进步，刚毅坚卓，发奋图强，不可懒惰成性。然而随着时代的改革和发展，人们的生活观和价值观发生了变化，艰苦奋斗精神逐渐被人们淡化。恩格斯说："不同的时代自然有其独特的特征和元素，也就必然被赋予不同的理念和精神。"我们身处的时代早已不再是必须自力更生、艰苦奋斗的新中国成立初期，也不再是必须埋头苦干、奋力拼搏的改革开放时期，取而代之的是一个物质充裕、文化多样，但极容易导致精神意志匮乏的多元化时代，部分大学生或因家庭生活优越，或因没有职业目标，或因缺乏危机意识，在校期间颓废懒散，甚至追求与自身实际生活水平不相符的奢侈享乐。入职以后则出现了学机械的不愿意下车间，学建筑的不愿意跑工地，学管理的不愿意跑市场等怪相。为此，当代大学生要秉持艰苦是成功的必经过程、奋斗是人生永恒主题的理念，以雷锋、焦裕禄、张海迪、孔繁森等一系列典型事迹为榜样，激励自己为发展社会主义事业，为个人远大理想的实现而艰苦创业、奋斗不息。

（1）艰苦是成功的必经过程。古往今来，每一位成大事者，都是先有日积月累，后有水到渠成。"闻鸡起舞"中的祖逖和刘琨，每天听到鸡鸣就起床练剑；司马迁虽受腐刑，但仍坚持十多年终成《史记》；褚时健74岁开始第二次创业，承包荒山开始种橙。当然，这样的例子还有很多。试想，如果他们没有艰苦奋斗的努力，没有坚强的意志，又怎能取得成功？由此可见，苦难才是成功的良伴，逆境才是人杰的摇篮。

不经一番寒彻苦，哪得梅花分外香。吃苦，既是一种经历，更是一种财富。徐特立说："一个人有了远大的理想，就是在最艰苦困难的时候，也会感到幸福。"中国无产阶级革命家毛泽东，曾在延安工作、生活了13年，大部分时间都是住在陕北的窑洞中。期间，为了早日完成《论持久战》，他经常通宵达旦，废寝忘食。陕北的冬夜，寒冷难耐，他一边挥毫疾书，一边把脚踏在火盆边取暖，鞋被烤着了也不知道。美国著名记者安娜·路易斯·斯特朗曾在他对延安的访问记中写道："党的负责干部，住着寒冷的窑洞，凭借微弱的灯光，长时间地工作，那里没有讲究的陈设，很少物质享受，但是住着头脑敏锐、思想深刻和具有世界眼光的人。"曾经在这个当年最艰苦的地方战斗、生活和学习过的人给出了这样评价："为着一个地方的光明与简单生活氛围而愉快着""延安生活真痛快，在延安，精神上更痛快。"

经典故事

现代职业农民王中来，和大多数人一样，创业之路既艰辛又坎坷。创业初期，他和合作伙伴起早贪黑，筹建了10座蔬菜大棚。晚上为了看场地，他就睡在架子车上，陕西关中11月的夜晚吹着西北风，非常冷。可是一想到第一茬大棚蔬菜春节就能上市，他的心里就充满了力量。但由于不懂技术，前两三年，他的大棚不仅没有效益，每年反而亏损十几万元。不服输的他来到西北农林科技大学，向专家虚心请教学习，短短一年就扭转了亏损局面。如今，他创办的中来合作社已经涉及社员近千户，累计种植面积近3 000mile（1mile=666.6m²）。自2008年开始创业至今，王中来以勤劳朴实的品格、坚韧不拔的精神，不但实现了个人的发家致富梦，还帮助更多的农民实现了致富梦。

人生路上，苦难是一种必然，也是一种常态。吃得苦中苦，方为人上人，好的人生都是从苦中走出来的。当然，吃苦既包括物质层面的，也包括精神层面的，真正能成大器的人，大都吃过两种苦，人生之路才越走越顺。

孟子曰："天将降大任于斯人也，必先苦其心志，劳其筋骨，饿其体肤，空乏其身，行拂乱其所为，所以动心忍性，曾益其所不能。"大学生在校期间，就要有意识地锻炼自己吃苦的资本和能力。一要做好吃苦的思想准备。主动理解苦难，不存幻想；主动承担任务，以苦为乐。苦与乐，本质上是一体两面，正所谓苦中有乐，如果能保持一颗清醒的心，就不会时刻沉浸在苦难中，而是会奋起直追、努力改变。二要培养吃苦的素质和能力：①力戒浮躁，遇到任何的困难，都应该保持平和的心态，而不是浮躁面对。②踏实做事，大学生的作风一定要踏实，这样才能够更好地面对每一次挫折或者失败，顺境时不骄傲自满，失败时不气馁沮丧。③居安思危，大学生应该立足长远，未雨绸缪，多考虑未来职场中可能会面对的问题，提前做好应对准备。④勇于进取，大学生要学会发挥艰苦奋斗的传统，困难面前不退缩，失败面前不逃避，为达到理想的彼岸而不懈努力。⑤励精图治，大学生要增强驾驭形势和战胜困难的意志和勇气，养成势如破竹、不达目的不罢休的恒心和毅力。⑥勤俭节约，大学生应该向先辈学习，摒弃奢侈浪费的行为，发扬勤俭节约、清正廉洁的精神，不贪图享受、不铺张浪费。正如有人说过，今天很残酷，明天更残酷，后天很美好，但是大多数人死在明天的晚上，未见到后天的太阳。这句话充分说明了坚持的重要性，只有在逆境中依旧坚持不懈的人，才可能看到后天的太阳。

（2）**奋斗是成功的必要手段。**奋斗是为一个伟大的目标去战胜各种困难的过程，这个过程会充满压力、痛苦、挫折。艰苦奋斗的核心是"奋斗"二字，强调的是人的精神状态。我们强调艰苦奋斗，就是要全方位地保持"艰苦"的意识和"奋斗"的状态，不可偏废其一。艰苦是客观存在的条件，改变艰苦条件的重要手段就是奋斗，就是要少讲多做。奋斗是主观能动性的具体体现，是对实践的再认识过程，是促进事物发展的方法，是我们应该始终保持的生活工作状态。只有不怕吃苦、不断奋斗，才能抵达成功的彼岸。

经典故事

李菊兰，全国劳动模范，阿拉善右旗祥瑞生态养殖园负责人。"只要敢打敢拼，就没有办不成的事"，这是一直激励她咬牙坚持的人生信条。2008年，在北京经营服装的她回乡养猪创业。当时，她面临着如何修建厂房、引进什么样的种猪、如何科学养殖、产品销往哪里等一系列的问题。面对这些压力，虽然有过放弃的念头，但最终还是下定决心要用激情和韧性来实现自己的价值。生态养殖园建成初期，她一边经营养殖场，一边上网查阅资料，还要经常外出学习实践，在忙碌的工作中，她的体重由60kg瘦到了48kg。不但如此，创业过程中，她还经历了沙尘暴、饲料上涨、生猪滞销等多次致命打击，仅一次沙尘暴就损失了300万元，但挫折没有把她逼退，反而愈挫愈勇。十多年间，她一次次跌倒，再一次次爬起来，凭借着能吃苦、敢打拼的精神，一步一个脚印，把生态园发展成阿拉善右旗规模最大的一家集饲养、屠宰、加工和销售于一体的企业，同时，她还成为带领群众致富的创业"明星"。

新时代，是奋斗者的时代。大学生正值青春年华，要敢于开拓进取、创新发展，在奋斗中进步、在奋斗中成长、在奋斗中实现青春梦想。一要自我加压，爱迪生曾经说："奇迹往往是在压力中产生的。"要奋斗，就要有压力，就如前面讲到的李菊兰，没有养猪创业的压力，就不会有跌宕起伏的奋斗历程。当然，压力也要适度，尤其是自我加压一定要保持一个适当的尺度，压力大了容易击垮斗志，压力小了不易激发斗志。只有适度，才能最大限度地发挥人的主观能动性，才能更好地解决问题。二要适时调整奋斗目标。人生是一个过程，成功也是一个过程，要由小成功逐步积累大成功。世间成大事者懂得从小到大的艰辛过程，所以在实现了一个个小成功之后，才能继续拆开下一个人生的"密封袋"。

大学生培养自己的奋斗精神，可以从以下几个方面做好准备：①果断决策，克服犹豫习惯。很多人之所以一事无成，最大的问题就是左顾右盼、思前想后，因此错失成功的最佳时机。②挑战弱点，改变缺陷。人人都有弱点，但不能固守自己的弱点，改变弱点才能使自己成为强者。③突破困境，从失败中积累经验。人生总要面临各种困境的挑战，面对困难不能退缩，而是要把困难变为成功的助推器。④发挥强项，做最擅长的事情。有自己的擅长，才能最大限度地施展才智，一步一步地拓宽成功之路。⑤调整心态，不让消极情绪占据心灵。即使在毫无希望时，也要积极寻求成功的亮光。⑥立即行动，不能只说不做。一次行动胜过百遍心想，大学生要靠行动落实自己的人生目标。

💗 3.3.5　勤俭节约

勤俭节约是指勤劳而节俭，形容工作勤劳、生活节俭。"历览前贤国与家，成由勤俭败由奢。"商纣王肉林酒池，为博宠妃一笑，不惜撕破千绢万帛，则殷灭；隋炀帝为观琼花修大运河到江都，耗尽民力造行宫，惹出 36 路烟尘 72 家反王；慈禧太后一顿饭上千两白银，且"量中华之物力，结与国之欢心"，民焉能不反，清王朝焉能不亡？从《尚书》提出"克勤于邦，克俭于家"，到诸葛亮崇尚"静以修身，俭以养德"，再到《朱子治家格言》叮嘱"一粥一饭，当思来之不易"，诸多古训格言都彰显了崇俭抑奢的中华传统美德。我们党继承和弘扬中华民族这一传统美德，铸就了艰苦奋斗、勤俭立业的优良传统。

拓展阅读

联合国确定 10 月 31 日是世界勤俭日。最早是在 1924 年举办的第一届国际储蓄银行大会上由意大利教授 Filippo Ravizza 提出，并最终于 2006 年由联合国确立的。该节日的确立旨在号召人们勤俭节约以共同应对日益严重的资源危机，进而促进社会的健康可持续发展。

1. 让勤俭节约成为基础的价值准则

新中国成立初期，王金波在北京师范学院学习期间（1958 年）创作了歌词《勤俭是咱们的传家宝》。"勤俭是咱们的传家宝，社会主义离不了。不管是一寸钢、一粒米、一尺布、一分钱，咱们都要用得巧。好钢用在刀刃上，千日打柴不能一日烧。"歌词谱曲后，向全国推广传唱，还收入了音乐教材。当时，国人都把勤俭节约作为做人和干事业的行为准则，国力日渐兴盛。然而，随着我国经济实力的增强和人民生活的改善，有的人把勤俭节约的优良传统丢了。曾经出现了超越现实、盲目攀比的畸形消费；斗富摆阔、一掷千金的奢靡消费；过度包装、极度美化的蓄意浪费；"长明灯""长流水"的随意浪费等现象。为此，党中央及时提出"建设节约型社会"的战略决策，并在全国范围内大力开展节约活动，旨在使勤俭节约成为一种时尚、一种习惯、一种精神。

勤俭节约作为一种风气，从个体层面来说，是一个人的思想和行为在具体的工作、学习和生活等各个方面表现出来的态度和行为，涉及一个人的思想品质和道德修养。从认识论的角度来分析，奢侈浪费的根源在于在改造客观世界的同时忽略了更好地改造主观世界，而改造主观世界的核心是树立正确的世界观、人生观和价值观。因此，要做到勤俭节约，就必须加强自身修养。为此，一要经常改造自己的思想，要以优秀的工匠和劳动模范为榜样，树立勤劳致富的理念，谨防贪欲滋长埋下身败名裂的祸根，从思想上筑牢勤俭节约的坚固长城。二要注重身边的小节小事。"聚沙可成塔，积水可成渊"，节约不仅仅是停留在口号上，更需要每个人都积极行动起来，从自身做起，从身边一点一滴的小事做起。养成节约用水、随手关灯、关闭电源等的好习惯。持之以恒，坚持不懈，用行动将节约落到实处。

2. 坚持勤俭节约，反对铺张浪费

民生在勤，勤则不匮，但只勤不俭，就如同无底之洞。"勤"与"俭"相辅相成、密不可分。勤俭节约不是小气，而是一种文明，应该被广泛传承。一个国家、一个单位、一个人，要想生存，要想发展，都离不开勤俭节约这四个字。勤俭文明之风盛行于世，是国之本、企之要、家之幸、民之福。勤俭节约是中华民族的传统美德，传承和弘扬这一优良传统是每个公民义不容辞的责任，大学生肩负建设中国特色社会主义的光荣任务，更应该树立勤俭节约意识，做勤俭节约的模范。

（1）树立勤俭节约的意识。勤为勤奋，要求我们形成积极的做人做事态度；俭为节俭，要求我们养成不浪费的习惯。勤俭是成事之基、立业之宝。大学生只有正确认识勤俭节约于国家、于企业、于个人的重大意义，树立勤俭节约的意识，才能为将来建功立业奠定良好的思想基础。

1）勤俭节约乃国之本。《管子·八观》曰："审度量，节衣服，俭财用，禁侈泰，为国之急也。"反映的是管子治国理财的观点，意指治理国家最应该关注的是在衣食住

行这些消耗钱财的地方勤俭节约，避免奢侈浪费。

"奢靡之始，危亡之渐。"对于国家来说，提倡勤俭节约之风，也要增强危机意识、继续艰苦奋斗精神。新中国成立70多年来，党领导全国人民从一穷二白走向繁荣复兴，这份"家底"是几代人筚路蓝缕、勤劳奋斗才积累下来的，决不能在挥霍浪费中白白断送。正如习近平总书记所指出的，"即使生活一天天好了，也没有任何权利浪费！"因为无论是面对资源相对不足、生态环境脆弱的现实国情，还是面对宏伟的奋斗目标、复杂的内外环境，都需要我们时刻葆有艰苦奋斗的精神、勤俭节约的作风。"常将有日思无日，莫待无时思有时"，节约每一粒粮食，节约每一点资源，聚沙成塔、集腋成裘，我们才能拥有抵御风险的深厚底气、迎战困难的强大力量。

拓展阅读

能源、原材料、水、土地等自然资源是人类赖以生存和发展的基础。我国的自然资源总量虽然较大，但人均占有量少。人均淡水资源量仅为世界人均占有量的1/4，人均耕地不到世界平均水平的40%，45种主要矿产资源人均占有量不到世界平均水平的一半。这些数据告诉我们，必须合理有效地利用各种资源，才能实现可持续发展。

2）勤俭节约乃企之要。日本丰田公司，在成本管理上从一点一滴做起，劳保手套破了要一只一只地换，办公纸用了正面还要用反面，厕所的水箱里放砖用来节水，节约意识令人赞叹。对于企业来讲，开展节能降耗，降本增效，关系着企业的经济效益，更与企业的生存发展息息相关。建设节约型企业，不仅是企业自身发展的需要，更是每个职工应有的责任，需要大家的共同努力。如果每个职工都能树立"点点滴滴降成本"的勤俭节约意识，企业就能实现各个方面的节能降耗。职工每节约一分钱，企业就能增加一分利润；每降低一分成本，企业就能增加一分利润。

3）勤俭节约乃人之幸。萨迪曾经说："谁在平日节衣缩食，在穷困时就容易渡过难关；谁在富足时豪华奢侈，在穷困时就会死于饥寒。"当今的大学生基本上都是衣食无忧，有的同学甚至生活很富足，这就难免会滋生厌恶劳动、贪图享乐之念。殊不知，四体不勤，脱离劳动，长时间的慵懒，过度消费，不仅会破坏个人品格和社会风气，也会造成社会资源的浪费。诸多实践案例证明，凡成大事者，都会把自己的生活过得简而又简，因为他们把精力几乎全部放在了如何精进事业上，这样的人怎么可能不幸运呢？

（2）立足本岗力行勤俭节约。勤俭节约建立在勤与俭的结合上，只有勤奋才能创造劳动成果，只有节约才能珍惜劳动成果，两者相互结合，劳动者创造的成果才会越积越多、社会才能发展进步。反之，则会导致社会衰败、文明倒退。勤俭节约离不开高品格的思想境界，更离不开实实在在的行动。勤俭节约体现在具体工作中就是要降低生产成本，提高劳动效率，促进资源节约。

经典故事

矫立敏，全国劳动模范，青岛公交集团公交车驾驶员。他驾车始终保持中速行驶，平稳加速，轻柔操作，像呵护自己的孩子一样爱护和维护车辆，他曾经开过的 10 路线 221 号车行驶里程达到 20 万 km，发动机、变速器和离合器总成无大修，而同期的同类车型已经换了三台发动机。2006 年，车队有一部每月浪费 100 多 L 油的老旧车，谁也不愿接，他主动要求试一试，为此他结合车况、路况反复调试化油器、分电器，使车辆的油、电路配合达到最佳状态，经过仔细整合，维护各种机件，第二个月就使这部车摘掉了"油老虎"的帽子。他提出的"规范操作节油工作法"，使线路 50 部营运车辆每年节约燃料 4 万 L，年创经济价值超过 20 万元，他由此被大家称为"省油大王"。矫立敏作为一名职业司机，为了企业的发展与进步，从自我做起，立足岗位，自觉做好节能降耗、降本增效工作，成为我们共同学习的榜样。

对于在校大学生来说，勤俭节约就是要在学习、工作、生活过程中大力发扬勤俭节约的优良传统。一是自觉抵制奢靡之风和铺张浪费行为，不贪图安逸，不铺张浪费，从身边的小事做起，能节约的尽量节约，能不花的尽量不花。二是重学习，多自勉，坚持"吾日三省吾身"，及时阻断好逸恶劳的苗头，把更多的精力投入到学习和实践活动中，不断增强自身的综合能力。

3.3.6　甘于奉献

奉献，就是"恭敬地交付、呈献"。奉献精神体现在工作中就是对事业不求回报的爱和全身心的付出。对每个从业人员而言，就是要在这份爱的召唤之下，把本职工作当成一项事业来热爱和完成，从点点滴滴中寻找乐趣；努力做好每一件事、认真善待每一个人。

新中国成立以来，涌现出一大批为社会、为集体、为他人无私奉献的劳动者。例如，袁隆平就是一位真正的耕耘者。当他名满天下的时候，却仍然只专注于田畴，淡泊名利，在田野里播撒智慧、收获富足。再如，2004 年的感动中国人物徐本禹，大学三年级暑假期间主动赴贵州岩洞小学义务支教，他克服语言不通等诸多困难，与孩子们建立了深厚的感情。支教结束时，他与孩子们约定大学毕业后再回来。返校后，他以优异的成绩考上了公费研究生，但为了满足孩子们对知识的渴望，践行与孩子的约定，他选择保留学籍两年，先去支教再回校读研。第二次支教期间，因为他的支教是体制外的，并没有工资收入，但他依靠自己仅有的两千多元存款坚持完成了支教任务。他凭借自己的奉献和努力，温暖了岩洞小学一百多个孩子的心，让他们即使在大山深处，依然能够感受到大山外面的世界。2020 年，一场"新冠肺炎"疫情肆虐全球。在这场战役中，我们身边的很多人以担当之勇、奋斗之志，书写下一曲曲荡气回肠的乐章，在挑战中挺起不屈的脊梁。

1. 让甘于奉献成为高尚的人生追求

列夫·托尔斯泰说："人生的价值，并不是用时间，而是用深度去衡量的。"生命的价值和意义体现在人与人之间的相互付出、相互帮助、相互关爱。一个人如果能随时保持爱心、乐于付出、勇于担当，就能乐于奉献、甘于奉献，在奉献中实现生命的价值和意义。"只要人人都献出一点爱，世界将变成美好的人间。"一曲《爱的奉献》之所以能久唱不衰，正是因为它唱出了大家共同的心声。据说，这首歌曲是黄奇石根据一篇宣传报道《她比幸子更幸运》改变的，故事说的是北京的一个中学生患了严重的肾病，需要进行换肾手术，可是该中学生的父母都是工薪阶层，无力承担高昂的手术费。事情被该中学生的同班同学知道后，孩子们纷纷把自己的压岁钱都捐了出来。班主任知道后，又把这件事情及时报告给了学校的领导。于是，在学校领导的倡导下在全校范围内展开了捐助。后来，孩子父亲单位的同事也知道了这件事情，大家也纷纷捐款。这件事情经《北京晚报》报道后，整个社会都被动员起来。一方有难、八方支援、救急救难、雪中送炭是中华民族的传统美德。当今，志愿奉献已经成为全社会的一种新风尚。

拓展阅读

捐款本是一件好事，能够起到解燃眉之急、集中力量办大事的良好社会效果。但每个人家里的经济实力有大有小、经济条件有好有差，捐款捐物应由个人根据自己的经济条件决定，不能以数量多寡论英雄，更不能以道德绑架妨碍捐款自由，把爱心变成了负担。

中华民族是具有伟大奉献精神的民族，在中华民族 5 000 年的历史中，为中华民族的发展和繁荣作出巨大奉献的人物史不绝书。"鞠躬尽瘁，死而后已"的诸葛亮，"先天下之忧而忧、后天下之乐而乐"的范仲淹，为"三民主义"奋斗至死的孙中山，提出"完全彻底为人民服务"的毛泽东，都体现了中华民族关于奉献的崇高志向和博大胸怀。

"为有牺牲多壮志，敢教日月换新天。"中国共产党人把中华民族的奉献精神发扬光大，并推向了新的高度。中国共产党的历史，就是为民族解放、国家富强、人民幸福而英勇牺牲、无私奉献的历史。全面建成社会主义现代化国家，是前无古人的伟大事业，需要全国人民齐心协力、埋头苦干，而奉献精神正是加快推进这一伟大事业的精神支柱。大学生作为新时代中国特色社会主义建设的重要力量，要进一步认清自己的历史使命，明确成才的目标，树立为振兴中华而勇于奉献的理念，把自己的崇高理想具体落实到建设社会主义现代化国家，实现民族复兴的事业上来，始终以国家富强和人民幸福为己任。

2. 在成长中奉献，在奉献中收获

奉献者付出的是青春，是汗水，是热情，是无私的爱心，收获的是幸福，是崇高的情感，是他人的尊敬与爱戴，是自己生命的延长。大学生作为国家、社会发展的后备力量，

更应该率先拥有"人生有限，奉献无涯"的思想境界，把奉献当作人生的幸福。

（1）思想上树立集体主义观念。当前，或许有人会质疑，市场经济条件下弘扬奉献精神是不是过时了？有的人认为，市场经济奉行的是"等价交换"原则，强调自主意识和个人价值的实现，认为"克己奉公""无私奉献"精神与市场经济不相符。之所以人们会产生这样的困惑，源于对社会主义市场经济的片面理解。社会主义市场经济以公有制为主体，多种所有制经济共同发展，是同社会主义基本制度紧密结合在一起的。马克思主义和社会主义市场经济并不否定合理的个人利益，而且强调按劳分配、多劳多得，但更注重抑制、调节、克服市场经济可能带来的消极因素。在社会主义市场经济中，集体主义与个人主义非但不互相矛盾，集体主义还是个人主义的前提。古语道，"得其大者可以兼其小"，国家、民族和个人的命运从来都是紧密相连的。就像一滴水只有放进大海里才永远不会干涸，一个人只有把自己的事业与民族、国家的命运融合在一起的时候才最有力量。大河有水小河满，大河无水小河干，只有集体利益得到维护，个人利益才有保障。公益观念、公平意识、合理谋利的思想背后必然有集体观念作为支撑。

经典故事

黄文秀，2019年感动中国十大人物，北京师范大学硕士研究生。她放弃大城市的高薪工作，毅然回到基层，站在脱贫攻坚一线，把自己的青春奉献给扶贫一线，把自己的年华奉献给最需要她的群众。无论道路多么艰苦，她从未后悔自己的选择。黄文秀在《"新手"如何"上路"》一文中写道："我觉得心里憋屈，搞不懂我辛辛苦苦地翻山越岭，走街串户，老百姓们却对我这么排斥……要想让老百姓接受我，就得让老百姓觉得我和他们是一样的。"于是她就挽起裤脚，收起漂亮的鱼尾裙，开始帮老百姓干农活，背东西，上山下田，与老百姓打成一片，也从此开始真正地融入老百姓的生活，成为一名真正的"农民"。在黄文秀任上，百坭村103户贫困户顺利脱贫88户，村集体经济项目收入翻倍。黄文秀把个人的理想追求融入国家精准扶贫的事业当中，真正做到了"功成不必在我，功成必定有我"的奉献。我们学习黄文秀，就要在工作中做到甘于奉献，就要学会担当和付出，在工作成绩上高标准，在工作思想上高境界，任何时候都要以国家、集体利益为重。

（2）行动上积极参加实践活动。劳动是有目的地改造世界的活动，是人通过体力劳动和脑力劳动来创造物质财富和精神财富，以满足人们共同需要的活动。大学生必须加强学习和实践，培育自己甘于奉献的品格，增强自己甘于奉献的能力。

1）积极参加志愿服务活动。志愿服务是现代社会文明进步的重要标志，是加强精神文明建设、培育和践行社会主义核心价值观的重要内容。多年来，我国的大学生广泛参与脱贫攻坚、环境保护、大型赛会、应急救助、社区建设、禁毒防艾、扶弱助残、海外服务等各类志愿服务。在奥运会、亚运会、冬奥会等国内外大型赛会上，在脱贫攻坚的工作中，在重要的节日节点上，在环保公益活动中，在禁毒防艾活动中，在扶弱助残活动中，在创建文明城市中随处可见大学生志愿者的身影，当代大学生把火热的青春融入新时代中国特色社会主义建设的方方面面，把真诚的爱心奉献给祖国、社会和人民。在此过程中，涌现出了一大批先进集体和个人，为同学们树立了学习的榜样。

2）积极参加社会实践活动。社会实践活动一般包括各种社会公益活动、义务劳动、参观学习、勤工俭学、职业体验及企业实习等。常言道："纸上得来终觉浅，绝知此事要躬行。"大学生走出象牙塔，到火热的生活中，把理论应用到实践中，才能验证学过的知识，发现新问题、研究新问题、解决新问题，提高自己的专业技术技能。

3）积极参与家务劳动及宿舍卫生清洁等日常劳动。家务劳动和宿舍卫生清洁劳动都是培养人的劳动素质的绝好课堂。

本章小结

在中国特色社会主义建设实践过程中形成的新时代劳动精神、工匠精神、劳模精神，是以爱国主义为核心的民族精神和以改革创新为核心的时代精神的生动体现，当代大学生学习、理解和掌握劳动精神、工匠精神、劳模精神的时代内涵、时代价值，明确弘扬劳动精神、工匠精神和劳模精神对大学生成长成才的重要意义，有利于大学生准确把握人生方向，自觉塑造成功的人生。

新时代劳动精神、工匠精神、劳模精神虽然内涵不同，时代价值和意义也有差别，但三者之间是紧密关联、相互作用的。学懂弄通三者之间的关系，有利于大学生进一步辨析劳动精神、工匠精神、劳模精神的科学内涵和具体指向，为大学生自觉培养和弘扬劳动精神、工匠精神、劳模精神，逐级进阶成为劳动者的楷模奠定坚实的基础。

爱岗敬业、争创一流、勇于创新、艰苦奋斗、勤俭节约、甘于奉献是弘扬劳动精神、工匠精神、劳模精神的基本共识和核心要求，也是大学生未来职业生涯中应该遵循或恪守的行为准则。大学生在校期间通过志愿服务、勤工助学、实习实践、创新创业等路径，自觉培养爱岗敬业、争创一流、勇于创新、艰苦奋斗、勤俭节约、甘于奉献的优秀品质和过硬本领，就能够为将来走向社会、走向工作岗位，更好地服务于国家和人民奠定坚实的基础。

实践与思考

以班级为单位，开展"劳动精神大家讲""劳模故事大家讲""工匠精神大家讲"活动。每6人为一组，分别搜集先进人物的先进事迹，并设计成视频、小品或PPT等形式，在班内进行分享。同时，采取全体投票的方式，评选出不同等次，并将此作为学生的平时成绩。

第4章 劳动保护

【核心问题】

☑ 劳动安全和劳动保护的含义

☑ 劳动保护的基本内容

☑ 劳动保护的意义

☑ 劳动防护用品

☑ 劳动保护法规

☑ 大学生如何增强自我劳动保护的能力

【学习目的】

本章主要通过对劳动保护相关内容的介绍，使学生了解劳动保护的含义及具体的内容，认识劳动防护的常见用品，了解保护劳动者权益的相关法律法规。使学生能够自觉树立劳动保护的意识，理解劳动保护的重要意义，并在实践中掌握自我保护的知识和能力，当个人的劳动权益受到侵害时，可以利用合法的途径保障自身权益，保护人身安全。

【思维导图】

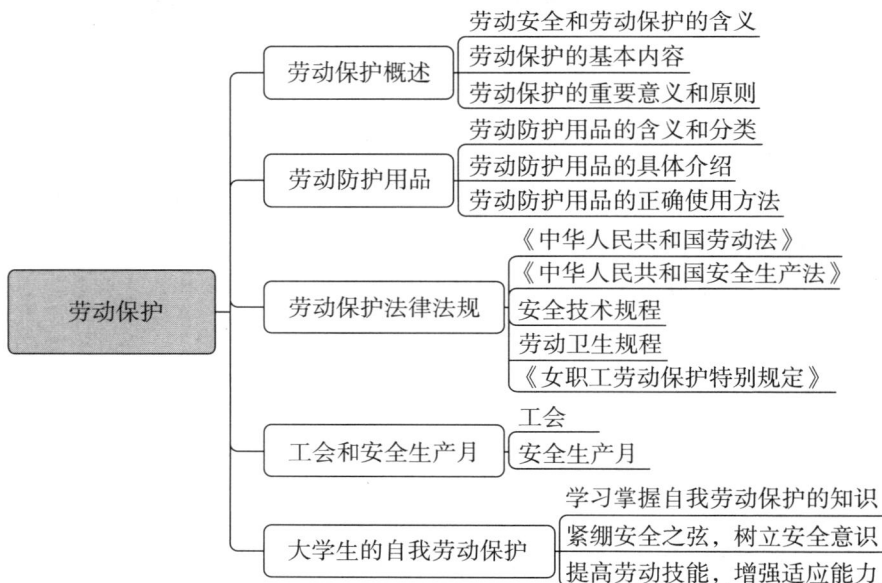

【引言】

让劳动者得实惠、享荣誉，是激发劳动创造力的必由之路。党的十八大以来，以习近平同志为核心的党中央高度重视保障劳动者权益，运用多种方式和途径为劳动者提供安全的生产环境和完善的法律制度等保障，保护劳动者的合法权益。实践充分证明，实现好、维护好、发展好劳动者合法权益，努力让劳动者实现体面劳动、全面发展，能进一步焕发劳动者的劳动热情、释放创造潜能，在实现中国梦的伟大进程中继续拼搏奋斗、争创一流、勇攀高峰。

4.1 劳动保护概述

4.1.1 劳动安全和劳动保护的含义

1. 劳动安全的含义

劳动安全，又称职业安全，是指劳动者享有的在职业劳动中人身安全获得保障、免受职业伤害的权利。广义的劳动安全包括人身安全和健康卫生两部分内容。

劳动安全的人身安全是指在生产劳动过程中，用人单位提供符合安全标准的工作条件和环境，防止中毒、车祸、触电、塌陷、爆炸、火灾、坠落和机械外伤等危及劳动者人身安全的事故发生。

劳动安全的健康卫生是指劳动者在劳动过程中获得安全、舒适、体面的工作环境，并且在生理和心理上得到全面、充分的尊重和保护，使身体和心理健康得以有效保障。

2. 劳动保护的含义

劳动保护是国家和单位为保护劳动者在劳动生产过程中的安全和健康所采取的立法、组织和技术措施的总称。它是指根据国家法律、法规，依靠技术进步和科学管理，采取组织措施和技术措施，消除危及人身安全健康的不良条件和行为，防止事故和职业病，保护劳动者在劳动过程中的安全与健康，其内容包括劳动安全、劳动卫生、女工保护、未成年工保护、工作时间与休假制度等。

由于生产条件和技术水平的限制，在生产过程中存在着各种不安全因素和潜在的职业危害，如不及时采取保护措施，防止或消除危险因素，就有发生工伤事故和职业病的可能。劳动保护的目的是为劳动者创造安全、卫生、舒适的劳动工作条件，消除和预防劳动生产过程中可能发生的伤亡、职业病和急性职业中毒，保障劳动者以健康的劳动力参加社会生产，促进劳动生产率的提高，保证社会主义现代化建设的顺利进行。

4.1.2 劳动保护的基本内容

1. 劳动安全保护

为了保护劳动者的劳动安全，防止和消除劳动者在劳动和生产过程中的伤亡事故，以及防止生产设备遭到破坏，我国的《劳动法》和其他相关法律、法规制定了劳动安全技术规程。我国现行的安全技术规程的主要内容有：建筑物和通道的安全；机器设备的安全；电器设备的安全；动力锅炉和气瓶的安全；建筑工程的安全；矿山安全。

企业必须按照这些安全技术规程使各种生产设备达到安全标准，切实保护劳动者的劳动安全。除此之外，劳动者在参与劳动之前也要学习、了解并掌握一定的安全知识和常识，尤其是从事专业或危险性行业的劳动者，一定要接受专业培训，并熟练掌握规范的操作方法后方可上岗。在开展劳动生产的过程中，务必严格按照程序和要求开展劳动，以确保自身安全。

2. 劳动卫生保护

劳动卫生亦称"生产卫生""工业卫生"。劳动卫生保护即通过鉴别、评定、控制和消除生产过程和劳动环境中的有害因素，使职工的劳动条件符合卫生要求，以保护劳动者的身体健康。主要包括：生产场所卫生；职业病防治和"三废"治理；工业设计卫生；职工多发病和慢性病防治；妇幼保健卫生等。

为了保护劳动者在劳动生产过程中的身体健康，避免有毒、有害物质的危害，防止、消除职业中毒和职业病，我国制定了有关劳动卫生方面的法律、法规，如《劳动法》《环境保护法》《工厂安全卫生规程》《工业企业设计卫生标准》《工业企业噪声卫生标准》和《防暑降温暂行办法》等。这些法律、法规都制定了相应的劳动卫生规程，企业必须按照这些劳动卫生规程达到劳动卫生标准，才能切实保护劳动者的身体健康。

拓展阅读

《防暑降温措施管理办法》是 2012 年 6 月 29 日由国家安全生产监督管理总局、卫生部、人力资源和社会保障部、中华全国总工会印发的。

《防暑降温措施管理办法》规定，高温天气是指地市级以上气象主管部门所属气象台站向公众发布的日最高气温 35℃以上的天气。高温天气作业是指用人单位在高温天气期间安排劳动者在高温自然气象环境下进行的作业。在高温天气期间，用人单位应根据生产特点和具体条件，采取合理安排工作时间、轮换作业、适当增加高温工作环境下劳动者的休息时间和减轻劳动强度、减少高温时段室外作业等措施。例如，日最高气温达到 40℃以上，应当停止当日室外露天作业；日最高气温达到 37℃以上 40℃以下时，用人单位全天安排劳动者室外露天作业时间累计不得超过 6h，连续作业时间不得超过国家规定，且在气温最高时段 3h 内不得安排室外露天作业；日最高气温达到 35℃ 以上 37℃ 以下时，用人单位应当采取换班轮休等方式，缩短劳动者的连续作业时间，并且不得安排室外露天作业劳动者加班。劳动者从事高温作业的，依法享受岗位津贴等。

3. 女工保护

虽然我国提倡男女平等，但是在现实生活中，女性由于力量比较薄弱等原因，相比较于男性职员，依旧处于弱势地位。为了更好地保护女性的权益，我国立法机关制定了保护性的法律规范，如《女职工劳动保护特别规定》《妇女权益保障法》《女职工保健工作规定》等。这些法律规范对女职工的劳动保护主要包括：保护女职工的劳动权利；研究职业因素对女性生理机能的影响；安排女职工从事无害女性生理机能的工作；做好女性生理机能中的劳动保护，即在经期、孕期、产期、哺乳期和更年期的劳动保护。

拓展阅读

女职工特殊保护，又称为女职工在劳动方面的特殊保护，是指根据女职工身体结构、生理机能的特点以及抚育子女的特殊需要，在劳动方面特殊权益的法律保障。《女职工劳动保护特别规定》是为减少和解决女职工在劳动中因生理特点造成的特殊困难，保护女职工健康制定。《中华人民共和国妇女权益保障法》是为了保障妇女的合法权益，促进男女平等，充分发挥妇女在社会主义现代化建设中的作用，根据宪法和我国的实际情况制定的法律，对在劳动过程中给予女员工有效的保护发挥了十分重要的作用。

4. 未成年工保护

未成年工保护，是劳动保护的一个重要方面。根据未成年工的生理特点、心理特点及身体状况，为保证其身心健康，对在劳动过程中的未成年工所采取的各项安全和卫生的保护措施。对未成年工的保护包括：①未满 16 周岁的少年，除有特殊规定外，禁止进入劳动过程，即禁止使用童工。②对已满 16 周岁、未满 18 周岁的未成年人进入劳动过程后的特殊保护，即对未成年工的特殊保护。

对未成年工保护的主要内容包括：①就业年龄的限制。我国法定最低就业年龄是一般行业不得招用未满 16 周岁的少年工人。②工作时间的保护。一般情况下，对未成年工实行缩短工作时间，禁止安排他们做夜班及加班加点工作。③禁止安排未成年工从事矿山井下等特别繁重的体力劳动和对未成年工身体健康特别有害的工作。④组织指导未成年工的业余文化、技术学习等。

5. 工作时间与休假制度

工作时间，又称劳动时间，是指法律规定的劳动者在一昼夜和一周内从事劳动的时间。工作时间的长度由法律直接规定，或由集体合同或劳动合同直接规定。劳动者或用人单位不遵守工作时间的规定或约定，要承担相应的法律责任。

休假制度是为保障职工享有休息权而实行的定期休假的制度。《宪法》提出要规定职工休假制度。根据《劳动法》等的规定，现行休假制度包括：公休假日、法定节日、探亲假、年休假以及由于职业特点或其他特殊需要而规定的休假。

4.1.3　劳动保护的重要意义和原则

1. 劳动保护的重要意义

保护劳动者在劳动过程中的安全与健康，是我们党和政府的一项基本方针，是坚持社会主义制度的本质要求，是发展生产、促进经济建设的一项根本性大事，也是社会主义物质文明和精神文明建设的一项重要内容。

（1）劳动保护是我国的一项基本政策。"加强劳动保护，改善劳动条件"，是载入《宪法》的神圣规定。新中国成立以来，党和政府十分重视劳动保护工作。早在1956年国务院发布《工厂安全卫生规程》《建筑安装工程安全技术规程》和《工人职员伤亡事故报告规程》时就指出："改善劳动条件，保护劳动者在生产劳动中的安全健康，是我们国家的一项重要政策。"在全国人大七届四次会议上通过的国民经济第八个五年计划纲要中，明确规定了要"加强劳动保护。认真贯彻'安全第一，预防为主'的方针，强化劳动安全卫生监察，努力改善劳动条件，大力降低企业职工伤亡事故率和职业病发病率。加强安全技术政策、劳动保护科学技术的研究和科技成果推广，努力完善检验、监测手段"。此外，党和政府通过不断健全劳动保护立法，强化劳动保障监察和安全生产管理，推进安全技术、职业卫生技术与有关工程等措施，保证《宪法》所要求的劳动保护这一基本政策的实现。

拓展阅读

劳动保障监察是劳动保障行政机关依法对有劳动关系的用人单位、劳动者或其他社会组织遵守劳动保障法律法规的情况进行监督检查，发现和纠正违法行为，并对违法行为依法进行行政处理或行政处罚的行政执法活动。它作为一种国家干预责任，是维护劳动者权益的重要的、强制性手段。实施劳动保障监察对于促进劳动保障法律法规贯彻实施、监控劳动力市场秩序、维护劳动关系双方合法权益以及推动劳动保障部门依法行政都具有十分重要的意义。目前，在我国履行劳动保障监察职责的部门为劳动保障监察大队，当劳动者的劳动权利受到侵害时，可以到劳动保障监察大队进行举报投诉。

（2）劳动保护是促进国民经济发展的重要条件。劳动保护不仅包含社会主义制度的根本要求，也有着深刻的经济意义。在生产过程中，人是最宝贵的，人是生产力诸要素中起决定作用的因素。探索和认识生产中的自然规律，采取有效措施，消除生产中的不安全和不卫生因素，可以减少和避免各类事故的发生；创造舒适的劳动环境，可以激发劳动者的热情，充分调动和发挥人的积极性，这些都是提高劳动生产率、提高经济效益的基本保证。同时，加强劳动保护工作，还可减少因伤亡事故和职业病所造成的工作日损失和救治伤病人员的各项开支；减少由于设备损坏、财产损失和停产造成的直接或间接经济损失。这些都与提高经济效益密切相关。

经济发展的历程表明，搞好劳动保护是发展经济的客观规律。人们如果很好地认识它、利用它，就能达到理想的效果；反之，则会受到处罚。

2. 劳动保护的原则

"安全第一，预防为主"的原则。这既是我国指导劳动保护工作的方针，又是从事劳动保护管理的原则。"安全第一，预防为主"就是要求一切经济部门和企业在生产经营活动中都要把安全工作放在首位。当生产与安全发生矛盾时，首先要保证安全，采取各种措施保障劳动者的安全和健康，将事故和危害的事后处理转变为事故和危害的事前控制。

"管生产必须管安全"的原则。这一原则体现了安全与生产的辩证关系。它要求生产的领导者和组织者明确安全和生产是一个有机整体，安全和生产要一起抓，在计划、布置、检查、总结和评比生产的同时，计划、布置、检查、总结和评比安全工作。

"安全具有否决权"的原则。安全工作是衡量企业管理工作好坏的一项基本内容，在对企业各项指标的考核和企业的升级评定中，必须把安全工作放在重要位置，并使其具有否决权。

4.2 劳动防护用品

4.2.1 劳动防护用品的含义和分类

1. 劳动防护用品的含义

劳动防护用品是为了保护劳动者在生产过程中的安全和健康而发给劳动者个人使用的防护用品。用于防护有灼伤、烫伤或者容易发生机械外伤等危险操作，在强烈辐射热或者低温条件下的操作，散放毒性、刺激性、感染性物质或者大量粉尘的操作，以及经常使衣服腐蚀、潮湿或者特别肮脏的操作等。根据具体操作过程中的不同需要，应供给劳动者的防护用品主要有：工作服、工作帽、围裙、口罩、手套护腿、防毒面具、防护眼镜、防护药膏、防寒用品和防晒防雨的用品等。劳动防护用品的种类，见表 4-1。

表 4-1

类别名称	用 途	示 例
头部护具类	用于保护头部，防撞击、防挤压伤害、防物料喷溅、防粉尘等	玻璃钢、塑料、橡胶、玻璃、胶纸、防寒和竹藤安全帽以及防尘帽、防冲击面罩等
呼吸护具	预防尘肺和职业病	防毒口罩、防毒面具、防尘口罩、氧（空）气呼吸器等
眼防护具	用以保护作业人员的眼睛、面部，防止外来伤害	焊接用眼防护具、炉窑用眼护具、防冲击眼护具、微波防护具、激光防护镜以及防 X 射线、防化学、防尘等眼护具
听力护具	长期在 90dB（A）以上或短时在 115dB（A）以上环境中工作时应使用听力护具	耳塞、耳罩和帽盔三类
防护鞋	防止足部伤害	防滑鞋、防滑鞋套、防静电安全鞋、钢头防砸鞋等
防护手套	用于手部保护	主要有耐酸碱手套、电工绝缘手套、电焊手套、防 X 射线手套、石棉手套等
防护服	保护职工免受劳动环境中的物理、化学因素的伤害	分为特殊防护服和一般作业服两类
防坠落护具	用于防止坠落事故发生	主要有安全带、安全绳和安全网
护肤用品	用于外露皮肤的保护	分为护肤膏和洗涤剂

2. 劳动防护用品的分类

（1）按人体生理部位分类。根据所保护的人体生理位置的不同，常见的劳动防护用品可以分成头部防护、面部防护、眼镜防护、口部防护、听力防护、手部防护、脚部防护、身躯防护、高空安全防护九大类。

（2）按防护用途分类。根据防护用途不同可分为防尘用品、防毒用品、防酸碱制品、耐油制品、绝缘用品、耐高温辐射用品、防噪声用品、防冲击用品、防放射性用品、防水用品、涉水作业用品、高处作业用品、防微波和激光辐射用品、防机械外伤和脏污用品、防寒用品和农业作业用品等。

❤ 4.2.2 劳动防护用品的具体介绍

1. 安全帽类

头部防护产品主要有：矿工用安全帽、ABS 安全帽（见图 4-1）、透气性安全帽、V 型安全帽、大卫头盔、安吉安透

图 4-1

气安全帽和隆达 901 钢盔等。

2. 呼吸用具

呼吸用具是预防尘肺和职业病的重要护品，按用途分为防尘、防毒、供氧三类，按作用原理分为过滤式、隔绝式两类。

呼吸护具的类别有：净气式呼吸护具、自吸过滤式防尘口罩、简易防尘口罩、复式防尘口罩、过滤式防毒面具（见图 4-2）、导管式防毒面具、直接式防毒面具、电动送风呼吸护具、过滤式自救器、隔绝式呼吸护具、供气式呼吸护具、携气式呼吸防护器、氧气呼吸器、空气呼吸器、生氧面具、隔绝式自救器、密合型半面罩、密合型全面罩、滤尘器件、生氧罐和滤毒罐等。

图　4-2

3. 眼防护具

眼防护具用以保护作业人员的眼睛、面部，防止外来伤害，分为焊接用眼防护具、炉窑用眼护具、防冲击眼护具、微波防护具、激光防护镜以及防 X 射线、防化学、防尘等眼护具。

4. 防护鞋

防护鞋，即保护足趾的安全防护鞋，用于保护足部免受伤害，主要有防砸、绝缘、防静电、耐酸碱、耐油、防滑鞋和防滑鞋套等。

防护鞋的类别有：防油防护鞋，用于地面积油或溅油的场所；防水防护鞋，用于地面积水或溅水的作业场所；防寒防护鞋，用于低温作业人员的足部保护，以免冻伤；防刺穿防护鞋，用于足底保护，防止被各种尖硬物件刺伤；防砸防护鞋，用于防坠落物砸伤脚部；炼钢防护鞋用于防烧烫、刺割，应能承受一定的压力和耐温度、不易燃，适用于冶炼、炉前、铸铁等。

5. 防护手套

防护手套主要用于手部保护，主要有耐酸碱手套、电工绝缘手套、电焊手套、防 X 射线手套、石棉手套等。

不论是在劳动还是日常生活中，双手都是最宝贵和万能的工具。也正因为如此，手部受伤的机会亦相应增多。根据统计，工作时手部受到伤害的种类和原因很多，手部受伤包括割伤、刺伤、磨损、烫伤、冻伤、接触化学品、触电和皮肤感染等。

所以，应选择合适的防护手套保护双手，首先要对所从事的工作进行风险评估，尽可能地消除伤害手部的有害因素，如改良工具、改善机器护罩和生产工序等，以避免对手部的危害。如果不能用根本的方法，则必须考虑采用合适的防护手套。在选择合适的防护手套前，要评估该类型的手套是否可以有效地预防危害，是否适合在该工序中使用。

6. 防护服

防护服主要用于保护劳动者免受劳动环境中的物理、化学等外界因素的伤害，分为特殊防护服和一般作业服两类。防护服的结构具有抗渗透、透气性好、强力高、高耐静水压等特点，主要应用于消防、军工、船舶、石油、化工、喷漆、清洗消毒和实验室等行业与部门。

特殊防护服包括健康型防护服和安全型防护服。健康型防护服包括防辐射服、防寒服、隔热服及抗菌服等；安全型防护服包括阻燃服、电弧防护服、防静电服、防弹服、防刺服、宇航服、潜水服、防酸服及防虫服等。

一般作业服是指为保障穿戴者卫生的工作服，如防油服、防尘服及拒水服等。

常见的防护服有以下几种。

1）医用一次性无纺布防护服：医用防护服具有良好的透湿性和阻隔性，能有效抵抗酒精、血液、体液、空气粉尘微粒和细菌的渗透，使用安全方便，能有效保护穿戴者免受感染威胁。

2）隔热防护服：在靠近火焰区受到强辐射热侵害时穿着的防护服。适用于消防员在灭火救援时进入火焰区与火焰有接触时，或处置放射性物质、生物物质及危险、化学物品作业时穿着。

3）避火服：可以反射辐射热，同时可以直接接触火焰的防火服装。可以穿着避火服短时间穿越 800 ～ 1 000℃的火场。

4）化学防护服：化学防护服是消防员防护服装之一，它是消防员在有危险性化学物品和腐蚀性物质火场和事故现场进行灭火战斗和抢险救援时，为保护自身免遭化学危险品或腐蚀性物质侵害而穿着的防护服装。

5）电磁辐射防护服：该防护服能够屏蔽掉 100kHz ～ 300GHz 频率范围的电磁波，可满足一般行业与家庭对电器辐射的电磁波防护的需要，以保障人体健康。

6）全封闭式防护服：具有抗化学品渗透、阻燃、抗汽油、耐老化、抗渗水和耐寒等性能，可用于空气呼吸器及氧气呼吸器配套使用，防酸碱及各种毒气。

7. 防坠落护具

防坠落护具主要用于防止坠落事故发生，主要有安全带、安全绳和安全网三种。劳动者在作业时，常发生坠落事故，严重时会危害劳动者的生命安全。防坠落用品就是预防人体坠落伤亡的防护用品。

4.2.3 劳动防护用品的正确使用方法

正确使用劳动防护用品，是保障劳动者人身安全与健康的重要措施。为此要注意以下几个问题。

（1）生产经营单位应当建立健全有关劳动防护用品的管理制度。要加强劳动防护用品的购买、验收、保管、发放、更新和报废等环节的管理，监督并教育劳动者按照使用要求佩戴和使用。

（2）防护用品必须符合国家标准或者行业标准。不得以货币或者其他物品替代劳动防护用品，也不得购买、使用超过使用期限或者质量低劣的产品，确保防护用品在紧急情况下能发挥其特有的效能。

在佩戴和使用劳动防护用品时，要防止发生以下情况。

1）从事高空作业的人员，因不系好安全带发生坠落。

2）从事电工作业（或手持电动工具）因不穿绝缘鞋发生触电。

3）在车间或工地不按要求穿工作服；或虽穿工作服但穿着不整，敞着前襟、不系袖口等，造成机械缠绕。

4）长发不盘入工作帽中，造成长发被机械卷入。

5）不正确戴手套。有的该戴不戴，造成手的烫伤、刺破等伤害；有的不该戴而戴，造成卷住手套带进手，甚至连胳膊也被带进去的伤害事故。

6）不及时佩戴适当的护目镜和面罩，使面部和眼睛受到飞溅物的伤害或灼伤，或受强光刺激，造成视力受伤害。

7）不正确戴安全帽。当发生物体坠落或头部被撞击时，造成伤害事故。

8）在工作场所不按规定穿劳保皮鞋，造成脚部受伤害。

9）不能正确选择和使用各类口罩、面具，不会熟练使用防毒护品，造成中毒受伤害。

在其他需要进行防护的场所，如存在噪声、振动和辐射等的场所，也要正确佩戴和使用劳动防护用品，从而保护自己的人身安全和健康。

4.3 劳动保护法律法规

劳动保护法律法规是指国家为保护劳动者在生产过程中的安全和健康而制定的各种法律法规。一般包括《中华人民共和国劳动法》、安全技术规程、劳动卫生规程、对女工和未成年工特殊保护以及各种劳动保护管理制度等。

4.3.1 《中华人民共和国劳动法》

《中华人民共和国劳动法》是为了保护劳动者的合法权益，调整劳动关系，建立和维护适应社会主义市场经济的劳动制度，促进经济发展和社会进步。

该部法律于 1994 年 7 月 5 日第八届全国人民代表大会常务委员会第八次会议通过。根据 2009 年 8 月 27 日第十一届全国人民代表大会常务委员会第十次会议《关于修改部分法律的决定》第一次修正。根据 2018 年 12 月 29 日第十三届全国人民代表大会常务委员会第七次会议《关于修改〈中华人民共和国劳动法〉等 7 部法律的决定》第二次修正。

该部法律收录了有关劳动合同和集体合同、工作时间、休息休假、工资、劳动安全、女职工和未成年工特殊保护、劳动争议等领域重要的法律、行政法规、部门规章、规范性文件、司法解释以及法律法规规章的适用解释及函复。为保护劳动者合法权益提供了法律遵循。

4.3.2 《中华人民共和国安全生产法》

《中华人民共和国安全生产法》是为了加强安全生产工作，防止和减少生产安全事故，保障人民群众生命和财产安全，促进经济社会持续健康发展。

2014 年 8 月 31 日，第十二届全国人民代表大会常务委员会第十次会议通过全国人民代表大会常务委员会关于修改《中华人民共和国安全生产法》的决定，自 2014 年 12 月 1 日起施行。2020 年 11 月 25 日，国务院总理李克强主持召开国务院常务会议，通过《中华人民共和国安全生产法（修正草案）》。

这次修改的《中华人民共和国安全生产法（修正草案）》把保护人民生命安全摆在首位，进一步强化生产经营单位主体责任，要求构建安全风险分级管控和隐患排查治理双重预防体系；进一步明确地方政府、应急管理部门和行业管理部门相关职责，进一步加大对安全生产违法行为的处罚力度。

4.3.3 安全技术规程

安全技术规程是国家为了防止和消除在生产过程中的伤亡事故，保障劳动者安全和减轻繁重的体力劳动而规定的各种法律规范，包括机器设备的安全装置、电气设备的安全装置、动力锅炉的安全装置、工作地点的安全措施、厂院建筑物和道路的安全措施等方面的安全技术规定。不同的行业需要解决的安全技术问题不同，采取的技术措施等级不同，如机器设备、电气设备、动力锅炉等安全技术问题是机械工业企业和其他加工装配企业需要解决并加以规定的；建筑安装工程部门则要对高空作业中的安全技术问题作出规定。

此外，还有针对事故报告制度以及个别产业部门和机械设备等的安全技术问题制定的法规，如《工人职员伤亡事故报告规程》《关于中小型化工企业安全生产管理规定》《工业企业防火基本措施》《爆炸物品管理规则》和《建筑设计防火规范》等。

拓展阅读

应急管理部公布 2020 年全国应急救援和生产安全事故十大典型案例

2021 年 1 月，应急管理部会同国务院安委会办公室、国家减灾委办公室对 2020 年各类突发灾害事故案例进行梳理，公布了应急救援、生产安全事故各十大典型案例，认真总结应急救援和现场处置的成功经验，推动各地区、各部门、各企业深刻吸取有关事故教训，树牢安全发展理念，压紧压实安全责任，提升全社会应急意识、安全意识和责任意识，筑牢防灾减灾救灾的人民防线。

《2020 年全国应急救援和生产安全事故十大典型案例》

4.3.4　劳动卫生规程

劳动卫生规程是指国家为了保护劳动者在劳动过程中的健康，防止有毒有害物质的危害和预防职业病的发生所采取的各种防护措施的规章制度。劳动卫生规程是随着科学技术的发展而产生和发展的，最初形成于手工业生产和大规模机器生产部门，后来逐渐扩展到其他行业。为了预防、控制和消除职业病的危害，防治职业病，保护劳动者的健康及相关权益，2001 年 10 月 27 日，第九届全国人民代表大会常务委员会第二十四次会议通过了《职业病防治法》法律规定关于劳动卫生的基本要求。

劳动卫生规程，亦称工业卫生规程，指国家为改善生产过程中的劳动条件，保护劳动者的健康，预防和消除职业病和职业中毒而制定的各种法律规范，如对有毒气体、粉尘和噪声的消除，以及对通风和照明状况的改进等的有关规定。

4.3.5　《女职工劳动保护特别规定》

《女职工劳动保护特别规定》是为了减少和解决女职工在劳动中因生理特点造成的特殊困难，保护女职工的健康制定，由中华人民共和国国务院于 2012 年 4 月 18 日发布，2012 年 4 月 28 日起施行。该规定对于减少和解决女职工在劳动中因生理特点造成的特殊困难、保护女职工健康具有重要作用。

4.4 工会和安全生产月

4.4.1 工会

工会是保护劳动者合法权益，为劳动者提供支持和帮助的主要组织。工会组织的产生源于西方的工业革命，当时越来越多的农民离开赖以为生的农业涌入城市，为城市的工厂雇主打工，但工资低廉且工作环境极为恶劣，在这种环境下，单个的被雇佣者无法对付强有力的雇主，从而诱发工潮的产生，进而催生工会组织。

中国工会是中国共产党领导的职工自愿结合的工人阶级群众组织，是党联系职工群众的桥梁和纽带，是国家政权的重要社会支柱，是会员和职工利益的代表。中国工会以《宪法》为根本活动准则，按照《中华人民共和国工会法》和本章程独立自主地开展工作，依法行使权利和履行义务。中国工会的基本职责是维护职工合法权益、竭诚服务职工群众。

进入新时代以来，中国工会按照中国特色社会主义事业"五位一体"总体布局和"四个全面"战略布局，贯彻创新、协调、绿色、开放、共享的发展理念，把握为实现中华民族伟大复兴的中国梦而奋斗的工人运动时代主题，弘扬劳模精神、劳动精神、工匠精神，动员和组织职工积极参加建设和改革，努力促进经济、政治、文化、社会和生态文明建设；代表和组织职工参与国家和社会事务管理，参与企业、事业单位和机关的民主管理；教育职工践行社会主义核心价值观，不断提高思想道德素质、科学文化素质和技术技能素质，推进产业工人队伍建设改革，建设有理想、有道德、有文化、有纪律的职工队伍，不断发展工人阶级先进性。

4.4.2 安全生产月

为了提高安全生产意识和安全生产水平，普及安全生产知识，保护劳动者免受不必要的伤害。由国家经委、国家建委、国防工办、国务院财贸小组、全国总工会和中央广播事业局等 10 个部门共同作出决定，于 1980 年 5 月在全国开展安全月活动（1991—2001 年改为"安全生产周"），并确定今后每年 6 月都开展安全月活动，使之经常化、制度化，并确定每个安全生产月的主题，目的就是做好安全宣传和安全教育活动，提高生产作业的安全。2020 年 6 月的安全生产月资讯链接，如图 4-3 所示。

资讯链接

2020年6月是第19个全国"**安全生产月**"，为认真贯彻落实习近平总书记"从根本上消除事故隐患，有效遏制重特大事故发生"的重要指示精神，推动全国安全生产专项整治三年行动安全风险隐患排查整治工作顺利开展，国务院安委会办公室和应急管理部将以"消除事故隐患，筑牢安全防线"为主题，开展全国"安全生产月"和"安全生产万里行"活动。

2019年全国"安全生产月"的主题为"防风险、除隐患、遏事故"，2018年的为"生命至上、安全发展"。

图　4-3

4.5　大学生的自我劳动保护

除了在法律、政策和用具等方面，各级政府组织和机构为劳动者提供了必要的劳动保护外，在开展劳动的过程中，劳动者自身也要树立良好的自我保护意识。尤其是大学生，在开展实习、兼职、志愿服务等劳动实践活动时，必须建立相应的自我保护意识，培养自我保护的能力，掌握自我保护的措施。

4.5.1　学习掌握自我劳动保护的知识

企业和学校在开展劳动保护教育时，大多从劳动者从事的岗位出发，针对劳动过程中需要掌握的自我保护的要求开展培训和教育，主要包括专业理论、操作方法、实践技能等。除此之外，对于劳动保护的相关法律法规、政策制度等讲授得较少，但这些知识常常在实际生活中发挥着十分重要的作用。所以，大学生在学习自我劳动保护知识时，首先要了解和熟悉《劳动法》《安全生产法》等法律法规，树立法律思维，做到自觉用法和守法。一旦遭受不法侵害时，学生能够自觉用法律保护自身的合法权益。

其次，大学生也应当学习和了解相关的劳动卫生和保健知识，如从事劳动的时间、环境等。尤其是一些特殊领域和特殊行业，大学生在参与实习和劳动实践的过程中尤其要关注劳动环境的卫生情况（如粉尘、高温和空气质量等），提高自我保护的意识和能力。除此之外，学生也应当关注自身在参与劳动过程中的心理健康状况，避免因劳动强度过大、过度疲劳焦虑或压力过大等，而出现心理健康问题。

最后，学习和掌握一些急救常识、基本的职业保健常识以及常见职业病的防治方法等，以防在出现极端状态下可以进行自救或者救治他人。

4.5.2　紧绷安全之弦，树立安全意识

为了增强学生的安全意识，紧绷安全之弦，大学生可以通过实际操作感受劳动安全保护的重要性。一方面，学生可以到学校的实训基地或周边企业参加模拟实操或演练活动，如学习如何穿戴安全工作服、熟悉工作环境、学习安全操作流程等，进一步熟悉和掌握劳动保护的方法和流程。另一方面，可以组织了解一些曾经发生过的安全生产事故，剖析事故发生的原因，总结经验教训，以血的惨痛事例提醒学生一定要绷紧安全之弦，敲响安全的警钟，从而自觉增强自我保护的劳动安全意识。除此之外，还可以在"安全生产月"开展安全教育系列活动，充分利用各类资源、材料和平台宣传劳动安全的重要意义，通过强化此类学习和教育，减少未来发生危险的概率，确保劳动安全。

4.5.3　提高劳动技能，增强适应能力

大学生通过学习培训不断提高自己的劳动技能水平，也能起到自我保护的作用。第一，大学生要加强职业技能或劳动技能的训练，尤其是在训练中熟知机器或实践操作过程中可能会出现事故的环节和原因，通过训练确认自己具备能够独立安全生产和实践操作的能力，不断提高专业技术水平，以"工匠精神"促生产安全。第二，多参与以安全生产、劳动保护为主题的训练活动，如安全生产知识竞赛活动、劳动保护讲座、安全生产活动演习等，明确各种抢险设备和防护设备的使用方法，增强自身的劳动保护能力。第三，大学生还可以通过加强体育锻炼增强自身体能，提高身体素质，增强岗位的适应能力，确保身心的健康发展。

本章小结

不论从安全角度，还是从经济角度来看，劳动保护都是劳动生产过程中的一个极为重要的环节。做好劳动保护对预防和减少劳动危害，切实保障好劳动者的生命健康安全都具有十分重要的意义，也是社会主义物质文明和精神文明建设的一项重要内容。大学生在开展劳动活动时一定要树立安全意识，掌握有关劳动保护的方法和知识，能够在不同的劳动环境下用好防护用品保护自己，用法律武器保维护自己的劳动权益。

拓展与思考

1. 通过各种途径进行劳动保护，确保劳动生产安全，对于维护社会安全稳定，促进经济生产发展具有十分重要的意义和作用。请同学们结合本章学习内容，搜索并列举因没有做好劳动保护而导致重大生产事故的案例，并说明做好劳动保护的重要性。

2. 列举保护劳动者合法权益的相关案例，并谈谈当你的劳动权益受到侵害时，你会怎么做？

3. 结合实际情况谈一谈，大学生在开展劳动实践中该如何做好劳动保护？

第5章　专业实训与实习

【核心问题】

☑ 专业实训与实习的概念及特征

☑ 专业实训、实习与劳动的关系

☑ 参与专业实训与实习的具体操作

☑ 专业实训与实习中应注意的问题

【学习目的】

通过本章的学习，使学生掌握专业实训与实习的内涵、特征及分类要求等知识，明确专业实训与实习对培养自身劳动品质、劳动技能和劳动行为习惯的重要意义，引导学生自觉将学科专业与生产劳动相结合，并在参与实训实习的过程中树立正确的劳动意识、锤炼高尚的劳动品格、提升专业的劳动技能，为未来高质量、高水平地参加职业劳动奠定坚实的基础。

【思维导图】

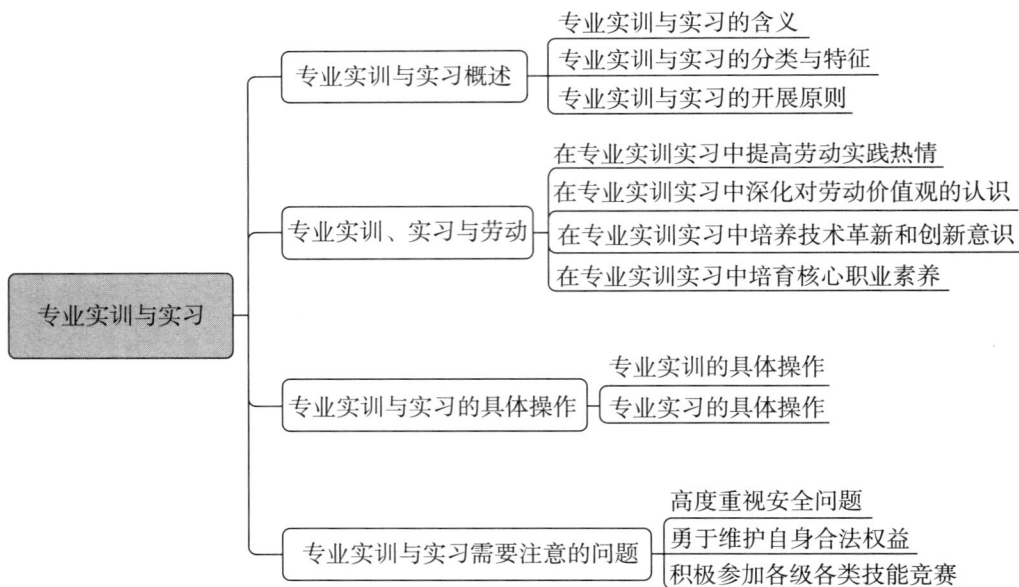

【引言】

《礼记》说："博学之，审问之，慎思之，明辨之，笃行之。"（见图5-1）在这5个阶段中，"笃行"是目标、是归宿、是结果，需要我们将所学的知识运用于实践，自觉做到知行合一。新时代劳动教育是构建德智体美劳全面培养的教育体系不可或缺的一环，在专业实训与实习中培养、锻炼大学生的劳动素养是应然之举。

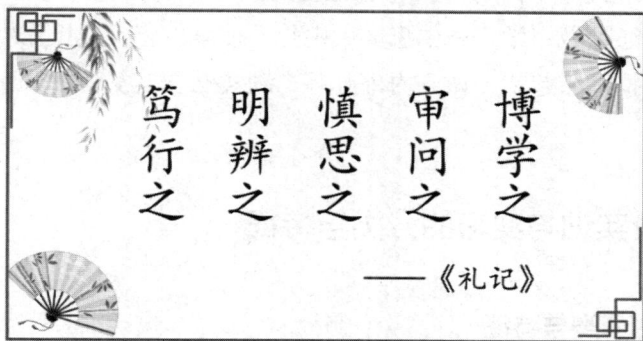

图 5-1

5.1 专业实训与实习概述

5.1.1 专业实训与实习的含义

1. 专业实训

《教育大辞典》认为，实训教学是"学校中相对于理论教学的各种教学活动的总称。旨在使学生获得感性知识，掌握技能、技巧，养成理论联系实际的作风和独立工作能力"①。作为实训教学中的一类，专业实训是指在学校的组织下，按照人才培养的规律与目标，借助学校的实训中心等平台，通过模拟实际工作环境，对来自真实工作项目的实际案例进行实践教学。教学过程突出理论结合实践的特点，更强调学生的参与式学习，能够在最短的时间内使学生在专业技能、实践经验、工作方法和团队合作等方面有所提高。

2. 专业实习

专业实习是指高等学校根据自身培养计划，将学生实践纳入教学计划，利用校内外

---

① 顾明远. 教育大辞典：第三卷[M]. 上海：上海教育出版社，1991：255.

资源完成的专业实践性教学环节。学生通常在教师或者技术人员的带领下，到工厂、工地、实习场地或者其他现场从事一定的实际观察或实际工作，以获得有关的实际知识和技能，巩固已学的书本知识，培养独立的工作能力。

综上，专业实训与实习作为高校重要的实践教学环节，在提高学生实践动手能力和培养劳动素养等方面具有不可或缺的作用。学校通过营造模拟场景、建设实验教室、联系实习单位等多种形式，有计划、系统性地组织学生结合专业所学开展丰富多样的实操性、实践性活动。通过做中学、做中思、做中行，使学生将实践操作中所获得的知识同书本知识、课堂讲授联系起来，做到内外互补、理实结合，从而提升学生的专业素养和职业能力。

5.1.2 专业实训与实习的分类与特征

1. 专业实训的分类与特征

专业实训按照不同的教学项目一般分为：基本功训练、工序练习和综合操作实训。

（1）**基本功训练**。该类实训是操作技能训练的初级阶段，主要包括对常用工具、仪器的正确使用训练，基本操作动作的训练。通过训练，不仅可以掌握基本的动作要领、操作姿势和科学的操作方法，还能掌握动作的力度、幅度和准确度等。以钳工实训为例，钳工的基本操作主要有画线、锯割、锉削、削、扩孔、铰孔、攻丝等。其中的锯割（见图5-2）和锉削又是非常重要的基本功，这些操作技能要在实践中通过大量的练习才能掌握。以锯割来说，许多学生刚开始可能并不掌握其要领，凭着一股蛮劲一口气锯下去，这样的操作方式不但消耗较大的体力，锯出的锯缝也会参差不齐。学生想要掌握正确的动作，需要对各个方面进行反复练习，加强动作的协调性，形成良好的操作习惯，为后续掌握更为复杂的工序奠定良好的基础。

图　5-2

（2）**工序练习。**该类实训主要是由各种单一的练习操作配合而形成的工艺过程的一个完整动作的练习，主要目的在于使学生将已学过的操作知识和技能应用于实践。根据各专业操作技能、技巧的形成规律，由易到难、由简到繁划分为不同阶段的操作训练：掌握局部动作的训练阶段；初步掌握完整动作的综合操作阶段；动作更加协调、更加完善的独立操作阶段。例如，汽车的发动机检查（见图5-3）包括多项诊断参数和诊断工序，如发动机动力性检测与诊断、发动机气缸密封性检测与诊断、发动机气动性能检测与诊断等，是一项综合的实训项目。针对发动机多项性能检测的工艺流程，有针对性地选取其中一项展开实训，掌握其检测方式和诊断指标，为后续完成汽车整体检查与诊断的综合实训做好准备。

图　5-3

（3）**综合操作实训。**该类实训主要是巩固、提高和综合运用单项工序操作技能、技巧，使学生逐步达到对整体工序流程熟练的程度。主要目的在于使学生运用已经掌握的知识、技能和技巧，按照实训要求，通过一定的训练，形成能完成实训任务、独立进行复杂工艺操作的能力。以物流管理的综合操作实训为例，该实训项目是物流专业的一门综合实践性课程，目的是培养学生充分利用实训室软硬件，掌握物流操作流程和各环节的具体技能。按照物流管理的基本流程，具体包括：仓配入库作业、在库管理作业、库存管理作业、库存控制、订单采集与处理、出库配送作业等相关内容。在综合实训过程中，按照行业通用的规范及要求，重点学习相关职业岗位的技能，提高专业的综合素质及能力。

可见，专业实训的主要特征体现在以训促学，通过实训教学的开展，使学生掌握本专业中某一工种的基本操作技能，能够正确调整和使用工种的专业设备及其附件等，能够根据相关图样和工艺文件独立进行中等复杂的加工，同时也可以了解与本专业有关的几个工种的基本操作。学生在参与专业实训的过程中，通过技能训练夯实专业知识的学习，实现以训促学的目的。另外，学生在执行实训计划的过程中，教师会引导学生严格遵守实训室操作规章制度及安全管理规定，使学生逐渐形成热爱劳动、尊重劳动、崇尚劳动的良好品质。

2. 专业实习的分类与特征

高等学校学生专业实习一般分为三种类型：认识实习、生产实习（也称跟岗实习）

和毕业实习（也称毕业顶岗实习）。

（1）**认识实习**。认识实习是生产实习的起始阶段，指学生由学校组织到实习单位进行参观、观摩和体验，旨在使学生对未来的工作情景有所了解，形成对实习单位和相关岗位的初步认识，为学习专业课做准备。

认识实习的特征是直观感受，通过带领学生到现场进行观察、参观，认识客观事物和现象，从而补充和丰富课堂知识。俗语说"百闻不如一见"，这种学习方式给予学生直观的感知和强烈的感受，更有利于激发学生的学习兴趣和热情。开展认识实习是为专业学习打下感性的认识基础，如机械专业的工艺课，课前老师常会带领同学们先去车间参观设备，观察工艺流程，形成对工艺操作方式的感性认识。这种参观、观摩的形式一般是由企业的工程师进行实地讲解，通过实习让学生更直观地感受自己所学的专业，对未来工作环境、工作内容有深入的了解。认识实习最终达到开拓学生视野、督促学生更好地进行理论学习的目的。

（2）**生产实习**。生产实习是指不具备独立操作能力、不能完全适应实习岗位要求的学生，在学校的组织下，到专业对口的现场直接参与生产过程，综合运用本专业所学的知识技能，以完成一定的生产任务，从而巩固专业知识，学习生产技术，初步学会解决若干比较简单的技术问题，以养成正确的劳动态度。

生产实习是校内实训的继续、拓展与提高。生产实习中，学生不再只限于观摩阶段的活动，学生可以在师傅的带领下进行一些辅助性的工作，如会计专业的学生在跟岗实习期间可以进行费用分配表的填写、记账凭证的审核等，将自己所学的知识第一时间运用到实践中。跟岗实习可以检验学生平时所学的知识，让学生明白"书到用时方知少"的道理，以调动学生的学习积极性。因为生产实习是在生产现场进行，所以学生是以准劳动者的身份出现的，因此要求学生不但要了解企业的基本生产过程和辅助生产流程、生产工艺等技术问题，还要了解企业的管理情况，如组织机构、人员构成及其主要职责，学习现代企业管理的基本知识及制度，从而进一步感受企业文化，体验企业员工的劳动态度、职业道德及爱岗敬业的精神。

（3）**毕业实习**。毕业实习是指学生在初步具备实践岗位独立工作能力后，到生产、管理、服务等岗位，体验真实的工作环境，相对独立地完成工作任务的一种实习，一般安排在最后一个学期。

毕业实习的特征是真实体验，也是毕业前对学生的知识、技能进行全面检查的综合锻炼阶段，旨在培养学生独立综合运用专业知识和操作技能，解决生产技术问题和组织生产的能力。参与毕业实习是大学生了解社会、接触社会实际工作的一种形式，也是大学生认清职业目标的关键步骤。从实践教学角度来看，毕业实习是在校学生在真实的企业场景中运用专业知识进行实际操作，是理论联系实际的一种学习方式。从未来工作角度来说，毕业实习是学生顺利进入职场的岗前练兵，有助于学生快速了解、融入企业文化，更快地适应企业发展节奏。大学文化崇尚的是自由平等、勇于批判、追求真理，强调的是个人发展与综合素质的提升，而企业文化更注重统一的使命愿景、强调规则、讲究服从、鼓励竞争，追求的是集体利益。大学文化与企业文化间的冲突容易让初入职场的大学生感觉无所适从。因此，在正式进入工作岗位前，能够参与毕业实习，让学生提前适应企业文化，实现对学习环境与工作环境的自然衔接与过渡，有助于学生树立起良好的职业素养。

5.1.3　专业实训与实习的开展原则

专业实训与实习总体上突出"三个结合"（见图5-4）：①实训与实习要求与专业相结合，注重专业化与专门化的学习；②实训与实习要求与社会相结合，围绕企业、行业用人需求而展开；③实训与实习要求与实践相结合，突出"劳动"的教学方式，将所学的专业知识技能运用到实训与实习中去，从而完成教学任务。

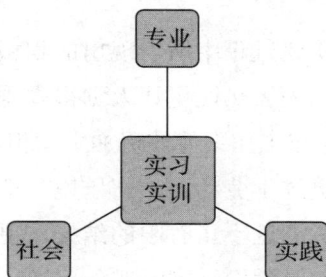

图　5-4

为了更好地将劳动教育与专业实训实习相融合，通常在开展专业实训实习过程中一般遵循两个原则：①专业实训实习要凸显时代特征，顺应新时代经济社会发展的需求，以服务经济社会发展为导向，针对产业新形态、劳动新形态培养懂专业知识、会劳动技能、能劳动创造、顺应科技发展和产业变革的复合型人才。②专业实训实习要遵循当代大学生崇尚自由、追求自由的发展愿望，创新劳动教育形式，以学生喜欢的、接受的方式进行教学活动，使学生在实践劳动中更深入地理解专业知识，更熟练地运用专业技能，最终内化成个人的知识与技能储备。

5.2　专业实训、实习与劳动

专业实训与实习作为高校课堂教学的延伸，为学生提供了丰富多样的实践机会，它是检验和考查学生岗前理论水平和实践能力的重要手段，也是学生掌握劳动技能、提升劳动能力的重要渠道，可以为学生顺利走向工作岗位奠定基础。另外，实训实习本身就是一种劳动实践活动，学生在参与实践中感受新时代下劳动条件与技术的发展，感悟劳动对于国家、社会和个人的意义与价值，获得劳动带来的喜悦与自豪，进而形成正确的价值观和思想品质。被誉为"世界理工大学之最"的美国麻省理工学院是全球高科技和高等研究的先驱领导大学，截至 2020 年已经先后有 98 位诺贝尔获奖者在这里学习、工作。是什么精神能够孕育出如此多的伟大科学家？麻省理工学院的校训是"既动手又动脑"（Mind and Hand），意在营造出边学边做的文化氛围，鼓励学生将理论研究与想象力相结合，在实践劳作中解决社会问题。著名的教育学家陶行知先生曾经写过一首儿歌，儿歌中有这样一段："人有两个宝，双手和大脑，双手会做工，大脑会思考，动手又动脑，才能有创造！"可见陶行知先生的思想与麻省理工学院的校训不谋而合，都简明地表达出了理论和实践的紧密关系。

5.2.1　在专业实训实习中提高劳动实践热情

劳动热情是人在参与劳动实践过程中所表现出的积极、主动、友好的态度。美国科学家杜利奥曾说过：没有什么比失去热忱更让人觉得垂垂老矣。劳动热情体现出一个人的精神状态，具有劳动热情的人在工作中能够更加主动担当、积极作为。李大钊曾说过：我觉得人生求乐的方法，最好莫过于劳动。一切乐境，都可由劳动得来；一切苦境，都可由劳动解脱。劳动带给参与者的远不止有限的结果，更是精神上的愉悦、幸福感和成就感。大学生在参与实训实习的过程中，围绕实务问题，参与实践劳动，使大学生对专业知识和专业技能的掌握由简单到复杂，由生疏到熟练，通过克服一个个学习挑战，完成一个个实训实习任务，体验动脑动手的有趣过程，感受完成任务带来的快感，在劳动实践中充分发挥自身的天赋和潜力，体会劳动实践带来的幸福感和成就感，从而提高劳动热情。拥有劳动实践热情的大学生更能够在实训实习中全身心投入，遇到困难时不气馁、不逃避，也更愿意主动寻找方法去解决问题，用积极的态度对待劳动实践。

5.2.2　在专业实训实习中深化对劳动价值观的认识

劳动价值观是马克思的基本观点，马克思认为：劳动不仅是谋生的手段，更是通向客观世界与主观世界的媒介，也是实现人性至美至善、彻底自由的必由之路。劳动价值观反映出一种劳动品德，如辛勤劳动、诚实劳动和创造性劳动等。实践表明，只有对劳动价值观有正确认识的人，才能积极投入劳动中并享受劳动带来的诸多乐趣。现实当中，一些同学不理解劳动也不愿意劳动，他们片面地认为劳动仅仅体现在体力劳动方面，认为劳动就是"干苦力"，忽视了学习也是一种劳动。这种错误的认识导致他们在实际的学习过程中，对于一些能给自己带来收益性的学习任务，如考研升学、就业出国等，表现得积极主动；而对于一些以培养学生正确劳动价值观为目的的学习任务，如参与实训的教学环节则提不起兴趣，也不愿主动参加，发自内心对劳动产生抵触情绪。我们强调要热爱劳动、勤于劳动，劳动的形式可以是多样的，参与实训实习就是劳动实践的一种形式，也是为大学生塑造劳动品格、端正劳动态度提供了一个广阔的练兵场。在参与实训实习的过程中，能否兢兢业业地完成学习任务，是否勇于担当负责；在困难挫折面前，能否展现坚韧的毅力，想方设法战胜困难，都体现了对待劳动的态度。其实，在实训实习中，大学生不应简单地将其看成获得学分的任务，而是应深入地体会其中蕴含的劳动价值，发展性地看待劳动。另外，大学生在劳动的过程中通过与同学、指导老师、企业及行业相关部门的专家学者等不同群体的合作交流，可以更加直观地感受他人的劳动态度与劳动行为，从而引导学生在潜移默化中形成崇尚劳动、尊重劳动的劳动价值观。

拓展阅读

西安航空职业技术学院的航空制造中心，作为学校实训实习基地，因地制宜，以实训实习课为主要载体开展了一系列丰富的劳动教育活动。该中心关注学生职业责任与荣誉感的培育，通过"大国工匠""身边劳模"等正能量案例，培养学生的职业荣誉感与使命感；通过日常机床保养、卫生维护等点滴小事，培养学生的敬业精神，以及吃苦耐劳、团结合作、严谨细致的工作态度；在学校的普通实训课中，以安全文明生产为要求，帮助学生养成日常劳动习惯，以技术为重要载体，培养学生的劳动情感、劳动能力和劳动品质。中心将企业的"6S管理"理念融入实训实习课堂，在日常实训教学中让学生在校期间就能了解和熟悉企业管理的特点，以此让学生在入职后顺利完成角色的转变，充分发挥才能、体现职业能力。实训课程的学习与锻炼，使学生切实树立了正确的劳动观，养成了良好的劳动习惯，学会了基本的实操技能，提高了团队协作配合能力。

5.2.3　在专业实训实习中培养技术革新和创新意识

意识的培养是一个由具体到抽象，再由抽象到具体的过程。创新意识是指人们运用新颖独特的方式来解决问题的思维过程，是一种产生新思想的思维活动。创新意识的培养要求大学生具备敏锐的观察能力，能够察觉问题所在，并突破传统思维方式，重组或重建已有的知识和经验，构建出新的思想来指导技术创新。从创新意识形成过程来看，先有理论知识的学习，然后是实践知识的学习，最后是理论联系实践才有了创新。只有获得知识，才能发展学生思维，从而提供创新的条件。高尔基说：人的天赋就像火花，它既可以熄灭，也可以燃烧起来。而使它燃烧成熊熊大火的方法只有一个，就是劳动，再劳动。实训实习可以说为大学生提供了一个培养创新意识的训练场。在学习了理论知识的基础上，大学生通过形式丰富的实训实习项目，锻炼实践动手能力，将所学专业知识与实践相结合，在实践中加深对理论的认识，这个过程更有利于学生迸发出出其不意的创新想法，并由此产生一些研究成果。另外，大学生可以通过参与相应的职业技能比赛、创新大赛、创业项目路演等多种方式，加快创新项目的转化、促进技术的革新，优质项目甚至还可以直接与企业进行合作，实现科研成果的变现。

拓展阅读

"三年真刀实枪的训练，让我有了工程思维，能够应对工作中的每个环节。"毕业短短 4 年时间，徐路已经成长为北京一家创新型企业的大区经理。回想大学 4 年，在慧鱼创新社团每年自主完成一个创新项目，徐路认为这是"除了学习之外最有意义的事"。

慧鱼创新社团是江苏大学工程训练中心下属的大学生创新社团。在这里，慧鱼创新实验室、智能车创新实验室、机器人创新实验室、3D 打印创新实验室都面向学生完全开放，由学生自主管理。作为一所工科特色明显的综合性大学，江苏大学把劳动作为工科学生的必修课，通过实验、实训、实践等环节培养大学生的劳动意识、创新能力、创业精神，工程训练中心也成为该校工科大学生课外创新活动的不二之选。

💾 5.2.4 在专业实训实习中培育核心职业素养

职业素养是劳动者对社会职业了解与适应的一种综合体现，主要体现在：职业信念、职业行为习惯以及职业知识技能。其中，职业信念是指人们愿意为自己选择的工作执着追求、奋斗的动机；职业行为习惯是在职场上通过长时间地学习—改变—形成而最后塑造的一种职场综合素质；职业知识技能是做好一份工作必备的专业知识和能力。在大学期间注重培养职业素养的大学生，毕业后更受企业青睐，也能够更快地适应职场生活。职业素养是通过后天培训实践获得的，专业实训实习为大学生培育职业素养提供了机会和平台。

（1）实训实习可以增强大学生的岗位意识。大学生毕业走向社会后大多数还是会从一线基层工作做起，虽然是基层岗位，但也有其特有的作用。常言说"干一行、爱一行、专一行"，这是一种岗位职责，更是一种可贵的职业信念。要增强岗位意识，就要深入生产一线去真真切切地感受，去脚踏实地地实践，只有这样才能磨炼和增强大学生的岗位职责感。

（2）实训实习可以培养良好的职业行为习惯。在专业实训中，通过清扫实训场地、规整实训工具，营造良好的工作环境，帮助学生养成自我管理的职业习惯；安全教育使学生树立安全意识。在专业实习中，实习有助于树立规范化的做事流程和搭建完善的协作体系，提前让大学生对职场有所认知和感悟。因为校园和职场有天壤之别，尽快去掉学生思维、尽早融入企业氛围，将自己的工作能力、工作态度与职场人对标，尽快完成从学生到职场人的转变。另外，通过与工人师傅、技术人员的交流沟通，大学生可以学习他们身上勤奋刻苦的优秀品质和敬业奉献的良好作风。

（3）大学生通过实训实习加深对职业知识和技能的学习与运用。"纸上得来终觉浅，绝知此事要躬行"，事实上，理论知识和实践能力是相互促进、相辅相成的。动手实践后，我们会对实践过程中出现的问题进行反思并总结经验规律，进而指导今后的实践。随着理论和实践的不断加强，调动两种知识的能力也会不断提升。通过实训实习，学生可以获得锻炼和试错的机会，将书本知识应用于实践，一旦在实践过程中发现能力不足，就会继续深入学习相关的理论知识，从而验证、指导实践。

拓展阅读

小芹是一名大三学生，她的专业是市场营销。大学期间，她的课程安排可以说是"五花八门"，直到快毕业的时候，小芹都不清楚自己所学的专业到底能做什么。大三的时候，学校安排她到汽车销售公司实习，她突然发现自己所学的课程都在一次次与客户的交流中，潜移默化地影响她，也让她在工作中得到了极大的成就感。这段实习经历让她坚定了自己的学习方向；毕业后，之前实习的公司也向她伸出了橄榄枝。其实有很多像小芹这样的大学生，在正式工作前对自己的未来职业规划都不明确，不清楚自己能不能有一个好的发展，或者说自己能做哪些工作，这些工作是不是自己喜欢的，等等。如果没有这次实习，小芹或许到毕业后依然迷茫，也不会有公司抛出的橄榄枝。这次实习，让她在求职路上少走了许多弯路，更重要的是，让她找到了一个方向，能更好地走下去。

5.3　专业实训与实习的具体操作

5.3.1　专业实训的具体操作

1. 了解专业实训的教学内容

为了更有针对性、有目的性地进行实训，大学生在进行这项教学活动前，应该认真学习相关教学文件，主要包括实训课程标准、实训计划以及实训指导书。

实训课程标准：该文件是进行实训的指导性文件，必须依据专业的人才培养方案制定。它是制订实训计划、组织实训以及对学生进行实训考核的依据。课程标准的主要内容包括课程基本信息、实训目的与要求、实训时间和场所安排、实训考核方式、实训安全管理以及实训成绩评定标准。

实训计划：该文件是按照实训课程标准的要求，结合实训现场条件拟订的执行程序。实训计划一般包括实训地点、内容、人员安排、程序安排及考核等。

实训指导书：该文件是根据实训课程标准的要求编写而成的，能够全面地反映该实训环节的教学要求和教学内容，以便大学生自学，有利于启发学生思考，增强学生主动学习的意识。除此之外，实训指导书还包括实训思考题、作业和安全教育等内容。

拓展阅读   **"5W1H"的实训项目分析方法**

利用工具的能力是学生学习能力的一种体现，通过合理利用工具能够使学生及时识别问题、准确分析问题并找到解决问题的途径。5W1H分析法是一个常用的、查找问题的工具，运用该方法可以对选定的实训项目、工序或操作从原因（Why）、对象（What）、地点（Where）、时间（When）、人员（Who）、方法（How）6个方面进行梳理，是发现问题、找出问题的一种直观、简洁、实用的方法。

（1）原因（Why）：发现实训中的问题并尝试找到问题产生的原因。

（2）对象（What）：明确该实训项目需要解决什么问题。

（3）地点（Where）：分析原因及结果，针对问题点，确定需要进行实验或调查的范围。

（4）时间（When）：确定何时开展实训，预计持续多长时间。

（5）人员（Who）：确定有哪些人参加。

（6）方式（How）：确定开展方式，是以团队的形式还是以个人的形式。

2.遵守实训基地的职业素质规范

职业素质是指职业内在的规范和要求，是在完成职业活动中所表现出的综合素质，包括职业道德、职业技能、职业行为、职业作风和职业意识等。职业素质是可以训练的，通过对树立观念意识、建立思维方式和养成行为习惯三个环节来对职业素养进行训练。职业规范是相关职业所固有的、特定的操作流程或必须遵守的标准，与职业相关，反映了对应职业的特征。学生在进行实训的过程中，除了完成规定的实训任务外，也要留心其中蕴含的职业规范和职业道德。

（1）遵守职业规范。《孟子》中有"不以规矩，不能成方圆"，规范的作用就是要让社会或者组织的无序变为有序，因此无论做任何事，都要遵守规则，形成规范。企业想要有序运行，需要严格的规范做支撑。如果有令不行、有章不循，按照个人意愿行事，缺乏明确的规章、制度、流程，那么工作中就容易产生无序，甚至造成混乱。实训基地虽然只是模拟真实的企业工作场景，但是遵守职业规范的意识却是可以在实训中真正树立、培养的。以汽车实训为例，在管理方式方面，可以选择6s标准化管理，规范考勤制度，以小组方式管理，提高车间管理的有效性；在汽车零部件拆卸过程中，需要轻拿轻放，并摆放整齐，拆卸工具保持干净，使用后立刻擦拭，摆放至指定位置；实训结束前做好工作台的整理，工具放入指定工具箱内。这一系列的规范，能够让学生在实训中感受到企业的工作氛围，为之后快速融入企业生活打下良好的基础。

拓展阅读　　　　　　　　　**6S实训基地管理方法**

6S即整理、整顿、清扫、清洁、素养和安全。6S管理最先由海尔集团运用以优化工作环境，提高员工自身素质、技能。6S管理作为现代企业的基础管理手段之一，体现了国际先进企业现场管理的内涵，它使工厂整齐有序，员工自主管理，营造出舒适、安全的工作环境，使企业进入现代、先进、文明的更高层次。在高职层次实训基地推行模拟企业的6S管理模式，要求学生在训练中规范操作，培养学生的专业技能和良好的职业行为习惯。

在6S管理模式中，前4个S规范了实训场地的现场管理。"整理"，将工作和实训场所中的物品区分为必要的与不必要的，必要的留下来，不必要的彻底清除；"整顿"，将必要的东西分门别类按规定的位置放置，并摆放整齐，加以标识；"清扫"，使环境保持无垃圾、无灰尘、整洁的状态；岗位人员（含实训实习学生）在整理、整顿、清扫的基础上通过"清洁"认真维护实训现场，并形成制度化、规范化。前述4个S使实训场地物品的类别、数量、质量清晰，取放方便、井然有序、通道畅通，实训作业环境整洁、明快、舒畅，不但提高了教师在实训准备和实训指导过程中的工作效率，也大大提高了学生实训实习过程的训练效率。学生在训练的过程中，按照标识、规范操作仪器设备，取用工具、材料等实训物品，按操作规程严谨认真地训练，按实训场所物品摆放标识，把工具、材料等及时归位，并清洁训练场地。这样，不但减少了由于"寻找"带来的时间浪费，而且使技能训练流程更规范、更严谨，确保了学生专业技能训练的优质、高效。

（2）培养质量意识。质量意识是企业生存和发展的基石，直接关系企业的整体声誉和影响，同时质量意识也体现在每一位员工的岗位工作中，体现了每一位员工的价值观。具有规范意识和责任意识是拥有质量意识的保证。一些知名企业如同仁堂、海尔和六必居等，之所以能够长久发展下去，与它们长期坚持对产品的精益求精和对用户和顾客负责是分不开的。质量不是一个简单的指标，而是一种精神、一种态度。在进行实训的过程中，尽管大学生没有参与企业的真实生产，但仍应秉承认真负责的态度，认真观察和操作，认真记录实训数据，不弄虚作假和抄袭，以能够作出合格产品、工作质量过关的目标要求自己。

（3）增强协作意识。协作意识实际上就是大局意识、团队意识、服务意识的集中体现。这其中既要求具有与团队成员进行有效的交流沟通的能力，也需要具备与他人合作的能力。企业追求的是集体利益，追求的是团队的协作与交流。因此大学生在平时的学习生活中应注重与人的有效表达与沟通，树立正确的大局观和集体观念，尽快在集体中找到自己的位置，养成归属感和协作意识。在实训的过程中，很多项目都需要团队相互配合进行，学生需要对自身在小组中的地位和职责有一个清晰的认识，以便为之后的团队协作打下良好的基础，因为只有具备足够的协作意识才能在实训中相互支援、提高工作效率，从而使质量得以保障。

拓展阅读　　　　　　　　　　**制作一枚缝衣针的协作精神**

"经济学之父"亚当·斯密在《国富论》这部现代西方经济学和马克思主义经济学的奠基之作中，从劳动分工开始研究经济学，在他的经济学体系中，分工理论居 "首要的位置"。亚当·斯密举了制作缝衣针的例子。一枚小小的缝衣针的生产过程，有抽丝、拉直、切割、削尖、磨光等18道工序，如果每一道工序都由专门的人员进行操作，一个10人的小工厂每天大约可以制作48 000枚针，平均每人每天制作4 800枚针；如果让每个人独立操作这18道工序，那么一个人一天生产不了20枚针，甚至可能连1枚也造不出来。斯密认为，要增加财富，就得提高劳动效率，分工是提高劳动效率的重要法门。显而易见，分工提高劳动生产率的作用离不开协作。一枚缝衣针的18道工序分别由专门的人来做，每一枚针的完成都是多人协作的结果，所以，10人的小工厂每天可以制作48 000枚针，平均每人每天制作4 800枚针。这就是协作的功劳。

3. 服从实训基地的安全管理规定

作为实践教学的关键环节，专业实训是高校实现人才培养目标的重要方式，在培养学生发现问题、分析问题、解决问题等方面具有不可替代的作用。但近年来一些高校在开展实训教学的过程中，有的学生由于安全意识淡薄、注意力不集中、实训技能及知识缺乏等原因，没有严格遵守实训场所的安全管理规定，总会出现一些安全及责任问题。因此，加强学生的安全教育、提高安全意识、积极采取预防措施，才能有效避免和建设安全隐患和安全事故的发生，从而更加安全顺利地完成实训实习的教学任务。

学生在开展专业实训的过程中，一定要听从教师的指导，严格遵守实训基地的管理制度，尤其要遵守相关的安全生产操作规程。

1）重视实训前的安全教育，学习并掌握有关的安全操作知识和技能。服从领导，虚心向技术人员、工人师傅学习，不违反各项规章制度。

2）工作前，应准确了解并掌握需要使用的机器、设备或工具的性能、特点、安全装置和正确的操作程序、维护方法等。

3）要认真检查设备。不使用有裂纹、带毛刺、手柄松动、电线脱落等不符合安全要求的工具，发现问题应及时维修更换。

4）进入实训场所后，应按规定穿工作服、戴工作帽、着防护鞋等，不要穿拖鞋、高跟鞋，女生应将头发放在安全帽里面。

5）实训过程中应勤看、多问，严禁私自动手操作设备开关、按钮。尽量不要靠近高速运转的设备部件。

6）实训期间，不做与实习工作无关的各类活动，注意力一定要集中，切不可一边操作一边嬉笑打闹。

7）严格遵守安全操作规程。

5.3.2 专业实习的具体操作

对于大学生而言，参加专业实习是步入职场前的演练，也是很重要的人生经历的开端，这个过程中充满着很多的未知与挑战。面对周围陌生的环境，面对种种不太适应的现象，需要大学生能够尽快完成从学生角色到职场人角色的转变，尽快调整好心态，努力把握和适应职业生活的基本要求，快速融入职业生活中，尽快驾驭职业工作环境，从而为未来事业的成功打下坚实的基础。对于社会经验较少，对职位定位、职业发展规划未能有充分认识和理解的大学生而言，企业实习为学生提供了一个真正融入职场环境的机会，实践锻炼促使学生尽快融入企业文化中，加快熟悉企业需求和岗位要求，争取早日按照企业所需要的工作角色来塑造和发展自己。另外，大学生也可以通过专业实习亲身体验工作是否适合自己，提早谋划职业发展路径。

1. 明确实习目标

参与企业实习是一个经验积累的过程，也是一个能力培养的过程。在企业实习的过程中，学生与企业相互了解和考察，学生通过参与企业实习融入企业文化中，接触具体的业务、体验真实的职场。实习的目的不在于挣了多少工资，而是看重学生在实习期间能否勤于反思和总结，能否针对自身的不足加以改进。事实上，实习当中得出的结论是令人印象最深刻的也是最受用的，这也是鼓励学生参与企业实习的真正目的。

很多同学在进入企业实习之前，对工作有很多美好的幻想和憧憬，认为这份工作应该是光鲜亮丽，每天充满挑战的。但当真正进入工作岗位后，他们才发现实际工作往往是单调枯燥的，常常需要进行很多重复性简单的劳动，如资料整理、会议的记录、数据的录入等，因此会对企业实习失去兴趣与积极性。我们应该如何调整心态去应对工作呢？企业实习并非单纯地重复简单的工作，但一定离不开这些简单的工作。作为初入企业实习的大学生，首先应摆正心态，正视工作，明白工作没有高低之分。老子曾说过"天下大事，必作于细；天下难事，必作于易"，从细碎的小事着手去不断积累、总结经验，一定会收获成长。

2. 了解自身情况

《道德经》中讲道："知人者智，自知者明。"真正有智慧的人，既要善于认识他人，又要能够正确地认识自己。只有正确地认识和评价自我，才能更好地了解自身的能力、特长、兴趣等方面，从而对自我能力的充分发挥起到积极作用。了解自己一般应遵循三个原则：①自我认识与他人对自我的认识是否一致。②自我认识与社会对自我的评价是否一致。③对自我优劣势的认识。明尼苏达工作适应理论（见图5-5）提出：当工作环境能够满足个人需求（内在满意），个人也能顺利完成工作要求（外在满意）时，个人在该工作领域才能持续发展。换言之，能否保持个人与工作环境的一致性直接决定个人在工作中的持续度和满意度。一致度越高，对工作的满意度就越高，个人在该工作领域中工作的就越持久。

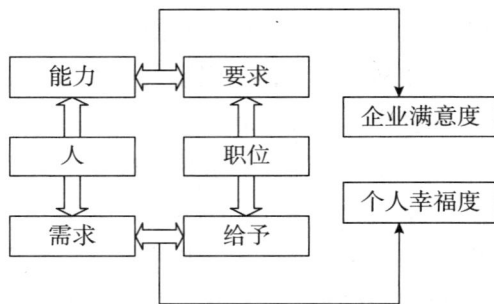

图 5-5

什么决定一致度呢？因素有很多，包括兴趣、性格、能力等因素，其中能力因素是企业最为关注的，也是需要自我去衡量和评估的。当个人能力与企业需求匹配时，个人会充分获得满足感和需要感，个人潜力能得到充分发挥；当个人能力与企业需求不匹配时，尤其是个人能力无法达到企业需求时，常常会产生焦虑、紧张，因而也无法从工作中获得成就感与满足感。大学生在选择实习企业前，需要充分认识自我，正确评价自身和环境，选择自己能胜任的工作，培养和发展个人能力，发挥潜能，努力打造自己满意、社会需要的核心竞争力，通过提高自身的实力，找到一条切实可行的发展道路，才能最终走向成功。

3. 收集企业信息

实习为学生搭建了接触真实工作环境、感受真实工作氛围的平台，学生可以利用这个机会走进职场，找到适合自己的工作岗位，也能更加清晰地了解岗位所需要的技能。能否获取足够的企业实习信息，决定你是否有更多的选择机会，很多同学由于没有掌握足够的信息，难以找到合适的接收单位。如何去找到适合自己的实习单位并获取实习信息呢？主要有如下几种途径。

（1）校园实习招聘会。相关机构和高校每年会定期举办毕业生就业实习双选会，顾名思义就是双方选择的招聘会，目的是为与高校有合作的用人单位招聘实习生。在双选会上，学生可以直接获得很多实用的用人信息并利用假期参加实习。

（2）国内针对学生的实习招聘网站及企业官方网站。在互联网时代，利用网络招聘平台寻找实习单位也是一种常见的方式。大学生不仅可以通过一些招聘网站关注实习招聘信息，也可以在招聘平台注册上传自己的简历，方便有意向的企业主动联系你。尽管目前为学生提供大量实习信息的网站并不太多，但是仍有几个相对权威的网站值得定期关注，见表5-1。另外，还有一些企业并不公开招聘实习生，但它们会将招聘信息登在企业的官方网站上。

表　5-1

网　　　站	网　　　址
实习僧 shixiseng.com	https：//www.shixiseng.com/
校园招聘 xiaoyuan.zhaopin.com	https：//www.zhaopin.com/
应届毕业生网 www.yjbys.com	http：//www.yingjiesheng.com/
ChinaHR.com 中华英才网	http：//www.chinahr.com/
www.51job.com 前程无忧	http：//www.51job.com/

（3）学校就业主管部门。各学校一般都设立了为大学生就业实习提供服务的机构，如毕业生就业指导中心、就业工作处或者就业办公室。这类机构所提供的实习信息主要由用人单位根据学校的专业学科设置提供，信息相对准确、权威、可信度高，而且通过学校就业主管部门获取的信息，专业对口性更强。

（4）亲朋好友介绍。个人的信息获取渠道总是有限的，亲朋好友、家人及其他社会关系是很好的补充途径。亲朋好友一般会分布在社会各个领域、各个行业，因此通过他们收集的实习信息针对性更强，可信度也更高。

（5）实训实习基地。这个方式更多的是针对高职学生。近年来，高校响应国家号召，积极开展产教融合，结合办学定位与人才培养目标与相关合作企业建立毕业生就业实训实习基地。基地每年会为在校大学生提供实习岗位，也会定期选拔即将毕业的大学生进行就业实习活动，为学生步入职场提供大量的帮助。

信息搜集是一项长期工作，它不仅为今后的求职提供了重要的信息来源，也为确定职业方向、明确职业目标、提高就业竞争力提供了非常重要的帮助。即使今后离开学校走向社会，在信息搜集上做个有心人也会对职业发展大有裨益。

拓展阅读　　　　　　　　　**机会是留给有准备的人的**

临近毕业，小丽所在班级根据学校的统一安排要到外地去实习一个半月。班上的同学纷纷为实习生活做着相应的准备，只有小丽似乎并不着急，她在干什么呢？她先找到不随同一起去外地的班主任，拜托班主任如有合适的单位请帮忙推荐，并留下几份简历，然后她又去学校实习就业服务中心，请办公室的老师有重要的信息时及时通知她。接着，她还找到一个低年级的师弟，请他帮忙在学校就业信息栏看到重要的招聘信息时通知她。最后，她仔细查询了即将离开的两个月中各地人才交流会的信息，并根据实际情况做了安排。一切准备就绪后，小丽便安心去实习了。在实习期间，她参加了几个单位的面试，实习结束，她的工作也落实了。机会永远是给有准备的人。小丽能够明确目标，梳理信息渠道，主动出击搜集信息，最终收获了理想的工作。

4. 筛选合适的企业

实习阶段，既可以让用人单位了解学生，也可以让学生详细地了解用人单位在经营管理、企业文化、福利待遇等方面的情况。通过一段时间的了解，相互建立密切联系，为学生以后的求职择业打下良好的基础。因此，学生在选择实习单位与岗位时，不应仅仅考虑工作环境、福利待遇等物质因素，而应更加关注未来职业发展方向，利用实践机会加深对课堂所学知识的理解，从而提升技能。因为职业发展方向对于选择合适的企业实习至关重要，所以，大学生在选择实习企业前可以将"职业方向"和"获得成长"两个因素相结合，构建一个企业实习决策矩阵（见图5-6），以此对实习企业的选择提供决策参考。

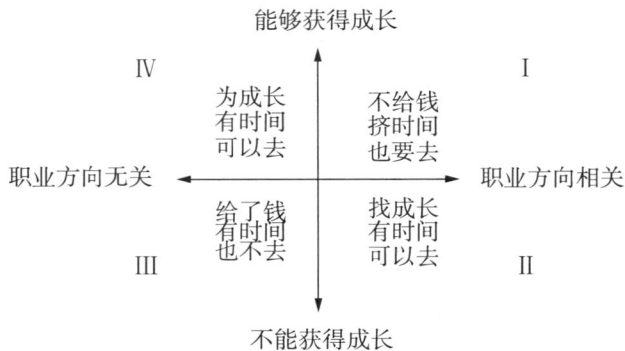

图　5-6

象限Ⅰ：职业方向相关＋能够获得成长。即使企业实习不给报酬，即使自己非常忙，挤时间也要去。

象限Ⅱ：职业方向相关＋不能获得成长。这种情况比较少见，因为只要和职业方向相关，通常都能够寻找到成长的机会。这需要我们在企业实践的过程中做个有心人，勇于提问、善于倾听，一定可以对相关行业和岗位获得了解。

象限Ⅲ：职业方向无关＋能够获得成长。为了获得需要的成长，有时间的情况下可以选择。

象限Ⅳ：职业方向无关＋不能获得成长。无论给多少报酬，无论有多空闲，也不要去。

企业实习决策矩阵，能够帮助大学生对于如何选择实习企业提供一些清晰的思路。综合"专业方向"和"能力成长"两个要素，弱化实习工资的作用，结合自己的空闲时间进行整体考虑，到底选择哪个企业实习也便有了答案。

5. 遵守实习单位的实习守则

1）虚心向实习单位工人、技术人员和管理人员学习，听从指挥，服从安排。积极参加生产劳动和科学研究，加强实践锻炼，不断提高思想觉悟，做到"讲文明、讲礼貌、讲卫生、讲秩序、讲道德"。适当参加实习单位的社会活动，密切实习单位与学校的关系。

2）努力完成实习任务，认真做好实习笔记，按时完成实习作业，按要求严肃认真地完成实习计划所列各项内容。结合实习内容，积极参加实习单位的技术革新活动。实习结束时，上交实习报告，并参加实习考核。

3）严格遵守国家、行业的有关技术安全、保密制度。严格遵守劳动纪律，规范执行实习单位和学校的各项规章制度，注意安全。

5.4　专业实训与实习需要注意的问题

5.4.1　高度重视安全问题

在实训与实习中，一定要将安全放在第一位，因为生命永远是最宝贵的。安全问题关系学校、企业和家庭等各个方面，更关乎我们个人的一切。

1. 熟悉实训实习环境

我们常常会有这样的感受，在一个熟悉的环境中，不管做什么都会更加得心应手。因此在进行实训实习之前，首先要全面认识和熟悉工作区域的整体环境，如区域内安全出口有几个，分别在哪里；熟悉关键设备的位置，如电源开关位置、消防栓的位置、通风口电梯口的位置；正确辨识危险源等。其次要熟悉工作的岗位环境，如机器的急停开关的位置、合理的安全区域等。最后还要熟悉自己岗位的管理制度，要知道哪些事能做，哪些事不能做。

2. 了解工作内容

在实训实习的岗位上，避免发生安全事故的一个重要方法就是要熟悉岗位的工作内容。很多安全事故的发生都是因为操作人员本身对自己的工作内容不熟悉，盲目操作，随意处理，一旦遇到问题便不知所措，使得原本可以避免的安全事故变得更为严重。有一些工作岗位尤其要熟悉工作内容，如机床操作工必须要知道机器的正确操作方法、机器的性能、正确的防护等，电力系统的工作人员必须知道规范用电、用电安全等，否则，带来的伤害可能是致命的。

3. 认识常见的安全标志

安全标志是生产作业中最常见、最明显的安全提示信息，它就像道路上的红绿灯及各种交通标志一样，规范作业者的作业行为，提示作业者安全操作。安全标志根据国家标准规定，由安全色、几何图形和图像符号构成，用以表示禁止、警告、指令和提示等安全信息，如图 5-7 所示。安全标志在安全生产中的作用非常重要。作业场所或者某些设备设施存在较大的危险因素，通过醒目的安全标志，提醒生产人员时刻清醒地意识到所处环境的危险，按照安全标志的指示操作，加强自我保护，预防事故发生。当危险发生时，它指示人们尽快逃离，或者指示人们采取正确、有效和得力的措施，对危害加以遏制。

图 5-7

大学生在实训实习过程中必须严格按照安全标志所表示的信息进行操作，因此首先需要了解和学习各种安全标志；其次要树立按照安全标志劳动作业的意识；最后必须严格按照安全标志进行工作。

4. 佩戴劳动防护用品

劳动防护用品是指保护劳动者在生产过程中的人身安全与健康所必备的防御性装备，对于减少职业危害起着相当重要的作用。使用劳动保护用品，通过采取阻隔、封闭、吸收、分散、悬浮等措施，能起到保护身体的局部或全部免受外来侵害的作用。尽管在生产劳动的过程中采取了多种安全措施，但穿戴和配备劳动防护用品仍是必不可少的一个环节。在很多情况下，劳动防护用品是保护劳动者安全的最后一道防线。

大学生在进行实训实习过程中要牢固树立安全防范和自我保护意识，严格按照劳动保护用品的使用规定使用防护用品，应做到"三会"：会检查防护品的安全可靠性、会正确使用防护品、会维护保养防护品。首先，检查防护品的安全可靠性，防护用品的质量对使用者至关重要，如安全带因质量不好导致使用中发生断裂，后果将不堪设想。在检查之前，劳动者必须掌握所使用防护品的性能，并能发现存在的缺陷和质量问题，保证其可靠性。其次，会正确使用防护品，使用正确与否，直接关系防护品作用的发挥。要求劳动者必须了解防护品的正确使用方法和注意事项，以免受其害。最后，会维护保养防护用品，特别是对安全帽、安全带等一些特殊的防护用品，要定期检查和保养。

5.4.2 勇于维护自身合法权益

据上海交通大学关于大学生打工状况的一份调查显示，将近 40% 的大学生在实习期间受到不同程度的伤害，其自身合法权益难以得到保障，即使在合法权益受到侵害时，选择各种途径维权的也仅占 13.9%，而选择忍气吞声的占到 86.1%。由此可见，大学生的实习现状并不乐观。不论是学校组织的统一实习还是学生的自主实习，大学生实习期间的权益保护问题应当受到高度重视，这关系大学生的群体利益，而且也是大家普遍关注的社会问题。尽管很多企业在实习生的使用上和全日制用工差别不大，但是并不意味着实习生管理规范和合规性质与全日制劳动关系用工差不多。表 5-2 为实习生与全日制劳动关系用工的差别。

表　5-2

项　　目	实 习 人 员	全 职 人 员
关系认定	主流劳务关系	劳动关系
合同签订	实习协议	劳动合同
用工风险	意外伤害	劳动法律风险
日常管理	约定管理	正常管理
考核规定	无法律界定	符合劳动标准
终止情形	实习期结束	法律规定＋协议约定
收入认定	普通的工资＋特定的劳务	工资薪金
社保缴纳	不缴纳社保	一般缴纳五险一金
个税缴纳	普通的工资＋特定的劳务	工资薪金＋综合所得

通过表 5-2 的分析结果，可以发现当前实习期间大学生的管理仍处于"真空"状态，由于没有统一的规定和程序，加上不签署实习协议，一旦大学生在实习期间出现工伤或薪酬等权益纠纷时，因为双方的权利义务不明确，导致大学生的实习合法权益得不到有效保障。

实习的目的是学生借助实习单位将书本上所学应用于实践中，本质上还是教学的一个环节，因此学生在企业实习阶段与用人单位之间不构成法律意义上的劳动关系。那么，当双方发生争议时，如何合理维护学生自身权益呢？一般情况下，学生与实习单位在民法上存在劳务关系，因此可以通过签订一份"实习协议"来约束和规范双方的权利和义务。为了更有效地避免实习生的权益受到侵害，在实习协议中一般会作出约定：实习期内的实习时间、实习期间实习报酬、实习过程中实习生发生伤亡的处理办法、实习生在实习期间知识产权的归属，以及发生纠纷的处理等方面。一份完善的实习协议，可以在发生纠纷时有约可依，更好地处理争议、维护权益。扫描图 5-8 中的二维码，可下载一份学生与企业签订的实习协议样本。

快来学习一下如何撰写实习协议吧！

图 5-8

5.4.3 积极参加各级各类技能竞赛

古希腊学者普罗塔戈（Plutarch）曾言："学生的头脑不是用来填充知识的容器，而是一支需要被点燃的火把。"具有挑战性和竞争性的竞赛就是点燃火把的"火种"，是激活学生学习的有效手段，也是检验、锻炼、提高和展示大学生实践创新能力的有效平台。大学生参与技能竞赛是反映大学生实训实习质量最直接的方式，也是培养大学生实践能力、科技创新能力、合作能力行之有效的途径。

（1）参与技能竞赛是一个以赛促学的过程。参赛过程实际上是一个科学研究的过程，也是一个专业学习的过程，而专业学习本身就是一种脑力劳动，一种探索性的劳动。通过分析问题、解决问题掌握科研活动的基本规律，从而树立主动学习，发现和积累知识的意识。

（2）参与技能竞赛是一个以赛创新的过程。参赛的过程中学生需要熟悉赛制、了解参赛规则、组建团队、设计参赛项目等，这些内容的筹备与策划无形中培养了参赛学生的实践动手能力，强化他们对学科或专业知识体系的掌握，激发探索意愿，锻炼创新思维能力，完善参赛者的知识结构，强化知识之间的关联性，锻炼类比思维能力，提升搜索解读大量信息的能力等。比赛让学生们深刻感受到只有劳动才能实现人生价值，从而激发劳动创造力。

常见的技能竞赛有以下几个。

1）世界技能大赛。世界技能大赛由世界技能组织举办，被誉为"技能奥林匹克"，是世界技能组织成员展示和交流职业技能的重要平台。世界技能大赛比赛项目共分为6个大类，分别为结构与建筑技术、创意艺术和时尚、信息与通信技术、制造与工程技术、社会与个人服务、运输与物流，共计46个竞赛项目。大部分竞赛项目对参赛选手的年龄限制为22岁，制造团队挑战赛、机电一体化、信息网络布线和飞机维修4个有工作经验要求的综合性项目，对选手的年龄限制为25岁。

2）全国职业技能大赛。中华人民共和国职业技能大赛是经国务院批准、人力资源和社会保障部主办的职业技能赛事。大赛是为充分发挥职业技能竞赛在促进技能人才培养、推动职业技能培训和弘扬工匠精神的重要作用，营造劳动光荣、技能宝贵、创造伟大的社会风气，更好地服务于就业创业和经济的高质量发展。经国务院批准，从2020年起，我国每两年举办一届中华人民共和国职业技能大赛。2022年第二届全国职业技能大赛将在天津举办。

3）全国大学生计算机技能应用大赛。该项大赛是推动计算机教育实践平台建设的具体举措之一，目的是提高大学生的综合素质，具体落实、进一步推动高校本科面向21世纪的计算机教学的知识体系、课程体系、教学内容和教学方法的改革，引导学生踊跃参加课外科技活动，激发学生学习计算机知识技能的兴趣和潜能，为培养德智体美全面发展、具有运用信息技术解决实际问题的综合实践能力、创新创业能力，以及团队合作意识的人才服务。大赛的参赛对象是高校所有专业的在校生，学生自行组队参加，每支参赛队为3名学生，每年的8～10月报名。

4）全国应用型人才综合技能大赛。该项大赛主要面向本科、高职、中职院校在校学生，通过考查学生的综合技能和创新能力，提高学生的就业、创业竞争力。大赛不仅为青年学生提供展示个人综合技能的舞台，为参赛学校提供一个展示各自教学水平和特点的平台，同时也为用人企业提供一条发现优秀的应用型技术人才的捷径。大赛设6个科目，比赛形式为作品赛，参赛选手按要求提交作品，经过专家初审后确定进入决赛的名额，再通过现场决赛评出各类奖项。比赛科目有：海尔创客实验室杯U+生活创意大赛、太尔时代杯机械创意设计与制造综合技能大赛、诺信杯模具设计与制造大赛、"创课"教师课程设计大赛、全国大学生简历设计大赛、通用电机智能控制开发实训大赛。每年 9 ～ 10 月进行在线报名。

本章小结

专业实训与实习是高校重要的实践教学环节，在提高学生实践动手能力和培养劳动素养等方面具有不可或缺的作用，学生在参与实践中感受新时代下劳动条件与技术的发展，感悟劳动对于国家、社会和个人的意义与价值，收获劳动带来的喜悦与自豪，进而形成正确的价值观。希望同学们能够积极投身于实训实习之中，在实习中不断学习、成长、精进，为未来高质量、高水平地参加职业劳动奠定坚实的基础。

拓展与实践

实习报告是大学生对实习阶段进行总结和说明的书面材料，可以具体地反映学生实习的完成情况。请同学们根据实习情况撰写实习报告，报告主要包括实习背景、实习环境、实习过程、实习内容和实习收获等，同学们可以根据各自专业的特点设计实习报告的结构。

第6章 志愿服务

【核心问题】

- ☑ 志愿服务的内涵
- ☑ 志愿服务与劳动
- ☑ 大学生应参与的志愿服务
- ☑ 志愿服务中应关注的问题

【学习目的】

通过本章的学习，一是大学生能够了解志愿服务的基本知识和相关内容；二是大学生能够理解参加志愿服务是培养自身劳动能力和劳动精神、增强职业竞争力的重要途径；三是大学生能够掌握志愿服务的方法、技能，关注志愿服务中应重视的问题。激发大学生积极投身志愿服务活动的热情，提升大学生服务社会和劳动实践的能力，为大学生走向社会，成为合格的劳动者奠定良好的知识、思想和能力基础。

【思维导图】

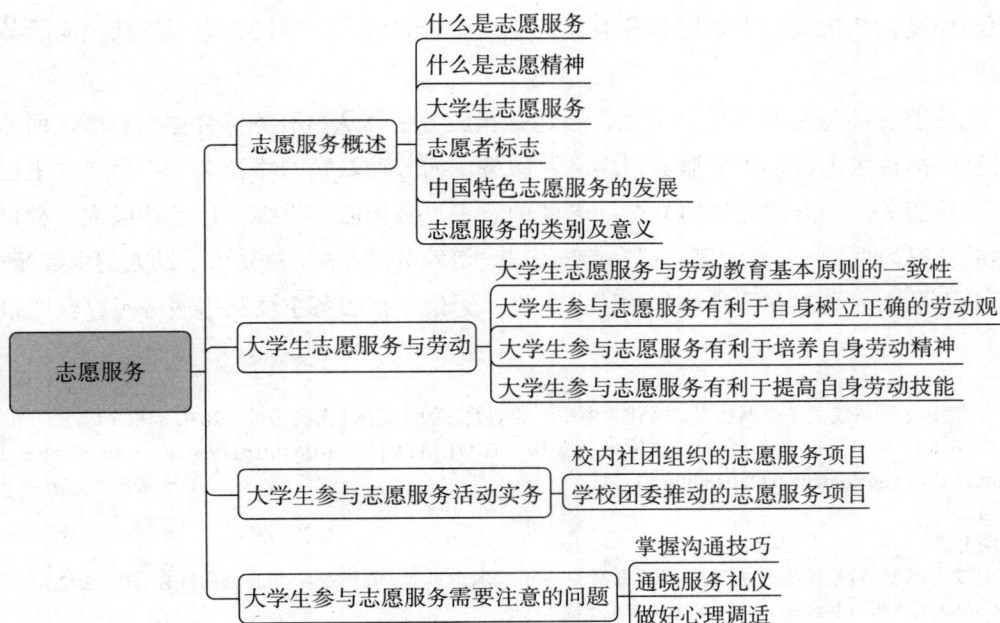

2020年3月20日，中共中央、国务院印发《关于全面加强新时代大中小学劳动教育的意见》（以下简称《意见》），明确要求大中小学生广泛参与劳动教育实践活动，并提出："工会、共青团、妇联等群团组织以及各类公益基金会、社会福利组织要组织动员相关力量、搭建活动平台，共同支持学生深入城乡社区、福利院和公共场所等参加志愿服务，开展公益劳动，参与社区治理。"[①] 志愿服务作为劳动教育的方法路径之一，关注劳动产生的社会价值，强调自身劳动对社会和他人的意义，有助于培养学生服务他人、奉献社会的意识和能力，感知劳动的幸福和快乐，是劳动教育的重要组成部分。

6.1　志愿服务概述

6.1.1　什么是志愿服务

志愿服务是志愿者、志愿服务组织和其他组织自愿、无偿向社会或者他人提供的公益服务。[②] 这一定义规范了志愿服务的主体、特征、对象和行为。

从事志愿服务的主体有志愿者、志愿服务组织和其他组织。志愿者是以自己的时间、知识、技能和体力等从事志愿服务的自然人。[③] 志愿服务组织是依法成立，以开展志愿服务为宗旨的非营利性组织，[④] 可以采取社会团体、社会服务机构、基金会等组织形式。[⑤] 其他组织是依法依规从事志愿服务但并未登记注册的组织，学校志愿服务社团属于其他组织的范畴。

志愿服务的特征是自愿和无偿。自愿是指服务主体从事服务符合主观意愿，而非被迫进行。高校大力推动志愿服务，将志愿服务作为劳动教育的路径之一，提倡学生自愿从事志愿服务，一方面可以树立劳动光荣的意识，强化服务思维，让劳动成为一种自然而然的良好习惯；另一方面可以提高劳动素养，培养劳动品质，树立乐于助人的奉献精神、积极向上的阳光心态和团结协作的团队思维。无偿是指服务主体从事服务不以获取报酬

---

① 　中共中央 国务院关于全面加强新时代大中小学劳动教育的意见[N].人民日报，2020-3-27（1）.
② 　中华人民共和国中央人民政府.志愿服务条例[EB/OL].(2017-09-06)http：//www.gov.cn/zhengce/content/2017/09/06/content_5223028.htm.
③ 　同上。
④ 　同上。
⑤ 　中国志愿服务网.民政部关于发布《志愿服务基本术语》等3项行业标准的公告[EB/OL].(2020-04-14)https：//www.chinavolunteer.cn/show/1060724.html.

为目的，如果参与营利性活动就不属于志愿服务范畴。一般来讲，志愿者参加志愿服务没有劳动报酬，但根据服务岗位和实际需要，可以获得适当的交通、误餐和劳务费等补贴，这些补贴并不是志愿者的报酬，而是对志愿者参与志愿服务产生额外支出的补贴或是对付出劳动的象征性补贴。这两个特征是志愿服务区别于其他劳动实践的关键所在。

志愿服务的对象是社会或他人。强调志愿服务是通过自我劳动直接对社会或他人产生积极的影响，本书所述专业实习的劳动实践是通过劳动直接对自身进行改造，间接产生了一定的社会效益。这两类劳动教育路径不同，也突显出作为劳动教育的志愿服务的独特意义。

志愿服务的定位是公益服务。这与志愿服务的无偿性特征前后呼应，同时把志愿服务行为最终落脚在"服务"上，提供服务正是劳动的一种，也说明了志愿服务作为劳动教育路径之一的合理性。

6.1.2 什么是志愿精神

广义的志愿精神涵盖了志愿者在服务过程中展现出的各种积极向上的精神状态，狭义的志愿精神概括为4个词：奉献、友爱、互助和进步。

奉献是指在不计回报、不求名利、不要特权的前提下，满怀情感地为他人服务、为社会献力、助推人类发展中所表现的无偿服务精神。[1] 奉献是志愿服务的直接体现和核心要义，任何志愿服务都离不开奉献，无论是志愿者、志愿组织还是其他组织，都秉持着奉献社会、奉献他人的初心开展各种服务，主动将自我放在国家发展、社会进步的一环，承担起公民的社会责任和义务，舍小家为大家，促进国家治理，增加社会温度。

友爱是指相互理解信任，相互支持帮助，以及志趣相近的人际双方或多方自然流露的亲切情感。[2] 志愿服务过程中自然流露出的爱人之心正是友爱的内涵。无论从事何种志愿服务，友爱都是连接志愿者和服务对象之间的桥梁，也许素未谋面，但只要秉持着友爱的态度，都能迅速拉近心与心的距离。友爱的基础是尊重和信任，平等的沟通没有高低之分，由心而发的付出也将回报以由心而发的感动，共同携手形成合力，营造美好的社会。

互助是指志愿者帮助处于困难危机中的人们改善现状、提升能力、获得发展；受助者摆脱困境后，也会欣然关心他人、帮助他人、回报社会。[3] 社会性是人的特性，每个个体都不是互不打扰的独立存在，而是互相影响、互相作用的，当别人需要帮助的时候发扬自我担当精神，在自己需要帮助的时候接受别人的援助，因此服务主体和服务对象的角色是相互转化的，当每个人都秉持着帮助他人的善心，社会上就形成了志愿服务的

---

① 光明网.大力弘扬志愿精神[EB/OL].(2014-12-29)http://epaper.gmw.cn/gmrb/html/2014-12/29/nw.D110000gmrb_20141229_1-07.htm.

② 同上。

③ 同上。

闭环，我为人人，人人为我，打造出和谐共赢的状态，逐步形成根深蒂固的志愿文化。

进步是指志愿者在帮助他人、参与服务中既提高了个人能力，又促进了社会发展。[①]进步有两层含义，一是个人层面的进步，二是社会层面的进步，这是志愿服务促成的良性循环，也是志愿服务的美好归宿。虽然个人从事志愿服务并非出于利己的本心，但客观上带来了对个人有益的发展，增强了自身能力，获取了社会技能，促进了自我进步。当无数个体都在进步时，自然汇聚成了社会进步的力量；同时，志愿服务也给服务对象带去了正向激励，成为社会进步的另一个力量。

6.1.3 大学生志愿服务

大学生志愿服务是大学生作为志愿服务主体在课余时间利用所学知识和专业技能提供的各类志愿服务。大学生志愿服务既符合志愿服务的一般内容，又具有特殊性，反映了大学生的心理和生理特征。具体表现在以下几个方面。

（1）主体的青年化。大学生志愿服务的开展以大学生为主，在志愿服务过程中突出了青年特征，既代表着活力十足、思维开放，同时也反映出经验欠缺、服务时间碎片化。大学生在志愿服务中往往表现出朝气蓬勃的精神状态，为服务对象带去青春的欢乐和当下的潮流，彰显了年轻人的生活方式、交流方式，在策划和执行志愿服务时敢于创新、勇于打破旧有形式，尝试线上线下相结合，服务有新意。但受制于社会阅历和实践经验的相对缺乏，服务过程中对服务内容的理解和把握不够到位，而且大学课程任务仍较繁重，能够用于参与志愿服务的时间是零碎的，提供的志愿服务也往往是碎片化的。

（2）平台的校园化。大学生参与志愿服务的平台与一般志愿服务的召集平台有一定的区别，大学生的活动空间主要在学校，参与志愿服务主要依托校内平台，最主要的就是学校官方组织和校内社团组织。学校官方组织包括从学校党委、团委发布的服务项目，校内社团如青年志愿者协会、红十字协会等爱心公益社团开展的活动。此外，随着志愿服务 APP 的更新完善，一些青年人线上报名、线下参与，但总体来看，这类新型的志愿服务形式尚处于发展之中。

（3）活动的多样化。大学生志愿服务往往是学校组织、学生策划，依托大学生的创造性、思维活跃性，策划过程融入学生们的新想法、新思路，产生了一批形式新颖的活动，使得高校志愿服务的开展越来越多样化。同时，与一般志愿服务相比，大学生志愿服务的形式更加丰富，尤其是大型活动、支教助学、科技推广这类知识型、活动型的形式越来越多样，有助于大学生利用自身的知识和技能优势开展对应的服务。

---

① 光明网.大力弘扬志愿精神[EB/OL].(2014-12-29)http：//epaper.gmw.cn/gmrb/html/2014-12/29/nw.D110000gmrb_20141229_1-05.htm.

6.1.4 志愿者标志

1. 中国志愿者

中国志愿者标志以汉字志愿服务的"志"字为基本原型，以中国红为基本色调，有"中国志愿服务"的中英文字样。多处巧妙地以志愿者英文单词volunteer的首字母"V"构图，"志"字的上半部分是一只展翅飞翔的鸽子，下半部分由中国书法中草书的"心"字构成，同时也是一条飘逸的彩带。整体寓意志愿者通过奉献服务他人，推动社会进步，也象征着志愿者将爱心连接在一起，形成积极向上的合力，服务社会，如图6-1所示。

图 6-1

2. 中国青年志愿者

图 6-2

中国青年志愿者标志的整体构图为心的造型，同时也是英文"青年"第一个字母"Y"；图案中央既是手，也是鸽子的造型；为红色和白色搭配（见图6-2）。寓意青年志愿者向他人伸出援助之手，共建和谐美好的社会，立足新时代，展现新作为。

1994年2月24日，共青团中央发布"中国青年志愿者"标志（通称"心手标"）。2020年4月，共青团中央、中国青年志愿者协会发布《中国青年志愿者标志基本规范》，对中国青年志愿者标志"心手标"的使用作出规范性要求，强调"心手标"禁止任何形式的商业目的使用或其他不当使用。

6.1.5 中国特色志愿服务的发展

中国特色志愿服务具有鲜明的价值导向，把培育和践行社会主义核心价值观贯穿全过程，自觉服务党和国家工作大局，与建设社会主义现代化国家同向同行，成为凝聚实现中国梦强大力量的重要纽带[1]。

1. 中华文化中的志愿之"根"

志愿服务所体现的互帮互助、和谐友爱的社会状态和人际关系早已在中华传统文化中生根发芽，儒家、墨家、道家等都对这一和谐的社会状态进行过阐述。

---

[1] 人民日报. 推动新时代志愿服务事业持续健康发展[EB/OL].（2020-06-06）http://qnzz.youth.cn/qckc/202006/t20200606_12357607.htm.

"仁"作为儒家思想的核心，所包含的仁爱精神正是志愿服务倡导的内涵，在很多经典著作中都有所体现。《孟子·离娄下》中的"仁者爱人"就阐述了君子的仁爱之心，同时说到"爱人者，人恒爱之"，用辩证思维称赞仁人的行为，鼓励众人皆以此为标杆，做仁爱之人，也将获得别人的尊敬；《孟子·梁惠王上》中的"老吾老，以及人之老，幼吾幼，以及人之幼"，作为孟子对君王的治国建议，反映当时社会崇尚并努力实现互爱互敬的人际关系。

"兼爱"是墨家思想体系的基础，强调人与人之间超越阶层的平等相爱，正如《墨子·兼爱》中所说的"视人之国若视其国，视人之家若视其家，视人之身若视其身"，这种通情的心理正体现出志愿服务的友爱之意，对待他人如同对待自己一样的尊重、爱护。

"人本"观点是道家思想的一大重要内容，提倡以人为本，善待他人和社会。老子在《道德经》说到"孔德之容，惟道是从"，强调人要做到心胸宽阔才能与他人和自然和谐相处；"上善若水，水善利万物而不争，处众人之所恶，故几于道"提倡做人如水，柔和、低调、谦逊、包容万物，这种品质正是志愿精神的核心；"圣人不积，既以为人己愈有，既以与人己愈多"鼓励每个人善于给予别人帮助与关怀，才能实现社会和谐。这些经典著作中所述的内容在朝代更迭中不断地被丰富完善，是一批又一批仁人志士毕生追求、奋力实现的社会状态，促进了我国古代社会关系的向善发展。

到了近代，在"三座大山"的压迫下，国内各方力量持续博弈，传统的社会格局被打破，这一时期社会发展近乎停滞。新中国成立后，伴随着内忧外患的解决，中国共产党带领人民开始进行社会主义改造和建设。1963 年 3 月 5 日，毛泽东同志亲笔题词"向雷锋同志学习"，自此，每年的 3 月 5 日确定为学雷锋纪念日。此后在全国掀起的"学雷锋"热潮为我国志愿服务的发展奠定了思想和行动基础，"雷锋精神"深入人心，其中体现的服务人民、助人为乐、向善向上的品质正是现代志愿服务的重要内涵，也为中国特色志愿服务的发展奠定了基础，如图 6-3 所示。

图　6-3

2. 现代意义的志愿之"苗"

现代意义的志愿服务最早发源于西方，1970 年联合国成立志愿者组织并得到各国政府的支持，1985 年联合国大会通过决议，每年的 12 月 5 日为世界志愿者日。志愿服务在我国的发展承载了中华文化的基因，适应了我国的政治制度，带有中国印记，具有中国特色。

我国现代意义的志愿服务始于改革开放后，得益于稳定的社会环境和回暖的经济状况。20 世纪 80 年代我国志愿服务进入自发探索阶段，越来越多的热心人士致力于志愿服务事业，创建并发展了一批志愿服务组织，其中有三个标志性组织：① 1987 年，广州市诞生了全国第一条志愿服务热线——"中学生心声热线"，针对中学生群体，主要依靠电话咨询方式提供服务，促进了以"热线"为渠道的志愿服务形式在我国的普及。② 1989 年，天津市和平区朝阳里社区成立全国第一个社区志愿者协会，把焦点聚集在微型社会中，让志愿服务深入社区、进入家庭、贴近生活，促进社区居民之间互帮互助。③ 1990 年，深圳正式注册成立"深圳市义工联"，这是我国第一家正式依法登记注册的志愿者社团，为志愿服务的法治化、规范化发展开了先河。志愿服务在这一阶段的发展，主要依靠群众自发的力量，探索各种组织形式，从无到有，不断积蓄力量、动员资源，推动志愿服务在中国的发展。

3. 中国特色志愿服务的蓬勃发展

1992 年我国开始建设社会主义市场经济，党和国家对志愿服务的发展也有了更加明确的定位，进入了组织推动阶段。这一时期依托党的后备军——共青团来推动青年志愿者发展壮大，彰显志愿服务的活力，以此激励和带动各年龄段人群加入到志愿服务行列。在前一时期的经验之上，1994 年中国青年志愿者协会成立，时任总书记江泽民同志题词"青年志愿者"，时任中央政治局常委胡锦涛向中国青年志愿者协会成立大会致以贺信，显示出党和国家的重视和支持。截至 1998 年，全国共成立省级青年志愿者协会 31 个，同时各地还建立了一批青年志愿者服务站、服务队，激发了青年参与服务、奉献社会、帮助他人的热情。这一阶段在组织推动下，志愿服务逐步从地方性、自发性走向全国性、规范性，与我们党全心全意为人民服务的宗旨相契合，得到了更多群众的认可和关注。

进入 21 世纪，我国志愿服务迈向多元发展的轨道，国家力量和社会力量共同推动志愿服务稳步前进。2008 年受汶川地震和北京奥运会的影响，一大批志愿者加入到抗击地震灾害和奥运会赛事志愿服务中，并在媒体传播的扩展下，志愿服务成为一种风尚和一个社会现象，越来越多的群众以参与志愿为荣，为成为一名合格的志愿者而努力。经统计，2003 年开始，中国的志愿服务组织年累计增长率为 95%，平均每个组织每年管理的志愿者增加到 300 多名[1]。

---

[1]　杨团. 慈善蓝皮书：中国慈善发展报告（2019）[M]. 北京：社会科学文献出版社，2019.

2017 年，中国共产党第十九次全国代表大会提出"推进诚信建设和志愿服务制度化，强化社会责任意识、规则意识、奉献意识"，首次将志愿服务的制度化发展列入党和国家发展规划，党的十九届四中全会围绕坚持和完善中国特色社会主义制度提出健全志愿服务体系，从党和国家政策上、制度上支持和巩固志愿服务的持续发展①。在实践方面，2017 年《志愿服务条例》《关于推进志愿服务制度化的意见》《关于支持和发展志愿服务组织的意见》等法规和政策的颁布，标志着中国志愿服务走向全国统一的法治化轨道，满足了志愿服务在中国迅速发展的法治需求，推动着志愿服务的长远发展。这些都显示出我国志愿服务愈发生机蓬勃，也越来越走出中国特色的志愿服务之路。

【扫码知】

《志愿服务条例》

6.1.6 志愿服务的类别及意义

志愿服务的类别多样，包括但不限于以下 12 类服务②。

1. 大型活动服务

大型活动服务是指全国、省、市、县（区）的行政区域内大型社会公益活动的现场引导、信息咨询、语言翻译、礼仪接待、团队联络、应急救助、技术指导和秩序维持等服务。有助于展现城市的良好风貌，推动社会文化、体育、艺术等的发展，保障大型活动的顺利开展，用坚韧、勇气和活力感染周围的人，展现乐于奉献、兢兢业业、团结协作和开拓创新的精神。

经典案例 **2008年北京奥运会大学生志愿者用微笑展示青春风采**

2008 年北京奥运会的举办赢得了世界的赞扬，在奥运盛事成功举办的背后，离不开以大学生为主体的青年志愿者的不懈坚持与辛勤劳动。青年"蓝立方"们用微笑服务奥运、奉献奥运。他们是在社会的关爱中成长起来的"80 后""90 后"们，成功担起了国家赋予的重任，展现了崇高的使命感和责任感，给运动员、裁判员、观众及海内外各界人士留下了积极向上的印象。

---

① 共产党员网. 中共中央关于坚持和完善中国特色社会主义制度、推进国家治理体系和治理能力现代化若干重大问题的决定[EB/OL].（2019-11-05）. http://www.12371.cn/2019/11/05/ARTI1572948516253455.shtml.
② 中华人民共和国中央人民政府. 关于国家标准《志愿服务组织基本规范》（征求意见稿）[EB/OL].（2019-06-14）. http://www.gov.cn/xinwen/2019/06/16/content_5400753.htm.

奥运会志愿服务需要良好的体力和毅力，如赛事岗位需要在赛前3h上岗，比赛结束后2h离岗，赛事安排密集，志愿者的工作强度相当高。但他们勇敢地承担起各项纷繁复杂的工作任务，积极应对各种突发事件，展现中国青年的良好形象、聪明才智和精神风貌。

很多青年"蓝立方"在回忆这段志愿服务经历的时候，一致的感受就是"难忘和自豪"，难忘2008年夏天为服务他人而反复汗湿的衣服，难忘在赛场服务时的紧张和兴奋，自豪的是圆满地承担起了这份责任，也将成为人生闪光的记忆。

2. 应急救援服务

自然灾害、重大事故、公共卫生和社会安全事件发生后，当地人民政府设立应急指挥机构统一指挥协调，开展防灾救灾、心理干预、医疗卫生和排危重建等服务。体现的正是一方有难、八方支援的友爱与团结，通过各类援助，促进受灾地区尽快战胜各种灾害，带去希望和温暖。新冠肺炎疫情暴发时，全国各地志愿者纷纷向武汉集结，伸出驰援之手，将医疗技术和救援物资等带过去，让封锁的武汉不再孤独，虽然街上空无一人，虽然道路不再通达四方，但是有志愿者的爱心传递，汇聚起抗击疫情的宏伟力量，最终取得了抗疫的首战大捷。

3. 社会公共服务

社会公共服务是指为协助党政部门或者其他各类社会机构实现各种公共服务职能而提供的如维持秩序、教育群众和疏解情绪等服务。这类志愿服务有助于维护社会秩序，提高群众的文明意识。志愿者化身为城市文明使者，成为最鲜亮的宣传名片，通过自己的行为，让更多的群众了解文明行为，并自觉践行文明行为，共同维护城市的美好环境、社会秩序。

4. 生活帮扶服务

生活帮扶服务是指为孤寡老人、病残人员、农村留守人员和外来流动人员等弱势群体提供必备的生活物资、精神慰藉和文化娱乐等服务。这类服务项目通过为他人提供帮助，让受助者在身心上获得关怀，感受社会和他人的温暖，树立积极向上的生活目标。

拓展阅读　　　　**习近平总书记给"郭明义爱心团队"的回信**

"郭明义爱心团队"的同志们：

来信收悉。得知你们"跟着郭明义学雷锋"，用爱心温暖需要帮助的人，在服务社会、助人为乐、爱岗敬业中提升人生境界，感到很欣慰。在此，我向你们，向全国广大的志愿者和爱心人士，致以崇高的敬意！

雷锋精神，人人可学；奉献爱心，处处可为。积小善为大善，善莫大焉。当有人需要帮助时，大家搭把手、出份力，社会将变得更加美好。我国工人阶级应该为全社会学雷锋、树新风作出榜样，让学习雷锋精神在祖国大地蔚然成风。希望你们努力践行社会主义核心价值观，积极向上向善，从"赠人玫瑰、手有余香"中感受善的力量，以实际行动书写新时代的雷锋故事，为实现中国梦有一分热发一分光。

祝大家工作顺利、阖家幸福！

2014 年 3 月 4 日

5. 支教助学服务

支教助学服务是指为贫困地区提供的支教、捐书、赠学和送戏下乡等服务。这类服务项目有助于为贫困地区的孩子带去更优质的教育资源，让想学习的孩子能够有机会学习，让贫穷不再是制约知识学习的一个因素，让教育资源的分配更加优化。教育是改变一生的事业，通过志愿者的努力，这些孩子们能够接触到更丰富的知识、更潮流的信息、更便捷的平台，也许就是一句话、一个行为、一个眼神，也许是细水长流的浸润，能让孩子们树立更远大的目标，用知识改变未来。

拓展阅读　　　**习近平给华中农业大学"本禹志愿服务队"回信**

"本禹志愿服务队"的同学们：

来信收悉。得知你们在徐本禹同志感召下，积极加入青年志愿者队伍，走进西部，走进社区，走进农村，用知识和爱心热情服务需要帮助的困难群众，坚持高扬理想、脚踏实地、甘于奉献，在服务他人、奉献社会中收获了成长和进步，找到了青春方向和人生目标，感到十分欣慰。值此中国青年志愿者行动实施 20 周年之际，我向你们以及全国广大青年志愿者，致以诚挚的问候和崇高的敬意！

当前，全国各族人民正在中国共产党领导下，全面贯彻党的十八大和十八届三中全会精神，满怀信心为实现中华民族伟大复兴的中国梦而奋斗。你们在信中表示，要勇敢肩负起历史赋予的责任，积极投身改革发展伟大事业，奉献社会，服务人民，说得很好。

历史和现实都告诉我们，青年一代有理想、有担当，国家就有前途，民族就有希望，实现中华民族伟大复兴就有源源不断的强大力量。希望你们弘扬奉献、友爱、互助、进步的志愿精神，坚持与祖国同行、为人民奉献，以青春梦想、用实际行动为实现中国梦作出新的更大贡献。

2013 年 12 月 5 日

6. 卫生保健服务

卫生保健服务是指为城乡社区居民提供的义诊、健康保健等服务，为贫困地区开展的送医、送药、常见疾病防治知识宣传等服务。这类服务项目通过医疗技术、医药物资的保障，可以为群众提供便捷的医疗服务和物品，增强安全健康意识。医药类大学的学生们经常定期参与义诊和健康知识宣传，为社区居民，尤其是老年群体开展一些基本的检测，用自身所学帮助和服务更多的群众，在奉献中诠释自我价值。

7. 法律服务

法律服务是指为公民、法人或其他组织提供的相关政策法规宣传、讲解等。这类服务项目有助于提高居民的法律意识，通过志愿者的宣讲，让群众能够辨别违法行为，自觉抵御违法分子的侵扰，树立安全意识，恰当保护自我。

8. 环境保护服务

环境保护服务是指开展各类节能减排、护水护绿、防治污染等活动及环保知识宣传。这类服务项目有助于改善生态环境、培育环保意识。一些环境保护行动难以通过个体来实现，因此常常要通过专业的团队来完成，环保志愿服务就是其中之一。环保服务可以是在学校里自觉抵制长明灯、长流水现象，保护我们共同的资源，也可以化身宣传使者，普及环保意识，强化社会的环保行动。

9. 科技推广服务

科技推广服务是指开展各类科普知识宣传、技术推广和运用等服务。这类服务项目有助于增强居民的科技意识，宣传实用科技，推广运用身边的科技，服务和便捷群众生活。当今，科学技术日新月异，以老年人为代表的群体难以接触最新科技，通过科技推广，能够便捷他们的日常，让科技服务生活。

10. 治安防范服务

治安防范服务是指开展治安宣传、治安巡逻、公共财物看护、禁赌禁毒、社区矫正和防范违法犯罪等服务。这类服务项目有助于满足群众对于安全的需求，通过安全巡逻、隐患排查，将安全隐患降到最低，常见于社区治理中，有助于为社区居民打造和谐美好的居住环境。

11. 公共文明引导服务

公共文明引导服务是指针对公共场所各类不文明行为，开展劝导、引导和纠正等服务。这类服务项目有助于抵制不文明行为，通过劝导、引导让不文明行为人意识到自身行为对他人和社会的危害，宣传文明举止，为构建和谐有序的社会环境作出努力。例如，公共场合禁烟引导、有序排队引导、文明养犬引导等都属于这类服务。

12. 群众文化服务

群众文化服务是指开展群众文化活动组织、文化培训和文艺演出等服务。这类服务项目依托志愿者的文艺特长，进一步丰富群众的文化生活，满足人民对美好生活的需要，让群众在文化活动轻松愉快的氛围中，陶冶情操、放松心情、感受美好，尤其对一些老年人来说，还能丰富退休生活，获得精神上的满足。

6.2 大学生志愿服务与劳动

党中央明确把志愿服务确立为劳动教育的途径之一，对大学生来讲，参加志愿服务与劳动有紧密的联系，符合劳动教育的基本原则，同时，有助于实现劳动教育的育人目标。

6.2.1 大学生志愿服务与劳动教育基本原则的一致性

1. 志愿服务突出劳动教育的育人导向

新中国成立以来，我国从一穷二白到全面建成小康社会，从社会主义改造、社会主义建设到改革开放，依靠的正是一代代中国人民的辛勤劳动。未来，要实现社会主义现代化国家的建设、实现中华民族伟大复兴的中国梦仍需要一代又一代青年人用自己的行动报效国家、奉献社会。通过参与志愿服务，大学生可以在充满正能量的团队中培养自身积极向上的风貌，在无私奉献的服务项目中树立正确的价值取向，在切身实践中锻造优秀的技能水平，强化对劳动的感知和体悟，增强对劳动人民的感情，并自觉融入社会劳动中，承担起民族复兴的大任。

2. 志愿服务体现劳动教育的实践体验

劳动教育要以体力劳动为主，强化实践体验，只有亲身体会劳动的过程，才能真正实现劳动教育的目的。志愿服务正是让大学生积极参与劳动的实践过程，在各种服务项目中，直接和服务对象接触，用自己的双手和智慧满足服务对象的需求。志愿服务一般以体力劳动为主，如为老年人进行房屋打扫、为校园进行卫生清洁、为各类会议提供支持服务、为春运进行秩序维护等，在辛勤的付出中创造干净整洁的环境、保持会议的顺利开展、维持井然有序的乘车秩序等。大学生只有通过切身体会，经历高度投入、腰酸腿疼，才能知道环境清扫人员的不易、会场服务人员的细致、车站服务员的辛苦，了解每一份职业背后的付出，更加珍惜他人的劳动成果，提升育人的实效性。同时，志愿服务也需要辅以脑力劳动，运用专业知识和聪明才智让服务更加专业、到位，如在支教助学项目中需要思考如何把自己掌握的知识更好地教授给学生，在环境清扫中要思考按照哪个顺序进行清扫会事半功倍，在会场服务过程中要思考如何让各个流程更加顺畅，在秩序维持中要思考如何顺利解决服务对象的各种疑问等。

3. 志愿服务关注劳动教育的时代特征

社会发展和技术变革对劳动提出了新要求，劳动教育的内容和方式也随之发生变化。一方面志愿服务关注了劳动教育内容的新变化，如敬老爱老服务在"学雷锋"时期倡导帮扶老年人过马路、帮老年人代买日常用品，当下，随着老年人对美好生活的需要，出现了更多新的服务内容，包括教老年人使用手机里的常用软件、给老年人宣传防电信诈骗知识、开展文娱展演等。另一方面志愿服务关注了劳动教育方式的新变化，早期的志愿服务以线下方式开展，随着电话的普及，志愿服务热线成为一种常用的服务形式，再随着互联网的普及，志愿服务线上平台越来越完善，大学生参加志愿服务有了更多的渠道，可以直接从各类应用程序或微信公众号上报名参与，形成志愿"云社区"，打造志愿者网上之家。

4. 志愿服务统筹劳动教育的主体力量

劳动教育要整合家庭、学校、社会各方面力量，强化综合实施，形成协同育人格局。根据不同的服务项目，大学生志愿服务活动主要涵盖了学校和社会劳动。例如，校园环保项目就是通过对学校清洁的维护、校园用水用电的节能减排督促大学生树立"人人都是建设者"的观念，爱护校园一草一木。再如，支教助学项目就是让大学生投身社会，站上讲台，亲身体验教师的工作职责，用自己的知识改变更多需要帮助的孩子。大学生志愿服务鼓励大学生参加各类志愿服务项目，在不同的场景、不同的服务对象中锻炼不同的技能，提高劳动能力。

5. 志愿服务挖掘劳动教育的实践资源

劳动教育强调结合当地条件，充分挖掘可利用的资源。志愿服务项目正是基于对当地资源的深入探寻，策划各种服务活动。为了便于大学生能够利用课余时间开展服务活动，大学生志愿服务项目一般涉及校园周边的社区、养老院和康复中心等；同时，还可以利用与企业的联系，让学生对接企业一线进行服务，在岗位上体验具体的劳动，有针对性地开展志愿服务，提高专业劳动技能。

6.2.2　大学生参与志愿服务有利于自身树立正确的劳动观

1. 有利于树立劳动最光荣的观念

志愿服务的初衷就是在奉献中服务他人、服务社会，每位志愿者都抱着这样的初衷，在服务的过程中让善的种子生根发芽、绿树成荫，为服务对象撑起一片阴凉，播撒仁爱的情怀，践行"仁者爱人"的优良传统。在奉献的过程中，用自身擅长的知识和技能，帮助每一位需要帮助的人，从这一光荣的行为中体会劳动的光荣；在服务的过程中，感悟劳动的艰辛，从而尊重劳动，珍惜劳动成果，增强对劳动人民的感情。

2. 有利于树立劳动最崇高的观念

志愿服务是通过自己的无偿劳动创造价值的过程，价值创造本身就是一件崇高的事业，再融入无偿奉献的精神境界，让志愿服务更加朴实无华、充满真挚。大学生在服务的过程中，为社会贡献自我劳动价值，不计报酬、不计回报，开阔了劳动视野和胸怀。这种去功利化的劳动意识正是崇高劳动观念的体现。当看到他人因为自己的劳动而幸福时会更加喜悦和幸福，这种精神层面的回报是物质回报难以实现的，也能产生更加深刻而长久的影响。

3. 有利于树立劳动最伟大的观念

"党的十八大以来，广大志愿者、志愿服务组织、志愿服务工作者积极响应党和人民号召，弘扬和践行社会主义核心价值观，走进社区、走进乡村、走进基层，为他人送温暖、为社会作贡献，充分彰显了理想信念、爱心善意、责任担当，成为人民有信仰、国家有力量、民族有希望的生动体现。"越来越多的大学生积极参与到志愿服务中，将小我融入大我，自觉承担起民族复兴的重任，担当大学生的社会责任，用辛勤劳动和谐人际关系、维护社会秩序、改善社会治理、创造社会价值、推动社会发展，为实现社会善治贡献力量。

4. 有利于树立劳动最美丽的观念

"赠人玫瑰，手留余香"，当从事志愿服务时，将会为自己的劳动而感到高兴，虽然过程中会有艰辛、劳累和坎坷，但走过风雨之后，将收获成长，再回望来时的路，一切都变得更加美好并值得珍惜。首先，志愿从来不只是单向付出，他人在受助之后往往也会露出喜悦的微笑，这种微笑正是美好的来源，可以驱除阴霾，把善传递给每个人。其次，在志愿服务中更能够找寻到志同道合的朋友。选择投身于志愿服务的人，都有一个共同的品质——"善"，每个人都是闪着光的个体，简单而纯洁，最初认识时互相不知道姓名、不知道年龄、不知道具体信息，但是仅仅因为是从事志愿服务，就会让他人觉得这是一个值得尊敬的人，是一个有着高尚情操和优良素质的人。在志愿服务中，身边都是有着这类共同品质的人，更容易因为这种特质相互吸引，收获简单而美好的友谊。依托单纯的初衷建立起信任，通过沟通、交流、接触，在信任之上逐渐熟悉并成为朋友。周边的所有人都在收获美好，拥有晴朗的心境，整个团队的氛围都是积极向上的，在这样的氛围中提供服务，自己也会很好地融入进去，将这份美好坚持下去。最后，志愿者与服务对象之间也能够建立美好的友谊，助人与受助本来就是一组美好的关系，助人者散发着善良的气息，受助者在关爱之中温暖自己也温暖他人，双方很容易放下戒备，以真心换取真心。

6.2.3　大学生参与志愿服务有利于培养自身劳动精神

1. 有利于培养勤俭精神

首先，志愿服务的无偿性使得志愿者通过服务只能获得适当的物质回报，这能够让志愿者保持勤俭，而且志愿者的初衷也并非获取物质利益，这也反映出志愿者勤俭的精神。其次，志愿服务项目撬动的资金较少，无论是学校社团志愿服务项目还是共青团推动的项目，拨付或筹集的资金不会太多，志愿者在志愿服务过程中要思考如何用最少的资金实现最优的结果。最后，受助者的行为会影响志愿者，志愿服务对象有一部分是资源相对匮乏的群体，他们的生活状态比较局促，如支教助学地区往往是偏远山区，学生们的生活条件都不宽裕，通过和这些孩子以及他们的家庭相处，更能了解生活的不易，体会挣钱的艰辛，从而形成勤俭的劳动精神。

2. 有利于培养奋斗精神

志愿服务的效果有好坏之分，优秀的志愿服务都是通过志愿者们的奋斗实现的。志愿服务的过程是辛苦、枯燥的，需要通过奋斗来克服自身的退却心理，用毅力坚持下去，用不懈的付出实现服务目标。同时，身边有一群一起奋斗的同伴，在相互激励、相互陪伴中，更能够坚持下去，实现自我的突破，用奋斗创造服务果实。

3. 有利于培养创新精神

一方面，每一项志愿服务既有延续性又有创新性，延续性是固定的服务内容，创新性是每次服务中面对的新情况、新问题，需要志愿者利用创造性思维去解决，从而培养创新的劳动精神；另一方面，通过志愿服务，大学生能够把专业知识、社会技能等运用到实践中，通过手脑并用，锻炼专业能力，不断提高创新服务能力。

4. 有利于培养奉献精神

志愿精神的首要内容就是"奉献"，这与劳模精神中的"甘于奉献"相契合。在从事各类志愿服务的过程中，无论是付出体力劳动还是脑力劳动，无论是专业劳动还是一般劳动，都让大学生能够在服务中激发奉献的情感，越投入越愿意投入，越会懂得以适当的方式付出友爱之心。目前，很多大学生志愿者将志愿服务作为毕生的追求、作为热爱的事业，在无偿奉献中创造价值。

6.2.4　大学生参与志愿服务有利于提高自身劳动技能

劳动是一种技能，劳动成效有好坏之分，在日常生活中，我们会发现同样的时间，不同的人做出来的成果不同，虽然都付出了劳动，但是结果是不同的，这就说明劳动的技能有高低之分。既然都付出了劳动，为什么不产出高质量的劳动成果呢？这就需要我们在实践中不断提升劳动能力。大学生参与志愿服务的过程正是提高自我劳动技能的过程。一般情况下，在开展志愿服务前，团队会对志愿者进行专业培训，提高服务技能，学习服务中的沟通、礼仪、心理调适等内容；再结合不同类型的志愿服务进行专项培训，有针对性地提高专业领域知识和能力。在志愿服务中，志愿者针对某一具体的服务岗位，进行反复的实践，这个过程就是把理论运用于实践，在实践中检验理论并完善理论体系的过程，通过反复的自我实践，在否定之否定规律的作用下，不断总结经验，螺旋式上升，收获完备的技术和技能。同时，志愿服务常常是团队服务，某一服务岗位具有多名志愿者，身边有一群同伴和自己做着一样的服务内容，相互之间增加了共同语言，也在探讨和交流中共同提升、互相督促，在有趣的实践过程中完善自我。

例如，支教助学志愿服务在前期培训中，组织者会着眼于教学能力、知识体系的培养，这有助于大学生丰富教书育人的知识储备和提高教学能力，同时组织者也会提前介绍服务地的风土人情，帮助大学生更快地适应支教环境，并据此设计符合当地风俗民情的教学方案，提高教学的针对性和有效性。在服务的过程中，大学生到服务地，为当地的学生开展真实的课堂教学，通过反复的探索，在一段时间的实践后，能熟练地表达课程观点，提高教学质量；也会提高自己的口才，强化心理素质；也能够在与学生的沟通中提高交际能力，和不同性格的学生、家长相处，应对各种突发情况，越来越熟悉在不同的环境下说适宜的话、做适宜的事。这些都是仅仅依托学校学习和社团工作难以模拟和获得的技能。

6.3　大学生参与志愿服务活动实务

志愿服务围绕志愿服务项目展开，志愿服务项目是在一定的周期内，面向特定服务对象或领域开展的，具有明确的服务目标、服务时间、服务内容和服务保障的志愿服务活动。[①] 为方便大学生参加志愿服务活动，本部分主要从校内社团组织的志愿服务和学校团委推动的志愿服务入手，对代表性志愿服务项目进行介绍。

一般情况下，无论是校内社团还是团委组织的志愿服务项目，流程主要包括 6 个环节，分别为项目策划、项目发布、选定志愿者、基础培训、开展服务、总结提升，如图 6-4 所示。

---

① 中华人民共和国中央人民政府.志愿服务条例[EB/OL].（2017-09-06）http://www.gov.cn/zhengce/content/2017-09/06/content_5223028.html.

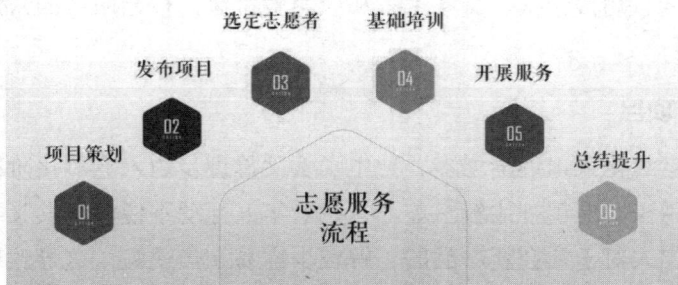

图　6-4

项目策划由志愿服务组织操作，根据志愿服务计划和相应的资源，确定项目的主题、内容、形式、时间、地点和人数等，由组织确定后，进入下一步流程。

项目发布依托线上线下宣传平台，线上平台可以依托志愿服务组织的宣传阵地，也可以通过志愿者网络社群，如微信群等发布项目信息；线下平台可以通过团委、学生会和班级骨干通知相应的志愿者或更广泛的学生群体，宣传范围根据项目需求确定。

选定志愿者参与项目，根据志愿服务技能及项目的具体需求，根据志愿者的特长进行筛选，选择最适合的志愿者，以保证服务质量。一些大型项目往往还有面试环节，以此筛选出能力素质适宜的志愿者。

开展基础培训，向志愿者介绍项目的具体信息，明确时间、地点以及为开展服务所需进行的前期准备，尤其是各项具体的志愿服务项目开展过程中特别需要注意的内容，如着装的要求、沟通的宜忌、需自备的物品等，专业领域服务要进行志愿者专业能力的培训，以确保符合项目要求。

开展服务是最核心的步骤，是志愿者向服务对象直接提供服务的过程，按照项目主题和服务对象的需求开展各类志愿服务，达成服务目标。服务过程具有灵活性，应根据服务对象需求的不同提供相应的服务，服务过程中也可能出现突发状况，这都对志愿者的临场应变能力提出了要求。

总结提升环节是对项目开展的经验总结、不足反思和优秀表彰，为类似项目积累经验，树立优秀榜样，让志愿者们在学习中不断成长，提高服务素养，培养服务技能，成为更加优秀的自己。

6.3.1　校内社团组织的志愿服务项目

大学志愿服务类社团比较常见的是青年志愿者协会、红十字协会等，根据每个学校的具体情况，设有校级和院级两个层级。同时，根据学校特色，也会另设其他公益类社团，开展特色志愿服务项目。

总体来看，校内社团组织的志愿服务主要涵盖社会服务和校园服务，社会服务的常规项目有敬老爱老、病残帮扶、义务家教和应急救援等，校园服务的常规项目有学生服务和校园环保等。

1. 敬老爱老项目

目前，中国老龄化人口逐渐增多、独生子女父母逐步迈入老龄化阶段，一些老年人虽然物质生活不用操心但精神比较空虚，一些老年人行动不便但子女又不在身边照顾日常起居，一些老年人对于社会新产品的了解较少容易上当受骗。这导致现实养老需求越来越庞大，但是社区养老产业的发展有限，这就需要大学生志愿者们的加入，以力所能及的劳动满足老年人的多样化需求。

（1）服务对象。养老院或是联系对接的社区老年人。

（2）服务内容。为老年人提供高质量陪伴、帮助老年人购买日常物品、为老年人打扫卫生、组织老年人开展文娱活动、向老年人进行知识宣传等，凡能够实现老年人需求的项目都属于大学生志愿服务敬老爱老项目的范畴。

2. 病残帮扶项目

社会上有个角落由于命运的打击，可能照不进阳光，这里可能随时有生命的威胁，如先天性心脏病、白血病、脑瘫、视力低下和残疾等，这些群体需要全社会更多的关心和爱护。病残帮扶项目正是对病残人士开展募捐、陪护和日常陪伴等，通过志愿者的帮助，一定程度上减轻病残家庭的陪护压力，给予服务对象更多的精神支持和像家人、朋友一样的关怀，带给他们欢乐和幸福。

（1）服务对象。患有疾病或身体残疾人士及其家庭。

（2）服务内容。为病残人士开展募捐、提供日常陪护、在专业的指导下开展康复训练等，给予病残人士精神上的关怀，通过陪伴和帮助，让他们能够更加坚强地面对困难，鼓起勇气，树立信心，早日康复。

3. 义务家教项目

当前，由于发展的不平衡和不充分，教育资源的分配也存在不平衡现象，但是对于每个孩子来说受教育的权利都是平等的。义务家教项目是对不平衡教育资源的再次分配，通过大学生擅长的知识领域，弥补教育的缺口，力所能及地让更多的孩子接触更多的知识，树立更加远大的目标，成为社会主义建设的栋梁之材。

（1）服务对象。教学资源相对不足的小、初、高在校学生。

（2）服务内容。为孩子提供学业指导、陪伴孩子成长和开展兴趣爱好教学等，让学生提升学习技能，掌握学习经验，补足知识欠缺，增强学习兴趣。

4. 应急救援项目

中国历来就有"一方有难，八方支援"的优良传统，大灾大难面前，大学生志愿者们挺身而出成为坚强的防御线，无论是汶川大地震时的前线支援、自愿献血、心理安抚，还是抗击新冠肺炎疫情的社区防疫、运送物品、科普宣传等，都有大学生逆流而上的身影，他们用爱心温暖灾区人民，展示了青年的担当。

（1）服务对象。受灾地区各类组织或人民群众。

（2）服务内容。根据灾区需求提供各类服务，包括义务献血、前线救援、心理安抚、科普宣传等，为灾区的企事业单位、城市基层组织、人民群众带去关怀和温暖，帮助人民群众从灾情影响中恢复正常的生活，让城市恢复正常的运转和生产。

经典案例

北大青年志愿者协会荣获"抗击新冠肺炎疫情青年志愿服务先进集体"称号

"若有战、召必应！"2020年初，新冠肺炎疫情来势汹汹，疫情就是集结号，北大青年志愿者协会第一时间发出北大青年投身疫情阻击战志愿动员、倡议书信，先后组织8 000余名北大志愿者投身疫情防控志愿服务行动，用青春的肩膀扛起光荣使命。

在青年志愿者协会的号召、动员和组织下，有医学专业同学逆行出征，毅然踏入感染科病房，争分夺秒、舍生忘死；有公共卫生学院师生协助中国疾控中心进行数据统计，连续作战、勇挑重担；有一大批青年志愿者投身居住地社区疫情防控工作，不惧风雨、坚守岗位；还有把热血献给祖国的、筹集资金物资支援疫情一线的、线上辅导一线医务人员子女学业的、进行抗疫资料翻译的……青年志愿者协会组织的各项抗疫行动，凝聚起北大青年抗击疫情的温情和力量，体现了强烈的责任担当和奉献精神，为抗击疫情贡献了青年先锋力量。

5. 校内学生服务项目

大学对于学生来说就是一个小社会。学校建设不仅仅是学校教职工的事，更是每天生活在其中的每位同学的责任，大家各有所长、各展其才，通过同学们的参与和奉献让学校变得更加有温度。

（1）服务对象。在校学生和学校教职工。

（2）服务内容。学生服务的内容涵盖方方面面，如为保持学校的井然有序，在人流量大的时间段维持校园秩序、在各种学生活动中提供支持服务、为保持图书馆干净清洁进行图书整理、为校内需要帮助的同学组织关爱活动等。

6. 校园环保项目

通过组织学生参与校园环保项目，维持学校的良好环境，更重要的是通过参与环保志愿服务活动树立环保意识，形成环保之风，把环保行为作为自身要求，在每一个细微的行为中维护校园环境，自觉做到不乱扔垃圾、节约用水用电、爱护校园设施设备等。

（1）服务对象。校园环境。

（2）服务内容。一方面是组织爱护校园环境行动，如组织开展植树活动、校园卫生清扫、校园河道清理、校园公共设施维护、长明灯长流水的制止和光盘行动等，通过具体的环保行动参与到校园环保中，在长期志愿服务的劳动中养成良好的行为习惯；另一方面是进行环保意识宣传，如组织开展校园垃圾分类的宣传、废旧电池回收的宣传等，让更多的同学树立环保意识，加入校园环保行动中，共建美好的校园环境。

6.3.2 学校团委推动的志愿服务项目

在共青团中央组织、各级团委大力推动下，大学生志愿服务项目蓬勃发展，在各类别活动中，逐渐涌现出一批具有特色、参与广泛、效果显著的项目。

1. 全国学生运动会志愿服务

全国学生运动会志愿服务作为大型活动服务的代表项目，围绕推动和支持全国学生运动会（以下简称学运会）展开。学运会由教育部、国家体育总局、共青团中央联合主办，是将大学生运动会和中学生运动会合二为一、全国最高级别的学生体育赛事。作为学生的体育盛典，志愿服务的主体也是学生群体，尤以大学生志愿者居多。

（1）服务对象。主要包括教练员、运动员、观众、媒体、赞助商和其他相关人员。

（2）服务内容。

1）通用志愿者。通用志愿者主要在场馆（含竞赛场馆、训练场馆和非竞赛场馆）进行志愿服务，主要承担竞赛场馆及周边重要场所的观众、交通、赛事、新闻和文化等的志愿服务；内容主要包括交通服务、住宿引导、安全保卫、医疗卫生、观众服务、沟通联络、竞赛组织支持、场馆运行支持、新闻运行支持和文化活动组织支持等。

2）礼仪志愿者。礼仪志愿者承担颁奖仪式服务和接待服务。

3）法律志愿者。法律志愿者承担竞赛场馆法律咨询、协助和培训等服务。

（3）招募要求。

1）自愿参加学运会志愿服务。

2）能够参加赛前的培训及相关活动。

3）能够在赛会期间承担相应的岗位职责，在安排的时间和岗位全程服务。

4）具备志愿服务岗位必需的专业知识和技能。

（4）招募方式。由学校团委组织，申请人自愿报名，经过材料审核、测试与面试、培训、考核、背景审核等流程确定参与志愿服务，确定岗位，并发出录用通知及签署志愿服务协议，正式履行志愿者任务。

（5）志愿者培训。包括通用培训、场馆培训和岗位培训。通用培训包括通用知识、通用技能和职业素养三个方面。场馆培训的内容主要是相关场馆的竞赛知识、场馆及周边的布局、功能、内部设施、场馆管理规章制度等。岗位培训的内容主要是岗位细则（专项业务知识和技能）、工作任务、业务流程和作业标准等。

（6）志愿者保障。包括制发志愿者证、提供工作制服装备、提供工作期间的餐饮、提供工作期间的人身意外伤害保险以及赛事期间提供一定的公共交通服务。

2. 大学生志愿服务西部计划

共青团中央联合教育部、财政部、人力资源社会保障部自2003年起实施大学生志愿服务西部计划（以下简称西部计划），招募一定数量的普通高等学校应届毕业生或在读研究生，到西部基层开展为期1～3年的志愿服务工作，鼓励志愿者服务期满后扎根当地就业创业，探索志愿服务为社会发展和国家战略作出贡献的有效途径，促进区域资源共享，以提升基础教育水平，带动西部地区经济发展。

（1）服务对象。主要包括民族地区、边疆地区、贫困地区和革命老区的人民群众，进一步向"三区三州"等深度贫困地区调整。

（2）服务内容及招募要求。见表6-1。

表　6-1

专 项 名 称	服 务 内 容	招 募 要 求
基础教育	在县级以下中小学从事教学等基础教育工作。本专项包括研究生支教团	符合西部计划及研究生支教团选拔标准（到岗之前获得毕业证书或学位证书，通过西部计划体检，有志愿服务经历、西部地区生源和担任过各级学生干部的优先考虑），师范类专业优先
服务三农	在县乡参与从事精准扶贫专项工作。在县乡农业、林业、牧业、水利等基层单位从事农业科技与管理工作；在县乡新型农业经营主体、农村合作经济、农村电子商务、农村饮水安全、农田水利和生态保护等领域从事服务三农的相关工作	符合西部计划选拔标准，农业、林业、牧业、水利、资源环境和信息技术等专业优先
医疗卫生	在县乡基层卫生部门和医疗院所站点单位从事卫生防疫、管理、诊治和关爱乡村医生等工作	符合西部计划选拔标准，医学类专业优先
基层青年工作	在县级及以下共青团、青年之家、团属青年社会组织从事团的基层组织建设、促进就业创业、预防违法犯罪和志愿服务等青年工作。在相关项目办担任西部计划项目专员	符合西部计划选拔标准，担任过各级团学组织负责人的优先，已服务1年以上并申请延长服务期的优先

（续表）

专 项 名 称	服 务 内 容	招 募 要 求
基层社会管理	在县和乡镇部门单位围绕基层经济发展、社会稳定和民生改善等社会公共管理和公共事务开展工作	符合西部计划选拔标准,法律、经济、中文、社会工作和行政管理等相关专业优先,已服务1年以上并申请延长服务期的优先
服务新疆	围绕新疆和兵团经济社会发展需要,志愿者在基层单位从事基础教育、服务三农、医疗卫生、基层青年工作和基层社会管理等工作	符合西部计划选拔标准。师范类、农学类、医学类以及相关理工和人文社会科学类等专业优先,担任过各级团学组织负责人的优先
服务西藏	围绕西藏社会发展需要,志愿者在基层单位从事基础教育、服务三农、医疗卫生、基层青年工作和基层社会管理等工作	

（3）招募方式。各招募省项目办负责本省（区、市）报名志愿者的选拔统筹工作,单独、会同或指导报名学生所在高校项目办开展审核、笔试、面试和心理测试等选拔工作,做好入选志愿者集中体检及公示,与志愿者签订招募协议书并向志愿者发放确认通知书。服务省项目办集中培训结束后,由服务县项目办将本县志愿者集中接到服务县。由服务县项目办、服务单位、志愿者签订三方服务协议,并在西部计划信息系统中确认完善有关信息。志愿者应按照所签订三方服务协议的服务岗位上岗。

（4）志愿者培训。围绕提升理论素养、增强服务技能、熟悉管理规定、了解服务地风土人情等内容,开展志愿者管理制度、安全健康教育、地方风俗民情、教学授课技能、团队精神塑造等方面的培训,培训结束后集中发放志愿服务证。

（5）志愿者保障。

1）服务2年以上且考核合格的,服务期满后3年内报考硕士研究生的,初试总分加10分,同等条件下优先录取。

2）参加西部计划项目前无工作经历的志愿者,服务期满且考核合格后2年内（研究生支教团志愿者自研究生毕业时开始计算）,在参加机关事业单位考录（招聘）、各类企业吸纳就业、自主创业、落户和升学等方面可同等享受应届高校毕业生的相关政策。

3）服务期满考核合格的,按规定符合相应条件的,可享受相应的学费补偿和助学贷款代偿政策。

4）服务期满考核合格的,依实际服务年限计算服务期及工龄（参加工作时间按其到基层报到之日起算）,并在服务证书和服务鉴定表中体现。

5）服务期满1年且考核合格后,可按规定参加职称评定。

6）领取志愿者工作生活补贴和社会保险。

7）为每名志愿者购买重大疾病、人身意外伤害等商业保险。

8）由服务县和基层单位提供交通、住宿和伙食等方面的便利,提高保障水平。

　　　　　　　　"西部计划"志愿者范亚菠

　　用一段时间做一件终生难忘的事，让青春的回忆更加绚丽多姿，到西部去，到基层去，到祖国需要的地方去……作为一名"90后""西部计划"志愿者，范亚菠用青春时光书写了多彩的人生，在基层、在祖国需要的地方发光发热，像一个太阳，温暖身边的人，也温暖了自己。

　　范亚菠的志愿服务心路历程颇具坎坷，初到服务地，虽然也是能吃苦的孩子，但是一到荒凉的北屯市，"步行来回30min走完"，比想象中的艰苦还要更加艰苦，但是他告诉自己不能做一个逃兵，责任和担当是一名志愿者最基本的要求，再艰苦也要咬牙坚持下来。在服务的过程中，范亚菠越来越发现了北屯的美好，这里民风淳朴、夜不闭户，人们安居乐业，兵团人团结在一起，互相帮助，近如亲人，也给予他家的温暖，让他逐渐产生了"留下来"的念头。"我工作的地方闪耀着兵团人和当地人智慧的光芒。"兵团人用自己的奋斗开垦土地，用自己的劳动创造幸福，并将子孙后代都留在这片热土上，范亚菠佩服兵团人的拼搏奉献、艰苦奋斗，在志愿服务之后，毅然选择扎根在祖国边疆，留在石河子工作，成为一名兵团人。

　　范亚菠用行动证明了"90后"的担当与作为，还有一批又一批的青年，用青春投身祖国西部建设，在艰苦磨砺中培育优秀品质，在无私奉献中传递温暖与爱心，用自身所学报答社会，为中华民族伟大复兴献上青年力量和智慧。正是有了他们，西部才有了一股流动的血液，不断运送着新鲜的氧气和充足的知识，让那里的孩子有了新的期盼，有了用知识改变命运的力量。"人不能只知道索取，奉献才是人生的意义。"他坚定地说："无论任何时候，在何种情况下，兵团人都时刻牢记自己是共产党的队伍，是人民的子弟兵，哪里需要我们，我们就到哪里去！"

3. 关爱农村留守儿童"七彩假期"志愿服务

　　共青团中央联合中央文明办、教育部、民政部于2016年共同发起实施关爱农村留守儿童"七彩假期"志愿服务项目（以下简称"七彩假期"志愿服务项目），是共青团"关爱行动"系列项目的重要子项目之一，带领和帮助近百万名少年儿童度过了快乐、充实的暑假，受到服务地广大少年儿童、家长的热烈欢迎和积极肯定。"七彩假期"志愿服务项目按照"假期集中服务，用好已有阵地，鼓励长期结对，支持示范项目，助力脱贫攻坚，扶智扶志结合"的工作原则，动员引导广大高校青年学生以教育关爱服务团的形式，统筹使用关爱行动七彩小屋、青年之家、青少年宫、流动少年宫等各类青少年综合服务平台和学校、乡村等综合服务设施作为志愿服务阵地，在暑假期间向贫困地区农村留守儿童和随迁子女提供志愿服务。

　　（1）服务对象。贫困地区农村留守儿童和随迁子女。

　　（2）服务内容。暑假期间，围绕学业辅导、亲情陪伴、素质拓展、自护教育、思想引领和心理辅导等内容，开展 10 天以上的"七彩假期"志愿服务。

（3）招募要求。组建"七彩假期"志愿服务团队要至少符合：①由高校团委、高校青年志愿者协会、高校志愿服务社团组建。②团队人数 3 人及以上。③能连续服务 10天以上时间。④学校能保障实践活动经费。

（4）招募方式。

1）各级团组织、青年志愿者组织、高校社团等根据服务需求，自行组建"七彩假期"志愿服务团队，招募学生积极参与其中。

2）鼓励暑期三下乡社会实践团队、中国青年志愿服务项目大赛获奖项目团队、机关企事业单位志愿服务团队、青年教师、少先队辅导员、西部计划和研究生支教团志愿者、返乡大学生等积极参与"七彩假期"项目。

3）鼓励吸纳一批基础教育、心理咨询、文化体育和医疗卫生等专业人员加入。

（5）志愿者培训。

1）志愿服务通识。

2）"七彩假期"项目实施具体要求。

3）未成年人教育领域知识。

4）根据农村留守儿童的需求，围绕学业辅导、亲情陪伴、素质拓展和心理辅导等进行专项培训等。

（6）志愿者保障。

1）为志愿者提供人身意外伤害保险等保障。

2）可以在"志愿中国"七彩假期志愿服务专区注册成为志愿者。

3）为团队发放一定数量的食宿、交通补贴和活动经费，提供资金保障。

4）中国青年志愿者协会为有需要的志愿服务团队提供包含活动标识、辅导教具、学习用品在内的"七彩假期"活动包。

4. 中国青年志愿者服务春运"暖冬行动"

共青团中央联合国家发改委、公安部、交通运输部、应急救援部、中国民航局、中国铁路总公司等 7 部门于 2015 年共同发起中国青年志愿者服务春运"暖冬行动"（以下简称 "暖冬行动"），以青年力量助力春运工作，服务好涉及亿万人民群众切身利益的重要民生工程。鼓励青年人做人民群众的奉献者，用热情的服务展现志愿者风采，用无私的奉献温暖旅客的回家路；做文明出行的传播者，引导旅客遵守秩序，相互礼让，带动传递遵规守序的社会风气，营造良好的春运氛围，增强人民群众对春运服务的满意度和认同；做志愿精神的践行者，大力弘扬志愿精神，用青春行动讲好春运故事、志愿故事。

（1）服务对象。面向春运旅客的普遍性需求和老、幼、病、残、孕等重点旅客群体。

（2）**服务内容。**春运期间，依托火车站、机场、道路客运站、港口码头、高速公路服务区等场所，围绕5个方面开展服务：①引导咨询。发放车次排班表、城区公交线路图、提供信息咨询、候车引导、换乘指导和指路咨询等服务。②秩序维护。协助车站进行安全隐患辅助排查、文明劝导、进出站引导和安全宣讲等秩序维护和乘客疏导工作。③重点帮扶。开展为老幼病残孕旅客拎包服务、困难旅客帮扶和绿色通道接力等。④便民利民。开展失物招领、热水供应和紧急药箱等服务。⑤应急救援。遇极端恶劣天气或其他突发事件造成旅客滞留时，协助相关单位开展应急救援、引导安抚、餐饮服务和后勤保障等应急类志愿服务。

（3）**招募要求。**

1）身体健康，能吃苦耐劳，自愿参加"暖冬行动"志愿服务项目。

2）服从指挥，听从安排，遵守纪律。

3）耐心细致，热情周到，举止文明。

4）富有社会责任感和爱心，能履行志愿者义务，弘扬志愿者精神。

5）遵守国家相关的法律法规和车站有关部门的相关规定。

（4）**招募方式。**

1）线上报名。志愿参加的组织和个人登录"志愿汇"手机APP，至春运"暖冬行动"专项活动页面报名参加春运志愿服务活动。

2）提交报名表。可于"志愿汇"上下载文件，将填写好的报名表格交到当地铁路单位团委，或交到当地共青团组织，由共青团组织统一对接铁路单位团委。

（5）**志愿者培训。**按照"谁负责、谁培训"的原则，围绕春运志愿服务内容，加强服务礼仪、服务技巧、安全知识和突发事件应急处理等方面的岗前岗中培训。

（6）**志愿者保障。**

1）提供统一的志愿服务服装。

2）为大学生志愿者出具参与假期社会实践证明。

3）"暖冬行动"结束后，将对志愿服务活动中表现突出的个人进行表彰。

5. 中国青年志愿者助残"阳光行动"

共青团中央联合中国残疾人联合会于2014年实施中国青年志愿者助残"阳光行动"（以下简称"阳光行动"），通过开展多种形式的阳光助残项目，关怀残疾人，让他们感受社会温暖，广泛传递正能量。

（1）**服务对象。**以残疾青少年为主，并尽力帮助其他残疾人及其家庭。

（2）**服务内容。**依托康复机构、托养机构、就业培训基地、扶贫基地、特教学校、助残站点、社会组织和残疾人家庭等，重点围绕以下5个方面内容开展志愿助残工作。

1）日常照料。开展生活照料、看护陪伴、邻里互助、心理疏导、励志分享、出行便利和法律咨询等志愿服务，导医、导购和交通等行业助残服务，帮助残疾人和残疾人家庭平等参与、共享社会生活。

2）就业支持。开展就业知识辅导、职业技能培训、企业用工和残疾人就业需求调查、创业帮扶、残疾人就业创业政策宣传和手续办理等志愿服务。

3）支教助学。开展送教上门、培智教育、残疾人扫盲、扶残助学志愿服务，为普通学校中的残疾学生和不能到学校接受正常教育的适龄重度残疾儿童，以及残疾人家庭中辍学或在读子女等提供帮助。

4）文体活动。开展陪伴残疾人读书、看电影、送文化进社区、残疾人特殊艺术辅导和残疾人赛会服务等志愿服务，积极开展帮助、支持残疾人参与体育活动等志愿服务。

5）爱心捐赠。动员社会公众、企业和机构等捐款捐物，主要用于现有基础上的志愿助残服务站点（重点在农村）建设，帮助特别困难的残疾青少年等。

（3）招募要求。志愿者按照志愿团队要求进行招募。同时，选拔工作热情高、有充足的时间和精力、有较强工作能力的优秀志愿者作为项目专员（志愿者骨干力量），组建一支规模适中、结构合理、相对稳定的项目专员队伍；广泛动员各类大中专院校、机关企事业单位和社会各界优秀青年参加服务，从中选配有志愿服务经历且具备教育学、医学、心理学和护理学等专业或工作背景的人员成为项目专员。

（4）招募方式。由志愿者骨干带头，志愿者自愿报名参加服务团队，在基层团组织和残联组织的推动下，以团队形式结对帮扶。

（5）志愿者培训。按要求开展志愿者一般技能和助残所需特殊技能的培训，对于初任志愿者项目专员，要在加入 3 个月内进行培训，各级团组织、残联要参照标准，逐级培训骨干志愿者，原则上，项目专员每年都要接受一次系统培训。

（6）志愿者保障。各级共青团、残联组织支持志愿者开展志愿服务期间的保险、交通和培训等工作；志愿助残工作典型纳入中国青年志愿者优秀个人奖、组织奖、项目奖和全国自强与助残等表彰范畴；搭建项目平台支持基层助残志愿者骨干培训、示范基地培育和项目实施推广等工作。

6.4 大学生参与志愿服务需要注意的问题

志愿服务的过程对于大学生来说是一个考验，既有对待人接物的考验，也有对行为举止的考验，还有对自身心理素质的考验，需要大学生重点关注以下 3 个问题，并在志愿服务过程中进行良好的应对和处理。

🖤 6.4.1　掌握沟通技巧

对外沟通是志愿者必备的技能，在志愿服务过程中，需要与志愿服务对象、团队其他志愿者和志愿服务组织者等进行沟通。

语言具有强大的力量，可以让陌生人之间迅速建立联系、可以让团队协作发挥最大效用、可以传递正能量、可以温暖和治愈人心，良好沟通会使志愿服务效果事半功倍。沟通的具体目标有：熟悉彼此、传达观点、学习提升、凝聚力量、展示关爱和化解矛盾。要实现沟通的目标，大学生志愿服务参与者可以从知识储备、口头表达能力和倾听能力等方面提升沟通技能。

1. 沟通的"资源库"——知识储备

知识储备是沟通的"资源库"，是沟通内容的积淀。知识储备的积累既是长期的、持续的、潜移默化的过程，也可以通过短期集中培训收获成效。古语有"熟读唐诗三百首，不会作诗也会吟"，熟读的过程就是知识储备的过程，知识储备达到一定的阶段，就学会了相应的"话术"，但是知识储备的过程也有技巧性、针对性，不能漫无目的地学习、阅读、浏览，应该运用技巧和方法，学有所获、学有所得、学有所涨。提高知识储备要从以下几个方面入手。

（1）多阅读，培养良好的阅读习惯。集中学习是对某一内容进行专门学习，是深入的、专业的，有助于建立完善的知识体系；碎片化学习是利用零碎时间进行的学习，这是广泛的、兴趣性的，有助于拓宽知识面。在日常生活中，做好集中学习、碎片化学习的计划，如每天睡前半个小时进行集中学习，拿起书本进行阅读、利用手机阅读电子书或者采取听书的形式，针对一个专业性的问题进行学习；碎片化的时间，如课间休息、中午休息和乘坐交通工具时，可以进行有针对性的碎片化阅读，做好广泛的知识储备。

（2）阅读要养成积累习惯，遇到需要的、有用的、感兴趣的，多记录、多记忆。记录时，借助新技术、新手机应用程序进行归纳整理，便于随时随地记录和再次阅读、记忆，如依托于手机软件"备忘录""pages""WPS"等应用程序随看随记，或者借助于微信的"收藏"功能，对感兴趣的文章进行收藏，便于再次阅读。

（3）重点积累的知识：古文、故事、时政，不断提高自身修养和知识储备。古文是中华优秀传统文化的结晶，学习古文，就是学习 5 000 多年的中华传统文化，在这一过程中，可以提高自身的文化底蕴和文化自信。故事的积累可以让自己在沟通中更能产生话题性，可以是自身的故事也可以是他人的故事，或者哲理性的、趣味性的、励志性的故事。时政的积累可以让自己在沟通中与时代背景紧密结合，时政是当下正在发生的热点事件，也是大家关注的焦点，可以在沟通中有所运用。

2.沟通的"输出器"——口头表达能力

口头表达能力是沟通的"输出器"，是把内心所思所想变为语言传达给对方的主要形式。大学生有时候想表达的意思很难用语言表达出来，有时候会觉得自己说出来的意思和想表达的意思不一样，这都反映出口头表达能力仍有待提高，需要通过对口头表达能力的训练，使自己能够顺畅地把想表达的意思表达出来并表达正确。

口头表达具有独特的特征，包括互动、随机、适宜和平等。互动是指口头表达是有来有往的沟通方式，每个主体既是述说者又是倾听者。作为述说者，要根据自己的表达意图和对方的接受能力表达自己的观点。作为倾听者，要仔细揣摩对方的表述、态度、情绪等，并根据反馈进行再次的语言组织并表达。在互动的过程中拓展个人思维、进行观点的碰撞和交流，实现沟通目标。随机是指口头表达的对象、时间、环境具有随机性。在服务的过程中，我们面对的服务对象一般是随机的，有少年、青年、中年、老年人，有男性、女性等；口头表达的时间是不固定的，开展服务时，肢体语言不足以实现服务目标，就要依托口头表达，它的发生是随机的，时间是不确定的；口头表达的环境是随机的，有正式的、非正式的，有一对一、一对多的，有室内、室外的等。随机性要求进行口头表达时，应把握好对象特征，把握好表达时机、把握好周边环境。适宜是指口头表达要注意在不同的场合进行合适的表述：①情感展现适宜，面对不同的服务对象，采取不同的情感展现，与中老年人的沟通要体现尊重和敬爱，与同龄人的沟通可以多加入幽默的形式，与少年的沟通要体现关爱和爱护。②表达内容适宜，正式场合的口头表达避免使用口头语、方言，表达内容大方、简洁；非正式场合的口头表达可以按照服务对象的特征来进行，适当加入口头语可以使表达更朴实，方言的使用可以让服务对象感受到亲近。平等是指口头表达中双方（可以是两人或两人以上，以下均是此意）地位平等、表达机会平等。无论年龄、职位和经历等，口头表达的双方在地位上是平等的，没有高低之分，应该互相尊重；表达机会也是平等的，每个人都有表达观点的权力，不用顾虑是否可以表达，因为给予每个人的机会是均等的，而应该思考表达的内容是否适宜。

提升口头表达能力要从以下几个方面入手。

（1）掌握口头表达中的分析、综合、概括技巧，对信息进行判断，把接受的信息转变为自我观点。这是体现口头表达逻辑性、条理性、观点性的重要一环，也是突出个人思维能力、思维方法的环节，表达是要传递个人的想法、观念和信息，依托于分析能力，筛选信息和文字，判断正确性、价值性，再将筛选出来的信息依托综合和概括能力进行组合，形成口头表达的逻辑，实现沟通的目标。

（2）运用幽默、含蓄等表达技巧，让口头表达更加有趣、生动。幽默可以让表达更加轻松，缓解沟通中的尴尬，可以传递出乐观、积极的态度，拉近与服务对象的距离。

含蓄是站在服务对象的角度，让表达内容更加容易被接受，在适宜的场合，含蓄的表达体现了一个人的素质。

（3）拥有自信，在口头表达中自如地表达自己的观点。"自信人生二百年，会当水击三千里"，自信是一种底气，传递给他人的是信心和力量，自己要对所要表达的观点深信不疑，才能让对方理解和信服。口头表达中的自信来源于对内容的熟悉和了解、对环境的良好驾驭，越是熟悉的内容、越是熟悉的环境越能增强表达中的自信，这就要求我们提高对内容的掌握程度，提前对环境进行模拟练习。志愿服务可通过模拟面试进行锻炼和提高，提前熟悉表达情景，能够让自己更贴切地把观点讲出来。

3. 沟通的"孵化器"——倾听能力

倾听能力是沟通的"孵化器"，是沟通的必要组成部分。有效倾听要在听的过程中感受对方的情感、理解对方表达的观点、酝酿自己的表述。

好的倾听者能够赢得他人的欣赏和赞扬。培养倾听能力要从以下几个方面入手。

（1）静下心来，听进去对方的表达。沟通中切忌打断对方的话，切忌插话，这是基本的倾听素质。静下心来，给对方足够的时间，让他能够把意思表述清楚。

（2）透过表达获取信息。了解对方的表达逻辑，将表达内容精练为多个层次，对每一层次的内容进行概括，提炼信息。一些情况下，当对方采取委婉的方式进行表述时，要敏锐地感知对方透露出的信息，如果涉及不方便谈起的内容，要注意避免。

（3）共情。表达都是带有情绪的，在倾听的过程中要站在对方的角度去思考，具有共情和通情的能力，抓住情绪才能更好地获取对方表达的信息。

（4）观察。倾听不仅是耳朵的工作，也是感官整体的工作，沟通过程中的一个细节、一个动作都能展示出对方的心态和思维，在倾听的过程中要进行观察，如在提供志愿服务的时候，对方时间紧张又不便于直接说明的情况下可能会不断地看手表，那么就要适当精简表达的内容，主动提出对时间的考虑。

❤ 6.4.2　通晓服务礼仪

中国自古就是礼仪之邦，志愿服务因其公益性、奉献性更是集礼之大成。志愿服务礼仪包含基本礼仪和沟通礼仪，为提升志愿服务效果，拉近志愿者与服务对象的距离，就要坚持把尊、爱、善、和的状态融入自我形象和行为中，将志愿者的内在美展现出来，维护志愿者的美好名片，树立榜样的力量，传递友爱与奉献。

1. 基本礼仪

志愿服务基本礼仪是志愿者在提供服务的过程中向服务对象展示出来的整体形象和服务环境。

（1）**整体形象**。整体形象是志愿者给服务对象的第一印象，会影响服务对象全程的心理感受。

1）外在着装。志愿者上岗时要统一着志愿者服、工作服；尽量穿着长裤；女生宜着平底鞋，着高跟鞋时鞋跟不超过 3cm（特殊要求者除外）；佩戴工作证，党员志愿者可佩戴党徽；着装保持干净、整洁。

2）个人形象。头发简单、干净，男生头发不宜过长，女生头发盘起来或者扎马尾均可；面部干净，女生不化妆或者淡妆即可，口红使用日常颜色，不宜用大红、橘红等太明艳的颜色；手保持干净，不要留长指甲，不抹指甲油。

3）饰品佩戴。饰品不超过一件为宜，不佩戴夸张的配饰。

（2）**服务环境**。志愿服务开展的环境会带给服务对象不同的感受，如果志愿者需要提前布置服务场地，则有必要考虑根据活动主题调整场地色调。

1）热闹、活泼、温馨的活动适宜采用暖色调，如开展一次留守儿童的素质拓展活动，宜用淡黄色、粉色等作为场地布置的主色调。

2）专业、规范、理性的活动适宜采用冷色调，如进行法律知识科普，宜用蓝色、紫色等布置场地。

3）庄严、肃穆的活动适宜采用黑、白、灰色，如用灰色调布置救灾志愿服务的场地。

2. 沟通礼仪

作为志愿者与服务对象的桥梁，沟通礼仪具有重要地位，具体包括以下 3 个方面。

（1）**语言**。

1）友爱的人际称呼。志愿服务讲求的是人与人之间的友善情怀，志愿者之间、志愿者与服务对象之间的称呼不必过于关注职务头衔高低与否。推荐使用亲属式称呼，如周叔、张姨、李哥和王姐等；姓名式称呼，如小杨和小李等。

2）文明礼貌用语。遇到服务对象时，主动问候并施以见面礼，隆重且正式的问候场合应辅以握手。例如，点头微笑的同时询问"您好，请问有什么可以帮您吗？"

服务过程中，善于使用礼貌词汇，如"您""您们""请""抱歉""对不起"等。使用文明词汇，力求谦恭、尊重，忌粗话、脏话，以展示志愿者良好的素养。

3）沟通内容适宜。①因人而异。与长辈对话要突出尊重，与平辈、小辈对话可以增加活泼感。②因场合而异。在正式的服务场合不宜过多地交谈与服务内容无关的内容。③避免敏感内容。服务对象不主动提及时，不问家庭背景、不问收入、不问健康状况等。

（2）**表情**。

1）眼神。沟通时，目光注视眼睛或眼睛、鼻子和嘴巴的三角区域，眼神自信大方，不宜漂浮不定、四处打探，不宜长时间凝视。

2）微笑。微笑是志愿者最美的名片，沟通中面带微笑是友善态度和积极心态的表达，也许双方素未谋面，互相并不认识，但是互相传递的微笑可以带给对方轻松的、舒服的感受。沟通中的微笑以嘴角上扬、眼眉柔和带笑为宜，打招呼或再见时的微笑以露出 8 颗牙齿、脸部肌肉上扬为宜。

（3）肢体。站立沟通时，正式场合与服务对象沟通时，身体直立或上身前倾，双手自然下垂或手掌合拢置于腹部处，双脚并拢或与肩宽齐；非正式场合以营造轻松的沟通氛围为目标，肢体更加随性。围坐沟通。正式场合坐 2/3 的椅子，不宜倚靠椅背，上身前倾，双手置于大腿上，男士双腿分开与肩齐，女士双腿并拢正放或侧放；非正式场合按照习惯可以随性一些，但不宜跷二郎腿、不宜躺坐等。指引方向时，保持站立，身体前倾，手臂微曲，单手五指并拢指向指引方向；利用明显的标志，注意提示台阶。呼叫对方时，站立并单手举起，保持一段时间，引起被呼叫者注意即可，不宜用食指对人指点。

❤ 6.4.3　做好心理调适

心理调适是指用心理技巧改变个体心理活动绝对强度，减低或加强心理力量，从而改变心理状态性质的过程。在志愿服务中会因为各种原因导致心理状态的改变。积极的变化，如志愿服务的满足感、成就感、幸福感，团队协作的愉快、诙谐、轻松等是我们期待的积极心理变化。但同样也会带来各种消极的变化，如高强度、长时间、费劳力的服务会导致志愿者产生注意力不集中、反应迟钝、判断和理解能力下降等情况。难以实现服务目标，服务对象不满意，在服务中受挫，会产生自责和愧疚。在志愿服务中难以适应，能力不足，会产生焦虑和担忧等，这些都容易让志愿者产生负面心理状态。

心理调适具有重要性，能够让志愿者保持健康积极的状态，展示阳光朝气的态度，我们的任何行为都是带有情绪的，负面情绪将会抵消志愿服务的正面效应，容易在团队中蔓延，带给服务对象不舒适的感受。学会心理调适对于志愿服务非常重要，同学们一定要记住以下三句话和四个行为。

1. 告诉自己"低落也是正常的情绪"

每个人都有心情的跌宕起伏，正面情绪和负面情绪都是正常现象，接纳正面情绪，也要接纳负面情绪，不过于高亢也不过于低沉，在志愿服务过程中，接纳自身的情绪，刺激正面情绪，调整负面情绪，不需要一味迎合，完全忽视自身感受，这不利于志愿服务效果的实现。保持情绪的适度紧张，让服务更加有节奏，激发潜能获得身心的满足。情绪的正常表现就是该哭就哭、该笑就笑、该安静就安静、该兴奋就兴奋，不要完全压抑自己的情绪，告诉自己"这是正常的状态，偶尔的低沉是情绪的正常波动，不必要恐慌焦躁"。

2. 告诉自己"冷静一下"

志愿服务中，面对情绪的高低起伏，要学会稳定情绪。志愿服务过程可能面对各种情况，这与平时的生活和学习状态非常不同，容易产生焦躁不安、紧张不适、尴尬生硬的状态，告诉自己"冷静一下"。焦躁不安时，给自己一小段时间，可以是放空自己、出去透气、屏蔽外界声音或者去一趟卫生间，从导致焦虑的环境中跳脱出来，想一想参加志愿服务的初衷，想一想快乐的时光，对着镜子笑一笑，冷静一下，不要一直纠结于让自己焦虑的事情，换个思路、换个场景，再回到志愿服务工作中。紧张不适时，给自己一小段时间，紧张的状态往往是由于过于关注别人对自己的看法，过于在意别人的目光和眼神，其实，对方也是正常的、有情绪的人，把对方看作朋友，把精力多放在自己服务的具体工作中，跟着自己的思路，展示正常的行为风采。尴尬生硬时，给自己一小段时间，可以通过嘘寒问暖的聊天让双方更加亲近，可以以一种幽默的形式打破严肃和沉闷。

3. 告诉自己"我可以的"

遇到不顺畅的事情时，通过积极的自我暗示，给予自己力量，要坚定信心，告诉自己"我可以的""我有能力完成"，相信自己，才能激发潜力，想想过往中成功的时刻、成功的事情，面对这一挑战我也可以顺利度过。不要刻意放大眼下经历的困难和挑战，把它放在整个人生的过程中，它只是微不足道的，只是促进自己加速成长的一件小事，努力探寻积极的意义，告诉自己"一切都能够过去""糟糕的一天又不是糟糕的一生""穿过暴风雨，我将成为更勇敢的自己""黑暗总在光明之前"等，过了心里那个坎，往往就没有过不去的坎。

4. 试着做"深呼吸"

志愿服务的过程可能是简单的重复性工作，可能是艰难而卖力气的劳动，长时间提供服务，难免会因为工作枯燥乏味或超过身体承受度而产生压力，这个时候，试着做深呼吸，闭上双眼，用心倾听和观察自己的呼吸，什么都不用想，什么也不用做，不去管周围的一切声音和事物，放空思绪，放松双手和身体，可以利用短暂的时间从劳累和重复中缓解。

5. 试着把情绪"倒出来"

情绪也需要一个出口，就像泳池的水，一个劲地加水，而不出水，终有一天会水满则溢，志愿者在面对负面情绪时，试着把情绪倾倒出来。可以把烦恼写出来，如开设一个微博，写下来产生负面情绪的来龙去脉，给情绪一个出口，写完之后心情往往会舒畅很多。可以和朋友交谈，见面小坐，抑或是电话、微信，把烦恼困惑说出来，通过朋友之间的交流，一个拥抱，一句"我相信你"，一句"会过去的"，就是力量的源泉，一方面宣泄了情绪，形成情感共鸣，也能尝试寻求解决之道；一方面可以进行注意力转移，做一些自己想做但一直没有时间和心情去做的事情，如看一本文学书，从温柔细腻的语言中获取踏实和慰藉；天气不错时出门散步，看路边的小吃店热火朝天，看公园里大树冒出新芽，感受细小的温暖和幸福；约上朋友运动健身，一块挑战自我、挥汗如雨，在热血中感悟生命的美好和朝气；戴上耳机听听喜欢的音乐，让身体随旋律自然摆动，在节奏中释放情绪……通过各种形式转移注意力，暂时放开困扰自己的问题，进行自我修复，把状态调整到最佳。

6. 试着探寻"为什么会有消极情绪"

"没有无缘无故的爱，也没有无缘无故的恨"，不仅爱与恨是有原因的，所有情绪的产生都是有原因的，只是一些情况容易探寻，而一些情况存在深层次、复杂纠缠的原因不容易发掘。试着探寻"为什么有消极情绪"，找到情绪产生的根源，在调节好暂时性情绪之后，找准根源，对症下药。针对负面情绪，通过归因可以找到产生的原因，如果是不能按时完成任务带来的焦虑，可以提前计划、做好规划；如果是服务能力不足带来的危害，就坚持提高能力。

7. 试着寻求专业机构的帮助

志愿服务过程中心理压力过大，当发现自己出现过度焦虑、长时间失眠、精神紧绷、低落、食欲不振等情况，而且难以通过前述途径消减时，可以试着寻求专业机构的帮助。不要认为寻求专业机构帮助是一件不正常的事情，也没必要认为只有负面情绪达到一定程度之后才需要，试着在通过前述渠道难以解决的初期就及时和专业机构的老师联系，也可以选择学校的心理咨询室、拨打当地的心理咨询热线电话、专科门诊咨询专家等。

本章小结

通过本章的学习，相信同学们对于劳动教育路径之一的志愿服务及相关知识有了基本的了解，希望同学们能够在认识和了解的基础上，积极参与到志愿服务活动中，通过自我劳动给予他人帮助，促进社会文明进步。同时，树立正确的劳动观、培养劳动精神、提高劳动能力，逐渐成长为合格的社会主义建设者和接班人。

拓展与实践

行动起来，申请一个属于你的志愿者账号，报名参加一次志愿服务项目。写一篇不少于300字的志愿服务心得，包含服务对象、服务内容和服务收获等。

第7章 社会调查

【核心问题】

☑ 社会调查的基本知识

☑ 社会调查与劳动的关系

☑ 大学生参加社会调查活动的具体要求

【学习目的】

本章通过对社会调查基本知识的讲解，旨在帮助学生掌握开展社会调查的基本知识和技能，让大学生在社会调查研究过程中加强与基层劳动群众的联系，增强劳动意识，提升劳动技能和水平。大学生通过参加社会调查扎根中国大地，了解国情、社情、民情，从而坚定理想信念、站稳人民立场、练就过硬本领、投身强国伟业。

【思维导图】

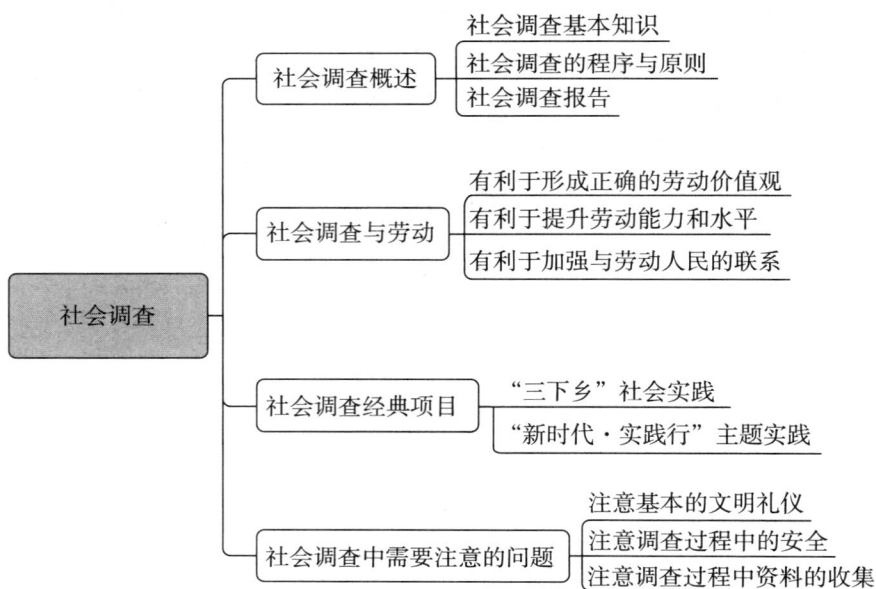

【引言】

习近平总书记指出："调查研究是谋事之基、成事之道。没有调查，就没有发言权，更没有决策权。"重视调查研究，善于调查研究，在调查研究的基础上解决突出的矛盾和问题，是我们党一以贯之的优良传统，更是谋划工作、科学决策的重要依据。作为社会主义事业的建设者和接班人，大学生也要掌握调查研究的本领和方法，积极投身社会调查活动，全面了解社会，发现问题，解决问题，不断提升实践能力。

社会调查作为大学生劳动教育的重要途径之一，注重大学生实践能力的提升，将学生的专业理论与社会实际相结合，在发现问题和解决问题的过程中，锻炼大学生的专业技能，丰富劳动经验，增强社会责任感，使其懂得劳动成果来之不易，有利于强化大学生对劳动者的尊重，也能使其在与社会的接触中强化家国情怀，从而有助于大学生德、智、体、美、劳的全面发展。

7.1　社会调查概述

7.1.1　社会调查基本知识

1. 社会调查的含义

社会调查又称社会调查研究，是指人们有目的、有意识地通过对客观存在的社会现象进行系统考察、全面了解、详细分析和深入研究，具体把握现实社会状态及其发展变化趋势的一种科学认识活动。[①]作为一种科学认识活动，社会调查的基本要素有 3 个，分别是社会调查主体、社会调查客体、社会调查方法，这 3 个要素在社会调查活动中缺一不可。

社会调查主体是社会调查活动的实施者，是社会调查活动的主导性因素。社会调查主体一般有两种：①社会调查人员。社会调查人员统称为社会调查者，主要是直接参与调查活动的人员。社会调查人员需要有完整的知识体系和较强的观察能力、策划能力、表达能力、交际能力以及研究能力。在开展社会调查过程中还需要有良好的职业素养，如高度的敬业精神、强烈的社会责任感、密切的群众关系、严谨的科学态度和良好的职业道德。社会调查主体的素养直接决定了社会调查活动的实施以及最终的成效。②社会调查机构。除了社会调查人员外，社会调查机构也是社会调查的主体。社会调查机构是组织化的社会调查主体，从类型上看有政府所属的社会调查机构、社

---

① 谢俊贵.社会调查理论与实务[M].北京：清华大学出版社，2014：4.

会组织的社会调查部门以及社会调查公司等。

政府所属的行政统计调查机构通常以统计局命名，其源头可追溯到 19 世纪初。1801 年，法国政府率先设立了国家统计局，主要进行人口普查和有关社会经济的行政统计调查。随后，英国等欧洲国家也纷纷设立了国家统计局，履行国家的行政统计调查职能，为政府从事行政管理和社会管理服务。

我国国家统计局成立于 1952 年 8 月，随后各省、市、县、乡等政府机构也设立了相应的统计局或者统计工作站。经过几十年的建设，我国国家统计系统已得到完善，形成了实行"三垂一统"、分级管理的体制，上下能联系国家和基层企事业单位、左右能联系各社会经济部门的纵横交错、四通八达的社会经济统计信息网，覆盖了社会的各个角落。我国国家统计局及其所属的统计信息网，除常规的社会经济统计业务外，还承担人口普查、工业普查、农业普查、社会基本单位普查等多种专项社会调查任务。

除此之外，城乡社会调查大队、政府的政策研究室、社会调查办公室等都属于政府所属的社会调查机构。

社会调查客体又称为社会调查对象，是社会调查主体要具体了解和把握的认识对象。一般来说，社会调查的客体就是社会，包括整个社会系统和社会现象。其中社会系统包括自然环境、人口和文化等要素，还包括个人、家庭、家族、社会组织、社会阶层、民族和社区等社会单位。社会系统中的社会现象则是指一种社会事实。"社会事实是许多人共同参与和发生的活动，是群体性的外在现象，是现实中存在或已经完成了的实物。"① 比如，关于青少年诚信守法的调查研究，就是针对青少年的诚信守法情况展开的专门调查，调查的是青少年的群体现象。

社会调查方法是指社会调查主体为实现调查目的而采取的手段、工具和方式的总和。社会调查方法是社会调查活动中必不可少的重要因素，也是资料搜集的重要方式方法。常用的社会调查方法有问卷调查法、文献调查法、实地观察法和访问调查法等。调查方法要根据调查目的、调查对象进行合理的选择，从而保障顺利地完成社会调查任务，有效地提高社会调查的效益。

社会调查方法的介绍

问卷调查法是运用统一的问卷向被调查者了解情况或征询意见，是目前社会调查中最为规范、最有效率、最为常用的一种调查资料搜集方法。调查者要根据调查目的、调

---

① 宋林飞.社会调查研究方法[M].上海：上海人民出版社，1990：1.

查内容和样本的性质进行问卷设计，按照调查课题确定调查样本，然后进行量化分析，最终获取调查信息。问卷调查法具有标准化、书面性和间接性的特点，适用的研究范围比较广，从总体规模上来说，适用于调查研究规模比较大的调查对象，由于是书面调查，因此对调查对象的文化知识水平有一定的要求。调查者在使用该方法时要充分考察调查对象的具体情况，确保问卷调查的有效性。在开展问卷调查的过程中，可以采用多种方式开展，如邮寄问卷调查、报刊问卷调查、网络问卷调查、送达问卷调查、带卷上门调查和电话访谈调查等，调研者要根据课题的目的、研究任务的大小、研究精度的要求及调查实施的特点确定采用哪种实施方式。

文献调查法是搜集各种文献资料、摘取有用信息的方法。文献调查法是调研者在已有文献资料中获取调查资料的有效方式。文献调查法可以跨越时空的限制，是在前人和他人劳动成果的基础上的调查，是调查者获取知识和重要信息的途径，常被作为搜集资料的首选方式。调查者阅读文献的过程中，也要重视整理分析文献，基本要求是紧密围绕调查目的，依据事先制订的分析计划选择正确的统计方法和指标。在文献调查法中主要采用内容分析方法对文献资料进行整理和提炼。

实地观察法是调查者根据调查目的、运用自己的感觉器官或借助科学观察工具，有计划地对处于自然状态下的社会现象进行直接感知的方法。实地观察法主要应用于一些相对隐蔽的社会现象，需要调查者亲自深入社会实际和具体的社会实践中才能获得有效的信息。这是一种运用参与式观察和非标准化访谈方式搜集有价值资料的方式，因此适用范围较小，主要是针对涉及范围不大的小样本或者个案进行调查研究。实地观察法作为一种有特色的调研方法，实现方式比较灵活，对调查者的个人业务水平要求比较高。在具体的实施过程中，调查者要做好充分准备，按照客观性、全面性、深入性、持久性的原则，选好合适的观察对象，合理安排好观察任务，进行多方面的对比观察，客观、及时地做好记录，及时整理分析观察资料，有效控制观察误差。

访问调查法又称访谈法、询访法，是访问者通过口头交谈等方式直接向被访问者了解社会情况或探讨社会问题的调查方法，调查者和调查对象通过面对面谈话的形式开展实地调查。访问调查法属于实地观察的一种方式，是直观感受社会现象、获取调查资料的方式。在实际的调查过程中，访谈有多种方式可以选择，主要有标准访谈或非标准访谈，个别访谈和集体访谈，一般访谈和深度访谈等。调查者可以根据调查的任务确定访谈方式，在开展访谈前，要根据研究目的和要求，访谈题目、内容等制定好访谈提纲，提前熟悉被访者的基本情况，选择恰当的访谈方法和技巧。在访谈的过程中要随时进行访谈记录和资料的整理，以便及时发现问题、纠正偏差，同时可以使访谈逐步深化，及时进行补充和追问。

2. 社会调查的特点

社会调查的特点是社会调查和其他一般社会实践相区别的属性。作为一种科学认知活动方式，社会调查主要有以下几个特点。

（1）有明确的目标。明确的调研目标是社会调查得以开展的基本依据。没有目的的社会调查是没有任何意义和价值的。确立目标的社会调查活动，是区别于一般的直观感受和日常观察活动的一个重要特征。大学生参加社会调查，目的就是深入社会、了解社会，在认识社会的过程中发现问题、解决问题，不断提升认识水平和职业技能。作为劳动教育途径之一的大学生社会调查研究以培养职业能力为核心，注重职业技能的训练和职业素养的养成。

（2）具有社会服务性。开展社会调查研究，是为了更加系统地考察、了解、分析和研究社会现象，有效地把握社会现实状态及其发展变化规律，具有很强的社会服务性。一方面，社会调查的对象一般是社会现象，通过调研搜集、分析社会信息，可以发现问题，进而提供解决问题的建议和意见；通过对社会现状、社会规律的分析概括，进而为相关领域的管理决策提供有效信息，为社会成员提供有效的社会信息帮助，服务于现实社会生活，推动社会进一步发展。另一方面，社会调查是一项规范的认知活动，通过参与社会调查，能够按照一定的科学方法和方式对特定的社会现象进行分析，从而提高自身的分析能力和判断能力，进而更好地处理理论学习和社会实践的关系，准确把握各种真实的社会状态，对社会发展规律、社会发展前景作出预测，最终为社会提供智力服务。

（3）完备的运作程序。社会调查研究是一个典型的社会信息处理过程，有一套科学完整的调研方法，也有科学完备的运作程序，主要体现在：①在调研环节上，要步步推进，制订详细的计划，并严格按照计划实施。②在调研计划制订中，要充分考虑各个环节之间的整体性和逻辑性，确定详细的调查方案，明确调查对象、调查范围等调查内容，并进行可行性推演，确保调研的科学性、准确性。

🐦 7.1.2　社会调查的程序与原则

1. 社会调查的程序

社会调查的一个显著特点就是具有完备的运作程序，这是社会调查顺利开展的重要保障。现代社会调查按照"四步推进法"，有筹划准备、资料收集、整理分析、总结评估 4 个阶段。这一完备的调查程序是大学生正确开展社会调查，客观认识社会现象的重要过程。因此，要高度重视调查程序的完备性，做好每一个阶段的准备，这决定了社会调查的科学规范性，也决定了调查成果的有效性。调查团队要高度重视审核调查程序各个阶段的具体要求。

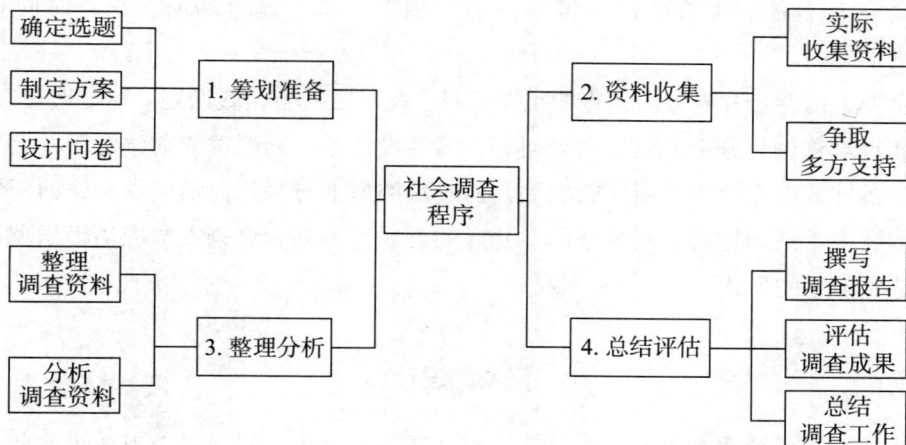

图 7-1

（1）**前期的筹划准备。** 筹划准备阶段是社会调查的起始阶段，是首要环节和基础阶段。在这一阶段，调查团队要完成调查课题题目的确定、调查方案的制定、问卷设计等各个环节。社会调查能否取得成效，在很大程度上取决于筹划准备阶段的工作是否准备充分。

社会调查课题的确定，以必要性、创新性和可行性为原则。大学生参加社会调查，在选择研究课题方向和内容上，可以将社会调查和自己的专业、兴趣爱好相联系，在调查过程中实现理论与实际相结合。大学生参与社会调查的课题一般从选题指南中进行选择。例如，2019 年"丝路新世界·青春中国梦"全国大学生暑期社会实践专项活动，就专门确定了 5 个调查方向：①"一带一路""丝路新贸"主题调查，活动目的是发现挖掘一批青年创客典型，宣传推广部分创业优秀案例，激发培育青年的创业热情。②"一带一路""中国形象"主题调查，活动目的是聚焦推广中华文化符号，完成相关数据的整合积累，进行中国形象宣传，达成民心相通的愿景。③"一带一路"小微企业投融资主题调查，活动目的是收集"一带一路"沿线小微企业微观层面信息，逐步建立一个能反映"一带一路"沿线小微企业投融资现状的高质量数据库，为学术研究、政策制定提供高质量微观数据。④"一带一路"脱贫攻坚主题调研，活动目的是鼓励大学生在全面建成小康社会的决胜期，深入基层投身脱贫攻坚。⑤各高校特色"一带一路"实践，活动目的是将"一带一路"倡议同当代青年紧密结合、有机联系，充分发挥高校的专业特色和独特优势，开展优势突出、关联紧密、针对性强的实践活动。在活动通知中，明确活动目的和活动内容，为大学生开展社会调查提供明确的目标和方向。

社会调查方案是保障社会调查顺利开展的行动纲领。任何一个社会调查都需要一个周密可行的调查计划和调查大纲。在确定社会调查课题后，要对社会调查各个阶段和各个环节进行系统的考虑，最终形成调查方案。一般来说，社会调查方案包括调查课题和目的、调查范围、调查内容、调查方法、调查场所、调查时间和调查经费等内容。

社会调查问卷是开展社会调查的重要工具。在确定社会调查课题、制定调查方案后，就要对调查对象进行分析，设计调查问卷。问卷设计是一项严肃的科学活动，要遵循通俗性、完备性、中立性和实用性的原则。问卷从类型上可分为自填问卷和访问问卷，两者设计的要求不同，针对的对象不同，开展的方式也不同。调查人员应该根据调查对象的情况选定问卷的形式。

拓展阅读　　　　　　　　　　　　**问卷的设计**

问卷是开展问卷调查的重要工具。在社会调查活动中，调查者普遍使用的就是问卷调查法，因此科学合理的问卷设计对调查资料的收集和调查成果非常重要。问卷一般是由开头部分、甄别部分、主体部分和背景部分组成。

开头部分，主要包括问候语、填表说明和问卷编号等内容。不同问卷的开头部分会有一定的差别。

（1）问候语。问候语也叫问卷说明，其作用是引起被调查者的兴趣和重视，消除调查对象的顾虑，激发调查对象的参与意识，以争取他们的积极合作。问候语中的内容一般包括称呼、问候、访问员介绍、调查目的、调查对象作答的意义和重要性、说明回答者所需的时间、感谢语等。问候语一方面要反映以上内容；另一方面要尽量简短。

（2）填写说明。在自填式问卷中要有详细的填写说明，让被调查者知道如何填写问卷，如何将问卷返回到调查者手中。

（3）问卷编号。主要用于识别问卷、调查者以及被调查者姓名和地址等，以便于校对检查、更正错误。

甄别部分，也称问卷的过滤部分，它是先对被调查者进行过滤，筛选掉非目标对象，然后有针对性地对特定的被调查者进行调查。通过甄别，一方面，可以筛选掉与调查事项有直接关系的人，以达到避嫌的目的；另一方面，也可以确定哪些人是合格的调查对象，通过对其调查，使调查研究更具有代表性。

主体部分，是问卷的核心部分，包括所要调查的全部问题，主要由问题和答案组成。

（1）问卷设计的过程其实就是将研究内容逐步具体化的过程。根据研究内容先确定好树干，然后再根据需要为每个树干设计分支，每个问题是树叶，最终构成为一棵树。因此，在整个问卷树的设计之前，应该有总体上的大概构想。

（2）主体问卷的分块设置问卷。在一个综合性的问卷中，我们通常将差异较大的问卷分块设置，从而保证每个的问题相对独立，整个问卷的条理更加清晰，整体感更加突出。

（3）主体问卷设计应简明，内容不宜过多、过繁，应根据需要确定，避免可有可无的问题。

（4）问卷设计要具有逻辑性和系统性，一方面可以避免需要询问信息的遗漏；另一方面调查对象也会感到问题集中、提问有章法。相反，假如问题是发散的、随意性的，问卷就会给人思维混乱的感觉。

（5）问卷题目设计必须有针对性，明确被调查人群，适合被调查者身份，必须充分考虑受访人群的文化水平、年龄层次等；只有在细节上综合考虑，调查才能够达到预期效果。

背景部分，通常放在问卷的最后，主要是有关被调查者的一些背景资料，调查单位要对其保密。该部分所包括的各项内容，可作为对调查者进行分类比较的依据。

资料来源：https://baike.baidu.com/item/%E9%97%AE%E5%8D%B7%E8%AE%BE%E8%AE%A1/6803023?fr=aladdin。

（2）调查资料的收集。调查资料的收集阶段是社会调查的具体实施阶段，是整个社会调查活动最为重要的环节。调查资料收集的根本任务就是调研者按照调查目标和调查方案，采取各种调查方法获取调查资料。一般来说，社会调查过程中收集资料的方法主要是自填问卷法和结构式访问法。自填问卷法在具体操作的过程中很多种方式，如个别发送法，调查人员分别将问卷发送到调查对象手中，并按照约定时间收回问卷，适用于调查范围小，调查对象相对集中的调查活动；集中填答法是将被调查者集中起来，集中发放问卷，现场填答问卷，填答完毕后统一收回问卷。结构式访问法也分为当面访问和电话访问两种。在具体的调查过程中，调查人员要根据调查客体的具体情况确定调查方法，灵活运用调查方法快速高效地搜集有效的调查资料。

资料的收集是一项实践性、操作性很强的阶段性工作，需要调查者注意调查技巧和方法，注意被调查者的心理，注意自己的言谈举止、态度、表达方式等因素，确保调查阶段顺利进行。

拓展阅读　　　　　　　　　　**结构式访问法**

结构式访问又称为标准化访问，这是社会调查人员在进行资料收集的过程中经常运用的一种方法。即按照事先设计的、有一定结构的访问问卷进行的访问，是一种高度控制的访问方法。由于结构式访问的进行在很大程度上依赖于访问问卷，因此，我们也可以把它看成是以访问的形式进行的问卷调查。根据访问员与被访者是否见面，结构式访问又可以分为当面访问和电话访问。

其中，电话访问是指调查员通过打电话的方法同被调查者联系，并在电话中对被调查者进行调查访问的方法。电话访问的一般做法有以下几种。

（1）根据调查目的设计好电话访问问卷，并将问卷按照"计算机辅助电话访问系统"的格式录入计算机。

（2）在系统中设计好随机抽取电话号码的计算机程序。

（3）挑选和培训一组电话访问调查员，这是电话访问中十分关键的一环。

（4）访问员实际开展电话访问。计算机辅助电话访问最典型的工作方式是：访问员坐在计算机前，头戴耳麦，面对计算机屏幕上显示的调查问卷，向电话另一端的被访者提出问题，并将被访者的回答直接录入计算机。研究人员在计算机上监控和管理所有访问员的访问进展情况，及时解决各种特殊问题。当电话访问结束后，所有被调查对象的数据都已录入了计算机，汇总后可以用 SPSS 统计软件进行统计分析。

资料来源：https：//baike.so.com/doc/4603928-4815982.html.

（3）调查资料的整理分析。调查资料的整理分析是运用科学的方法，将调查的原始资料按调查目的进行审核、汇总与初步加工，使之系统化和条理化，并以集中、简明的方式反映调查对象总体情况的过程。调查资料搜集结束后，调查者通过资料的整理分析实现对原始数据、原始资料的复核与凝练，将社会调查从感性认识上升为理性认识，为调查报告的撰写奠定基础。

在资料整理阶段，一方面要对原始资料进行复核，去伪存真，纠正原始资料的错误，剔除无法重新调查而又有明显错误的调查问卷，进而考量整个资料收集工作的质量和有效度。调研者要按照真实性、准确性、完整性和标准性的要求对资料进行审核，可以采取实地审核，即在调查地进行现场审核，也可以进行系统审核，即把调查资料全部收回后进行集中审核。另一方面要对原始资料进行分类，将无序的资料有序化、条理化、系统化。调查者要按照科学性、实用性的标准对调查资料分门别类进行整理，按照精练化、规范化的要求对调查资料进行加工，确保调查资料的准确性和完整性。

在有效整理调查资料的基础上，为了更好地提炼重要信息，还需要调查者对调查资料进行分析。调查资料分析是对调查资料进行深度加工的过程，需要调查者运用科学的分析方法。一般而言，分析方法有定量分析和定性分析两种。调查者通过对资料的分析，经过数据整理和测算、数据比较和推理，从而发现资料背后蕴藏的规律或关键的问题，进而为形成科学的认识提供基础。

（4）社会调查的总结评估。总结评估阶段是整个社会调查的最后阶段。经过前期的准备、资料搜集、整理和分析等阶段，社会调查即转入总结评估阶段。这一阶段调查者主要完成调查报告的撰写、调查成果的评估和调查工作的总结。调查报告是对社会调查活动成果进行总结的最主要的形式，也是调查者在整理分析调查资料的基础上进行的书面报告。通过撰写调查报告，调查者可以对调查目的、调查对象、调查过程、调查方法和调查成果进行系统的论述和说明，进而形成政策性建议或者解决问题的方法举措等。

评估调查成果，则是对调查成果学术价值和应用价值的评估，一般由相关专家进行评估。调查结果的总结是对整个调查过程的回顾和反思，主要针对调查过程中的成功和不足、优势和缺点等进行总结，积累成功经验，吸取失败的教训，为进一步做好调查打好基础。

2. 社会调查的基本原则

社会调查作为一种科学认知活动，需要遵循一定的原则才能确保获取信息的真实和准确，从而客观地认识社会现象，把握社会发展趋势和规律。社会调查研究遵循的原则主要有以下几个。

（1）**实事求是原则**。调查要以事实为依据，让数据说话，避免主观因素对调查结论的干扰。大学生更应该在社会调查中培养实事求是的作风，提高自身的认识水平和辨别虚假现象的能力。

（2）**科学性原则**。社会调查是科学认识客观现象的认知活动，必须遵循科学性原则。大学生要以科学的态度，用科学的理论和方法进行社会调查活动，最终保证取得的成果和结论具有实证性和逻辑性。

（3）**系统性原则**。根据社会调查的任务和目标，社会调查活动要进行系统设计，注重各个阶段和各个环节的相互联系。同时，调查人员要对社会和社会现象有整体的认识，也需要遵循系统性原则，从系统性、全局性和全面性的高度实施社会调查活动，克服调查活动中"只见树木不见森林"的现象。

7.1.3　社会调查报告

1. 社会调查报告的含义

社会调查报告也称社会调研报告，简称为调查报告或者调研报告，是反映社会调查研究成果的一种书面报告，是整个调查研究过程的全面总结，也是调查研究成果的集中体现。社会调查报告和一般的学术理论文章有很大的不同，它主要是以文字、图表等形式将调查研究的过程、调查结果、研究结论与研究建议表现出来，在论题上具有很强的针对性，在内容上强调客观性、真实性，在表达上重视对社会现象或问题的明确表示，内容直观、明确，更易于让人理解。

2. 社会调查报告的类型

社会调查报告的类型与社会调查的主题、内容、性质及目的等因素相关，按照调查报告内容划分，有综合性调查报告和专题性调报告；按照调查报告的目的划分，有描述性调查报告和解释性调查报告；按照调查的性质划分，有应用性调查报告和学术性调查报告。

（1）**综合性调查报告和专题性调查报告。**综合性调查报告又称普遍性调查报告，是对全部调查结果进行的全面、系统、完整的陈述性的调查报告。从内容上来说，综合性调查报告主要针对特定地区的调查，一般涉及政治、经济、人口、历史等各个方面的社会基本情况，因此综合性调查报告是在积累大量的社会调查资料的基础上进行分析总结、归纳概括而形成的。

专题性调查报告主题比较集中，主要围绕一定的社会现象或者社会问题进行深入的调查研究而写出的调查报告。从写作要求上看，专题性调查报告的内容比较单一，针对性较强，涉及的调查资料也比较少。当社会调查主要针对某一特定现象进行调查时，一般采取专题性调查报告来展现社会调查成果。

（2）**描述性调查报告和解释性调查报告。**描述性调查报告是对调查的社会现象或社会问题所进行的全面、系统的描述，主要回答社会现象"是什么"或"怎么样"。这种调查报告主要适用于以了解情况、把握现状和归纳特点为主要目标的社会调查。调查者通过对调查内容进行全面、细致的描述，向读者展现调查对象整体、系统、清晰的基本状况。因此，撰写描述性调查报告要求广泛而详尽、全面而清晰。

解释性调查报告主要是对所研究的社会现象的状况和发展变化进行深入的解释，阐明原因，说明不同现象之间的关系，回答"为什么"的问题。因此，解释性调查报告理论深度一般比较高，强调内容的集中和统一，注重解释的针对性和实证性，写作时更加强调学术规范，层次结构清楚，分析论证严密，力求给读者一个完整、合理的解释。

（3）**应用性调查报告和学术性调查报告。**应用性调查报告侧重解决社会生活中的实际问题，一般是社会管理部门和社会工作机构为了了解现实情况、研究社会问题而撰写的调查报告。根据应用领域的不同，应用性调查报告有4种类型：社会情况调查报告、政策研究调查报告、社会问题调查报告和经验总结调查报告。无论哪种类型的调查报告，都侧重于实际社会应用方面的调查报告。在写作要求上，应用性调查报告的格式比较灵活，语言更加大众化和通俗化。

学术性调查报告侧重于对社会现象的理论探讨，调查者借助科学的统计和分析手段对实地调查资料进行分析和推理，分析社会现象之间的关系，以达到构建理论的目的。学术性调查报告更加注重学术规范，注重对相关理论文献的综述和引用，写作语言更加严谨和客观，通常有比较固定的格式，对研究方法、研究过程等都有详尽的介绍。

3. 社会调查报告的撰写

虽然社会调查报告多种多样，写作要求和风格也存在一定的差异，但是撰写的步骤和程序大体一样，行文规则也具有统一性。

（1）社会调查报告撰写的一般程序。

1）确定主题。调查报告的基本价值所在，是调查报告所要阐明的中心思想或核心问题，是调查报告的灵魂所在。每一篇调查报告都要有一个鲜明的主题，选好、定好主题是一个好的调查报告的开始。调查报告的主题要和调查主题相对应，要对调查资料做充分的分析和评估，提炼出一个有价值、能体现调查报告中心的调查报告主题。同时，也要注意确定合适的调查报告标题来反映调查报告主题，一个形象又贴切的标题，不仅能吸引读者，而且能为读者提供有效的"关键信息"。

2）拟定提纲。社会调查报告的写作思路和行文框架，是社会调查报告构成的蓝图和基本逻辑框架。拟定提纲一般按照先粗后细的原则，先确定调查报告的框架，再详细列出每一部分的细目。提纲详尽周全，调查报告就不会出现跑题或者缺项的现象。

3）选择材料。围绕调查目标和研究对象，在调查资料中精心鉴别，严格挑选，去粗取精，去伪存真，由此及彼，由表及里，将典型材料、综合材料、对比材料和统计材料进行鉴别和选择，实现调查资料的有效、合理利用。一般情况下，调查报告需要的材料有两大类：客观材料和主观材料。材料的选择以精练、全面、典型为原则，围绕调查主题更有利于将说明主题的资料甄选出来。

4）撰写调查报告。撰写过程是在前期准备工作完备的基础上，对框架的丰富和完善。调查报告的类型多样，没有固定的或统一的模式。从大多数调查报告的结构上来看，一篇调查报告一般由标题、前言、正文、结语4个部分组成。社会调查报告应该包含：调查的目的、调查的方法、调查的时间、样本的情况、调查的内容、调查表的分析、分析结果和提出自己的看法等。撰写过程中，调查者要注意合理安排布局，突出重点，合理使用调查资料，将文字、图表和数字等形式的资料和定量与定性资料配合使用，从而更好地说明问题，得出结论。

5）修改调查报告。修改过程是形成一篇优秀调查报告的必经过程。"文章三分写，七分改"，调查报告也需要多次的修改和完善才能定稿。修改调查报告时，要注意：
①着重检查所用的概念、观点等是否正确，表达是否规范、清晰，引用资料是否准确等。
②要看调查报告整体的思路和内容是否与调查主题相吻合，是否有遗漏，是否有理有据。
修改的过程中，调查者也可以找相关专家进行评价指导，进一步完善调查报告，最终形成一篇优秀的社会调查报告。

经典案例　　　　　　　　**关于青少年诚信守法的调查研究**

华北理工大学：周思君、马思佳、郑鸿畅、常兴园、孙晓迪、戴伟哲、郑佳玉

青少年是我们中华民族持续发展的未来和希望，青少年的诚信守法问题更是千百年来中华民族一直所探求与重视的问题，同时也是历来举国上下十分关注的重要议题之一。近年来，诚信在整个社会生活体系中的地位和作用日益凸显，这既与时代发展和当今中

国梦的实现密不可分，更是青少年群体诚信缺乏的现实要求和迫切需要。而对于正在求学期间的青少年而言，在其价值观正在形成的重要阶段，其诚信品格的良好养成对于其健康发展有十分重要的作用。

一、问题的提出

（一）研究背景

1. 政策背景

2. 青少年诚信守法现状迫切要求青少年诚信守法评估体系的构建

（1）青少年层面

（2）社会层面

（3）国家层面

（二）研究意义

1. 科学客观评估青少年诚信有利于青少年良好品格的养成

2. 全面动态评估青少年诚信有利于和谐社会的构建

3. 系统准确评估青少年诚信有利于国家的稳步发展

（三）研究方法

（1）文献调研法

（2）问卷调查法

二、青少年诚信守法现状

（一）诚信现状

1. 学业诚信现状

2. 社交诚信现状

3. 网络诚信现状

4. 教育诚信现状

（二）青少年法治现状

1. 法律储备现状

2. 法治教育现状

三、对青少年诚信守法现状的动因分析

（一）诚信方面

1. 青少年对诚信认知和行为的脱节

2. 社会不良影响

3. 学校诚信教育的缺失

4. 家庭诚信教育的缺失

（二）法治方面

四、解决对策

（一）诚信方面

1. 学校要发挥诚信教育中流砥柱的作用

2. 调动青少年的主体作用

3. 优化青少年周围的环境

4. 构建诚信体系

（二）法治方面

1. 学校方面

2. 社会方面

五、结语

资料来源：中国青年网。

（2）社会调查报告撰写的行文规则。作为调查结果的体现形式，调查报告应当具有客观、准确、严谨和简洁的特点。撰写过程中要遵循一定的行文规则：①报告的语言要通俗易懂，简洁凝练。调查报告讲究用事实说话，用资料论证观点，因此要尽量简单明了，用质朴的语言讲事实、摆道理，用科学严谨的语言将调查目的说明白、讲清楚。②以客观中立的态度陈述事实，避免个人主观成见。撰写报告应该使用第三人称或非人称代词，不要使用第一人称，如"笔者认为""调查者发现""数据表明"等。③要重视对社会现实、社会现象及它们之间的关系进行分析、归纳、提炼，避免调查资料的罗列。

【扫码知】

《寻乌调查》是毛泽东同志在土地革命时期所作的重要调研，内容包括寻乌县城人口的政治地位及成分情况、商业情况、旧有土地关系、剥削状况和土地斗争情况等，内容翔实，具有开创性的重要意义。寻乌调查历史经验表明，通过调查研究来弄清实际情况、用调查研究指导党的科学决策、通过调查研究对当地的阶级路线进行明确等。从寻乌调查中学习毛泽东的调查艺术、牢牢把握4种工作态度、调查工作要坚持理论联系实际、调研成果由人民检验。

《寻乌调查》

《寻乌县扶贫脱贫工作调查报告》

时隔87年，寻乌县深入贯彻落实习近平总书记关于精准扶贫系列重要指示精神，坚决打赢脱贫攻坚战，大力发扬"深入唯实"的寻乌调查精神，开展了精准扶贫"寻乌再调查"活动。2017年3月17日，《人民日报》第6版头条刊发了《寻乌县扶贫脱贫工作调查报告》。该报告介绍了寻乌县的基本情况，开展脱贫的进展及主要做法，分析了存在的问题，提出了脱贫工作的新思考。

7.2　社会调查与劳动

社会调查是大学生实现劳动教育的重要途径。大学生参加社会调查也是直接劳动的过程，对于增强大学生的劳动意识、提升劳动能力，培养劳动素养具有重要的意义。

7.2.1　有利于形成正确的劳动价值观

根据党中央的要求，大学生开展劳动教育要结合大学阶段学生学习的特点，着重从科研训练、专业服务、社会实践等方面加强大学生的劳动教育。大学阶段是专业人才培养阶段，大学生不仅要具备相应的知识能力水平，还需要有良好的实际技能操作水平、较强的思维能力以及适应社会的能力。社会调查是劳动教育的重要方式之一，大学生在社会调查过程中感知劳动最光荣、劳动最伟大、劳动最美丽。

1. 在社会调查中感知劳动最光荣

社会调查是一种有效地将理论和实践相连接的社会实践活动。大学生通过自身的实际参与将课堂的理论知识通过调查转化为解决现实问题的实践，将自身的直接体验和教师的间接体验相结合，从实践活动的申报、立项、实施到社会调研报告的撰写等各个环节中体会参与实践活动的获得感和满足感。实践的过程就是劳动的过程，更是实现个人价值和社会价值相统一的过程。大学生在社会调查的过程中充分发挥自己的专业特长，用自己的聪明才智去服务社会、服务人民，去发现问题、解决问题，在为社会创造价值的过程中感知劳动最光荣。

2. 在社会调查中感知劳动最伟大

社会调查是研究社会问题的主要方法，需要进行系统、周密的计划和规划，更需要对调查资料进行科学、全面的整理和分析。大学生在综合、归纳、分析、比较资料的过程中需要具体的操作能力和完善的知识结构，更需要密切关注现实社会。大学生参与社会调查活动，要用自己的专业知识和特长去筹备和谋划，充分发挥在调查团队中的作用，在参与完成任务的过程中积累实践能力和劳动经验。大学生在社会调查的过程中，将专业学习能力、实践操作能力和职业能力相结合，用自己的双手去改造社会、发展社会，在为社会发展贡献青春力量的过程中感知劳动最伟大。

3. 在社会调查中感知劳动最美丽

社会调查是一项团队活动和一种团队行为，这就需要社会调查的参与成员之间团结互助，加强团队的沟通与交流。在团队完成社会调查与体验的过程中，每一个学生都有自己的个人任务，每一个任务之间又相互联系，团队成员之间必须互相融合、互相配合才能成功地完成任务。在共同完成团队任务的过程中，大学生进一步提升对自身的认识，感受共同奋斗、共同努力带来的获得感和幸福感。社会调查任务的完成是团队成员共同努力的结果，是用汗水与智慧书写的美好人生历程，每一位参与者都可以感受自己的劳动成果，在回馈社会、服务社会的过程中感知劳动最美丽。

7.2.2　有利于提升劳动能力和水平

1. 在社会调查中锻炼专业能力

在知识经济时代，劳动不只是简单的体力劳动，尤其是对大学生而言，劳动更是一个综合的体力、脑力劳动过程。大学生参加社会调查活动，调查的主题要么与自身的专业方向相吻合，要么与地方经济社会发展需求相结合。因此，在社会调查过程中，大学生可以在服务社会、奉献社会中进一步巩固专业知识，也可以为地方经济发展和社会需要提供智力支持和决策咨询。这就要求参与社会调查的成员具有较高的专业水平，较强的概括分析能力和团队合作能力等，这些能力在整个调查过程中会得到进一步的锻炼和提升，从而为未来的职业生活积累经验，奠定基础。

2. 在社会调查中提升团队合作能力

社会调查与体验活动是一项具有一定周期的活动。大学生实践团队组成后会根据调查主题和任务进行分工合作。在这个过程中，每一位成员通过自己的辛勤劳动，在选题、准备、收集资料、分析资料、撰写调研报告的程序和过程中发挥特长，将理论应用于实践，在实践中增强对知识和社会的理解。这就需要调查人员团结合作，尽职负责地完成各自和团队的任务，从而实现调查目标，完成调查任务。在这个过程中每一个阶段、每一个环节都需要团队成员有认真负责、踏实肯干、精益求精的劳动态度，都需要发挥团结合作的精神才能顺利完成调查任务。

3. 在社会调查中锻炼创新能力

创新性劳动是发展社会主义生产力的更高劳动形态。新时代，信息技术、大数据、人工智能等不断影响着劳动人民的生产生活，也影响着社会调查活动的开展。大学生在参与社会调查的过程中要适应科技发展和产业变革，针对劳动新形态，注重新兴技术和社会服务新变化，采用新技术手段快速、高效地获取数据、分析数据，采用信息化方式为社会提供服务等。这些都将有效地锻炼大学生的创新能力，让创新性劳动在新时代的青年群体中成为一种社会风尚。

7.2.3　有利于加强与劳动人民的联系

1. 在社会调查中全面了解劳动人民的品质

社会调查是大学生走出课堂深入了解社会的重要途径。传统的实践项目，如"三下乡"社会实践活动等，都是大学生在实践过程中为基层人民群众服务的过程。大学生深入农村、企业等场所，与基层劳动人民进行直接的接触，可以切身体验各行各业劳动人民"干一行，爱一行；爱一行，敬一行"的特质，感受劳动人民在辛勤劳动中，用自己的双手打造幸福生活的氛围，从而在服务基层、服务人民的过程中形成正确的劳动意识。在社会调查过程中，大学生也可以发挥自己的专业优势为基层劳动人民服务，学习基层劳动人民热爱劳动、辛勤劳动的品质，不断提升自身的劳动技能和素养。

2. 在社会调查中加深与劳动人民的联系

社会调查将大学生丰富的知识储备和专业技能与对党情、国情和世情的深入了解结合起来，让大学生亲身感受群众的实际生活，在实践过程中提升广大学生的"为民"意识和能力，在思想深处树立全心全意为人民服务的宗旨意识。只有深入人民群众，才能更好地了解人民群众，进而更好地为人民群众服务。这也是群众路线"从群众中来到群众中去"的具体体现。大学生在社会调查中与广大的劳动人民建立密切的联系，为将来开启职业生活打下坚实的基础。同时，大学生将来也是劳动人民中的一员，学习期间充分利用自己掌握的专业技能和知识，纾民困、解民忧、排民难，在实践活动中树立为社会主义事业奋斗的世界观、为人民服务的价值观、无私奉献的人生观。

3. 在社会调查中尊重劳动人民的主体地位

任何成就都是辛勤劳动的成果，国家的发展也要靠劳动人民的辛勤劳动。劳动人民是社会财富的创造者，社会的发展和进步是全体中华儿女在不同岗位、不同领域中通过踏实劳动实现的。大学生要深入基层，深入劳动群众，深刻认识劳动人民主体地位的重要性，尊重劳动人民的主体地位。大学生只有在社会调查的过程中深入了解基层社会，才能深刻地体会劳动无贵贱，职位无高低，任何一份职业都很光荣，任何一双辛勤劳动的双手都值得尊重；只有在向劳动人民学习、为劳动人民服务的过程中，才能深刻理解只要诚实劳动、勤勉劳动，每个人都能在自己的岗位上作出不平凡的业绩，普通劳动者也可以在宽广的舞台上展示自己的人生价值。

7.3　社会调查经典项目

7.3.1　"三下乡"社会实践

1．"三下乡"社会实践活动简介

20世纪80年代初，共青团中央、全国学联于纪念"一二·九"运动48周年之际首次号召全国大学生在暑期开展"三下乡"社会实践活动。1996年12月，中央宣传部、国家科委、农业部、文化部等10部委联合下发《关于开展文化科技卫生"三下乡"活动的通知》。1997年，"三下乡"活动在全国正式开展，迄今已经走过20多个年头。"三下乡"是指文化、科技、卫生"三下乡"。文化下乡包括图书、报刊下乡，送戏下乡，电影、电视下乡，开展群众性文化活动；科技下乡包括科技人员下乡，科技信息下乡，开展科普活动；卫生下乡包括医务人员下乡，扶持乡村卫生组织，培训农村卫生人员，参与和推动当地合作医疗事业发展。

新时代背景下，"三下乡"社会实践活动已经成为高校加强实践育人工作的重要载体，其育人功能随着时代的变化逐步拓展并发挥出新的作用。自"三下乡"社会实践活动开展以来，始终以引导学生"爱教育、长才干、做贡献"为宗旨，鼓励大学生奔赴祖国各地，开展理论宣讲、教育帮扶、医疗服务、文艺演出和科技支农等活动，展现当代大学生的精神风貌和青春风采。

2．开展"三下乡"社会实践活动工作体系

"三下乡"社会实践活动的开展分为4个层面，分别是全国、省、校、院系（见表7-1），实践内容包括理论普及宣讲、国情社情观察、科技支农帮扶、教育关爱服务、文化艺术服务、爱心医疗服务、美丽中国实践和中职学生"彩虹人生"实践等。全国层面每年组建重点团队1 000～1 500个，同时共青团中央还会联合有关单位实施"三下乡"社会实践专项活动，如与全国农学院协同发展联盟合作，开展全国"农科学子助力脱贫攻坚"专项活动；与共青团贵州省委合作，开展大学生遵义实践活动；与吉林省有关地方政府合作，开展"印象长白山，筑梦十三五"大学生暑期实践活动，等等。

除全国层面的活动外，各省、校、院系每年也会按照总体部署和要求，结合当地实际工作开展各个层面的"三下乡"社会实践活动，如共青团北京市委组织部实施的首都"青年服务国家"社会实践项目、南开大学"南开书屋"社会实践活动等。

表 7-1

层　　面	部　　门	资 讯 平 台
国家	中宣部、中央文明办、教育部、团中央、全国学联	"团中央学校部"官方微信公众号（ID：tzyxxb）、"三下乡"官方网站（http：//sxx.youth.cn）
省级	省级团委、省级学联联合地方宣传、教育部门	各省级团委学校部（学联）官方网站和官方微信公众号
校级	校团委	校团委官方网站和官方微信公众号
院系	院系团委	院系团委官方网站和官方微信公众号

3."三下乡"社会实践活动的类型

"三下乡"社会实践活动的类型主要有：①考察调研类，主要是开展社会调查或者参观考察，是大学生深入社会，深入基层，深入群众，了解国情、社情的重要方式。②公益服务类，主要是开展具有公益性和志愿性的活动，如支教、支农、支医、义务劳动和走访慰问等活动。③职业发展类，主要是学生为了提升自身职业素养，了解专业领域情况和社会需求而开展的学习参观、实习锻炼和创业实践等活动。

4."三下乡"社会实践活动的时间安排

"三下乡"社会实践活动下发通知的时间一般是每年 5 月，实施时间一般是在 7—8 月，总结评审一般在 9—10 月。计划参与的同学要随时关注网站、官方微信公众平台、学校的通知，及时登记报备。

5．"三下乡"社会实践活动的实施

（1）立项选题。立项选题是开展"三下乡"实践活动的第一步。好的选题是实践活动顺利开展的重要基础和保障。

1）选题来源。"三下乡"社会实践活动的选题来源一般有 6 个渠道。

①官方文件。每年 5—6 月，中宣部、中央文明办、教育部、共青团中央和全国学联会联合发布"三下乡"社会实践活动通知，可在"三下乡"官方网站（http：//sxx.youth.cn）或者团中央学校部官方微信公众号（ID：tzyxxb）获取相关通知。

②高校通知。各高校结合全国、省级层面的活动通知要求，进一步细化实践课题，确定重点实践内容和方向，起草下发校级"三下乡"社会实践活动通知。

③思想政治理论课教学内容中派生的课题。授课教师结合教学内容和实践要求设计实践选题，是对思想政治理论课教学内容的具体实践。

④专业要求。大学生立足本专业的实践选题，理论结合实际，解决人民群众生产生活中的问题。

⑤已有的实践项目。大学生可以根据已有的实践项目开展选题立项。

⑥根据自身需要。大学生可以通过多种方式关注时事热点，通过课堂学习、自主

阅读等方法对社会行为、社会问题等进行研究和分析，再结合自身的爱好进行实践选题立项。

2）选题步骤。选题立项一般经历以下 3 个步骤：

①拟定实践活动主题。一般情况下，调研团队根据"三下乡"社会实践活动的主题，初步选定 1～3 个，然后进行资料搜集、调研分析、联系实践地和指导老师等工作，在充分论证的基础上，最终确定最合适的主题。

②确定实践形式与内容。实践团队根据选题的任务和要求选择实践的形式，确定最终的实践内容。

③完成项目策划。在前期准备工作的基础上，实践团队要撰写社会实践立项方案，对实践过程、计划等进行规范化书写。一般来说，立项方案主要包括项目主题、团队基本信息、选题背景、日程安排、主要活动、预期目标、实践成果、经费预算和可行性分析等。

拓展阅读　　　　　　　　　　　　**立项选题时的注意事项**

实践团队在立项选题时要注意：①明确主题后不要随便更改，更不能以实践的名义走马观花，变相旅游。②在确定实践主题后，要进行合理的分工，任务清晰，群策群力，形成实践的合力。③实践主题要以解决实际问题，满足人民群众的社会服务为出发点，成果要具有社会价值、应用价值和创新价值。④立项选题要充分考虑可行性和可操作性。实践团队成员要充分考虑实践过程中的问题和难题，做好充足的准备。⑤立项选题要充分考虑和结合自身的专业，努力将理论知识转化为指导实践的具体行动。⑥实践活动应注重传承，部分学校在长期的社会实践过程中，形成了品牌实践项目，具有较高的社会影响力和社会认可度，因此实践团队在立项选题时也要注重创新与传承，不断丰富和深化品牌项目的形式和内容。

（2）策划筹备。确定实践活动的主题后，实践活动就进入筹划准备阶段。筹划准备充分，是顺利开展实践活动的重要基础。实践谣，如图 7-2 所示。

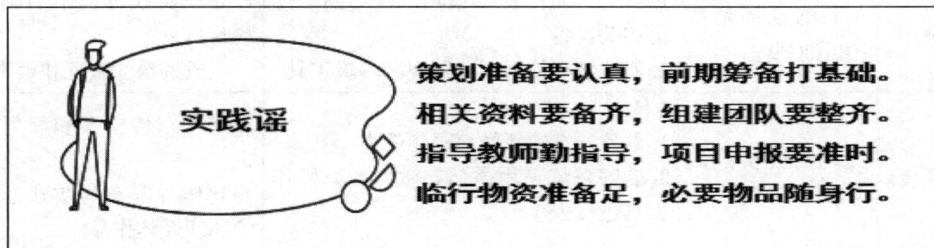

实践谣

策划准备要认真，前期筹备打基础。
相关资料要备齐，组建团队要整齐。
指导教师勤指导，项目申报要准时。
临行物资准备足，必要物品随身行。

图　7-2

筹划准备阶段，实践团队要完成：组建实践团队、选择指导老师、选择实践单位和撰写实施方案。

组建实践团队。团队实践是"三下乡"社会实践的重要形式，团队成员构成是决定社会实践顺利进行的重要保障。组建团队的方式是多样的，可以是班级团队、社会团队、专业团队和团支部团队等，也可以在主题确定后进行团队成员的招募。团队成员招募要考虑成员的年龄、性别比例和专业类型等，这样有利于组建各有优势、各尽其才的团队。一般来说，实践团队原则上设队长 1 名，团队成员数量不等，最少 4 人，最多 10 人，一般为 6 ～ 8 人。团队成员要分工明确、各司其职，以保障实践项目的顺利开展。

拓展阅读

"三下乡"社会实践团队成员分工，见表 7-2。

表 7-2

成员构成	工作职责	基本要求	核心任务
队长	统筹规划社会实践活动	1. 具有团队意识和领导能力，能凝聚团队共识，保障实践顺利实施 2. 能够正确理解和认识社会实践的重要意义	1. 组建团队并联系指导老师和实践单位 2. 制定立项方案，协调团队成员分工 3. 整体把握实践环节
财务管理	负责实践活动中的经费管理	1. 工作细心，有责任感 2. 能够熟练使用办公软件	各项活动的开支及经费报销
文案编辑	负责社会实践中各项文字的撰写	1. 有较强的文字能力 2. 有责任心	起草立项方案及实践活动报告等具体工作
外联沟通	负责社会实践活动的对外联络	1. 责任感强 2. 具有较强的沟通能力和应变能力	辅助队长完成与实践单位的联系和日常活动安排
后期制作	负责活动的拍摄和后期制作	1. 具有一定的摄影技巧，能够熟练使用相关设备 2. 能够熟练使用图片及视频编辑工具	1. 完成实践过程中的影音资料收集 2. 完成资料的整理和编辑
对外宣传	负责社会实践活动的对外宣传	1. 具备一定的新闻稿写作能力 2. 能够熟练使用微信、微博等新媒体工具进行宣传	1. 撰写宣传文案和新闻稿等文字资料 2. 制作并发布与实践活动相关的新媒体作品

【扫码知】

《社会实践团队
组建指南》

指导教师一般是从高校的思想政治理论课教师、专业课教师、党政干部和辅导员等教师中选择。指导教师可以有针对性地对实践活动的主题、内容和任务等进行专业指导，也可以帮助学生解决实践过程中遇到的问题和难题。这就要求指导教师要有一定的社会实践经验，其专业领域要和实践主题相对应，具有一定的关联度。一般情况下，指导教师要随团参与实践活动，如遇特殊情况不能参与，也要对实践活动进行全程监督、全程跟进。

选择实践单位需要考虑：①要围绕实践主题选择实践单位，充分考虑实践单位是否能够满足实践需求，从而顺利地实现实践目的。②要考虑周全，注意安全问题。对于实践地的治安问题、地理条件和气候等因素要充分考虑，建议选取有便利条件的地区，如与学校建立合作的实践基地、团队成员所在家乡的企事业单位等。实践团队可以自行联系实践单位，也可以通过学校、他人等与实践单位取得联系。前期与实践单位的良好沟通，将有助于实践的顺利开展。在与实践单位的沟通中，要注意谦逊有礼、诚信守约、尊重对方、友好礼貌，以展现大学生的风采风貌。

撰写实施方案是实践活动顺利开展的重要前提。实施方案一般包括项目主题、团队基本信息、选题背景、项目概述、日程安排、主要活动、预期目标、实践成果、经费预算和可行性分析等。"三下乡"社会实践活动立项方案要求，见表7-3。

表 7-3

立项方案内容	具 体 要 求
项目主题	项目主题一般按照实践主题和内容确定，基本格式为"××大学＋实践主题＋内容类型＋实践团"，团队名称要简洁明晰、无歧义
选题背景	主要介绍选题背景，说明实践的意义和价值
项目概述	要写明实践项目的主题、意义、内容类型、实践对象和实践方法等，主要写明要解决什么问题、预期成果等
日常安排及主要活动	主要写明实践活动开展的时间进度、活动形式和内容
预期目标及实践成果	主要写明实践活动能发挥什么作用，实践成果一般是论文、调查报告、文化作品或者商业产品
经费预算	主要是对实践活动开展中所产生的各项费用进行统筹规划和合理安排，秉持勤俭节约、合理规划的原则编排预算
可行性分析	主要包含项目主题的重要性、可行性和创新性等分析

经典案例

"三下乡"社会实践活动立项方案示例

A 基本情况					
团队 基本 信息	团队名称	×× 大学长白山旅游产品包装设计调研服务实践团			
	实践地点	白山市江源区大阳岔镇	起止时间	2019 年 7 月 5—22 日	
	团队人数	10 人	预算经费	5 000 元	申请经费	5 000 元
	是否已经 联系单位	是	单位名称	白山市江源区大阳岔镇	
			联系人	李先生	
团队 负责人	姓名	王同学	学号	××××	学院	×× 学院
	班级	1 班	宿舍	302	宿舍电话	××××
	手机	155××××		电子信箱	××××	

B 实践项目内容及可行性分析	
选题来源及 背景	为深入学习宣传贯彻习近平新时代中国特色社会主义思想，引导青年学生认识理解并积极投身"十三五"规划建设，走进基层参与东北老工业基地振兴的社会实践，协调推进"四个全面"战略布局，在调研实践中树立和践行社会主义核心价值观。本次社会实践将结合"五个白山"建设以及 ×× 大学艺术设计、产品设计等专业优势，走进"中国松花石之乡"白山市江源区，并围绕其地方特色旅游附加产品进行相关社会调研、创新开发及包装设计等实践活动。
实践项目 概述	通过 ×× 大学"寻梦长白山·建功十三五"暑期社会实践服务团走进白山市江源区大阳岔镇，深入基层，调查研究当地特色旅游产品，并进行旅游产品的创新开发及包装设计，通过包装宣传体现长白山旅游文化品位及特色，提高旅游产品的附加值，结合时代特征，突出绿色发展。同时，通过本次实践进一步提高实践团成员理论结合实际的实践能力，并形成可推广可传播的实践成果，服务当地社会经济发展建设，弘扬社会主义核心价值观，彰显当代青年精神内涵。
日程安排	时间总计 17 天，共分 3 个阶段： 第一阶段：筹备阶段（7 月 5—10 日）召开项目研讨会，确定项目开展方向，分配工作任务。对江源区大阳岔镇进行基本情况分析，对旅游产品进行分类，并进行成员安全教育及实践整体规划。 第二阶段：正式实践阶段（7 月 11—19 日），前往大阳岔镇，调研绿色食品生产基地、矿泉水开发基地，掌握产品的基本参数指标、销售包装情况，调研当地风土文化以及旅游产品的销售模式和包装手段。通过参观考察、结构访问获取调查资料。 第三阶段：总结阶段（7 月 20—22 日），返回进行资料整理，撰写报告。
预期目标	1. 以创新性包装标签、平面包装设计、外包装设计，与长白山旅游文化积淀相融合，打造具有长白山特色与文化内涵的长白山旅游产品包装设计，让更多的消费者了解长白山的历史文化、人文风情、特色产品和绿色发展理念。 2. 打造江源区大阳岔镇特色旅游产品文化，提升产品的附加值，将产品包装结合时代特征与传统文化，突出节能环保、人性化以及设计品位内涵等。
可行性分析	1. 本实践项目具有……的意义，可以了解……掌握……帮助……实现……形成……的成果。 2. 实践团队掌握相关调研专业知识，具备开展高质量实践的能力。 3. 准备充分，信息筹集、实践地方联络已完成，并完成安全预案。 4. 具有调研设备，并邀请相关专家参与指导。

🐦 7.3.2 "新时代·实践行"主题实践

"新时代·实践行"主题实践活动是社会实践活动的一种类型，是天津市开展实践育人活动的特色活动。"新时代·实践行"是新时代加强大学生思想政治教育的重要途径，也可以作为开展劳动教育的重要方式。通过将大学生思想政治教育与劳动教育相结合，让大学生在学思践悟中成长进步、增长技能，为社会主义事业的建设发展贡献青春力量。

1."新时代·实践行"主题实践活动介绍

"新时代·实践行"主题实践活动以深刻领会习近平新时代中国特色社会主义思想的精神实质和丰富内涵为目标，坚持把立德树人贯穿实践育人工作的全过程，立足天津，服务区域经济社会发展，是天津市落实新时代天津高校思想政治工作改革攻坚动员部署会会议精神，深入学习宣传贯彻习近平新时代中国特色社会主义思想的重要举措。

"新时代·实践行"主题实践活动开展的目标是通过建立固定化、常态化的实践育人机制，推进社会主义核心价值观的实践养成，引导广大学生在基层实践中积累经验、锻炼能力、增长才干，在实践中逐渐成长为有家国情怀、有时代担当、有过硬本领的中国特色社会主义建设者和接班人。

"新时代·实践行"主题实践活动主要围绕习近平新时代中国特色社会主义思想基层宣讲、新时代·乡村振兴战略实践行、新时代·京津冀协同发展实践行、新时代·生态文明实践行、新时代·一带一路实践行 5 个主题进行。每年有近万名师生参与其中，已逐渐成为天津市大学生社会实践活动的特色品牌，以及大学生锻炼实践能力、提升综合素质的重要平台。

"新时代·实践行"主题实践活动在每年的年底进行团队组建和申报，次年的 1—9 月开展，10 月进行集中评比。同时要求每个团队在实践周期内，要固定在一个实践基地开展常态化实践活动不少于 10 次。

2."新时代·实践行"主题实践活动的实施

"新时代·实践行"主题实践活动以团队申报为主，步骤包括确定主题、确定指导教师、撰写实施方案、开展专题实践、汇报总结和参与评选等。每一个主题内容在具体要求上有所不同，各申报团队可结合实际情况选报。

（1）习近平新时代中国特色社会主义思想基层宣讲。该主题实践活动从内容上聚焦习近平新时代中国特色社会主义思想中的最新成果、热点内容，实践地点主要是基层城乡社区，在形式上以群众喜闻乐见的宣讲为主。

活动开展过程中首先要组建宣讲团队，选择合适的主题和切入点开展基层宣讲活动，团队成员在 6 个人左右。这一主题要求指导教师和团队成员有一定的理论水平和专业素养。同时，在宣讲方式和方法上，要创造性地设计一批形式新颖、内容充实、群众喜爱的授课方案，以演绎中国青年拼搏奋进的感人故事、分享优秀大学生成长经历感悟等多种方式，将"大道理"转化为"小故事"。大学生可以结合学科专业特色，形成主题突出、特色鲜明的实践育人品牌，深入推进习近平新时代中国特色社会主义思想的实践养成。

（2）新时代·乡村振兴战略实践行。该主题实践活动从内容上主要是围绕"乡村振兴战略"，聚焦推进农村经济建设、政治建设、文化建设、社会建设、生态文明建设和党的建设。在实践地点上，可以结合专业特色，以家乡或者学校定点帮扶村落为试点，瞄准乡村振兴精准发力。

活动开展过程中，大学生主要以自身专业为依托，找到助力乡村振兴的着力点，以调研或者志愿服务的形式开展主题活动。例如，发挥教师教育特色帮扶乡村教育，依托"互联网＋"模式助力农业发展，结合文明创卫要求促进环境提升。实践团队通过充分发挥自身专业优势，发挥当地资源优势，提供智力支持，助力精准扶贫和乡村振兴。

（3）新时代·京津冀协同发展实践行。该主题实践活动内容上紧紧围绕《京津冀协同规划纲要》精神，结合京津冀交通一体化、生态环境保护、产业升级转移，围绕三地功能定位，特别是天津"全国先进制造研发基地、北方国际航运核心区、金融创新运营示范区、改革开放先行区"一基地三区功能定位、产业分工、城市布局、设施配套和综合交通体系等重大问题，开展创新创业、素质拓展、社会实践、产学研一体化、调查研究和志愿服务等多种形式的实践育人活动。

（4）新时代·生态文明实践行。该主题实践活动主要通过广泛开展绿色环保、生态建设和环境保护等实践活动，加强节约水资源、垃圾分类、新能源、防灾减灾、湿地保护和食品药品安全等生态文明观念的宣传，引导学生深刻认识和理解生态文明在国家发展和民族振兴中的重要地位以及与自身学习、工作、生活休戚与共的关系，积极投身生态文明建设。鼓励青年用创新创业成果服务生态文明战略、助力美丽中国建设、推动当地生态文明发展，为建设美丽中国贡献智慧和力量。

（5）新时代·一带一路实践行。该主题实践活动要围绕"一带一路"倡议，聚焦政策沟通、设施联通、贸易畅通、资金融通、民心相通，聚焦构建互利合作网络、新型合作模式、多元合作平台，聚焦携手打造绿色丝绸之路、健康丝绸之路、智力丝绸之路、和平丝绸之路，充分发挥教学资源和学科特色，充分利用校内外资源，组织学生以"一带一路"为主题开展社会调研、国情观察、文化考察和志愿服务等活动，形成有特色、有思考、有价值的实践报告。

7.4 社会调查中需要注意的问题

7.4.1 注意基本的文明礼仪

大学生参与社会调查，在具体实施的过程中要注意基本的文明礼仪，尊重实践地的风俗习惯。团队成员要遵守社会公德，自觉维护社会公共秩序；要尊重他人，在实践过程中与他人交往，要互谦互让、互尊互敬，要善于向人民学习请教，善于倾听群众的观点和意见，为人处世严于律己、宽以待人，充分展现大学生的良好精神风貌。

7.4.2 注意调查过程中的安全

安全问题是进行社会调查开展过程中要高度重视的问题，主要包括：①人身安全，参与社会调查的同学一定要征得家长的同意，并随时报告自己的行程和安全状况，时刻要有安全意识。②交通安全，外出时一定要搭乘正规的交通出行工具，拒绝黑车或者超载车。③财务安全，外出实践时不要携带大量的现金，保管好随身携带的重要物品，遇到物品丢失及时报警。④饮食安全，外出时要注意饮食的卫生，切忌暴饮暴食，遇到问题应及时就医。部分企业调查活动或项目还要注意生产安全，遵守企业生产规定，按照要求开展调查活动。

7.4.3 注意调查过程中资料的收集

社会调查开展的方式多样，但不管什么形式的调查活动都需要调查人员精心收集调查资料。一方面要收集丰富的影音资料。调查过程中要注意拍摄优秀的照片和视频，为最终调查成果和宣传等准备丰富的资料。拍摄照片和视频时也要注意相关规定，尤其在博物馆、纪念馆等公共场合需要拍照、录像等时，一定要征得馆内的同意，活动结束后要做好收尾工作，给对方留下好的印象。另一方面要随时记录整理调查过程中的资料，形成文字材料。社会调查活动的成果形式多样，主要有实践报告、实践总结、日志、影音资料、新闻通讯稿和学术论文等，因此要做好随时的记录和整理，为最终调查成果的形成和活动宣传等打好基础。

本章小结

社会调查是加强大学生劳动教育、推动劳动实践的重要方式，是高等学校开展实践育人、劳动育人的重要途径。大学生通过参加社会调查活动，能够掌握社会调查的相关知识和技能，能够更好地了解社会、观察社会，在发现问题、解决问题的过程中树立正确的劳动观，提升劳动技能和水平。

拓展与实践

脱贫成果专题实践调研活动

脱贫攻坚是党中央、国务院作出的重大决策部署，是全面建成小康社会、实现第一个百年奋斗目标的标志性工程和底线任务。2020年11月23日，贵州省宣布剩余的9个贫困县退出贫困县序列，至此我国832个贫困县全部脱贫摘帽。为巩固脱贫成果、创新发展思路，请大家采取调研贫困县脱贫致富道路、采访政府的有关工作人员和走访脱贫家庭等方式，了解国家脱贫攻坚政策，以及脱贫的成效，为脱贫后地区的发展提供新思路。

1. 设计一份关于脱贫攻坚成效情况的调查问卷。

2. 按照开展社会调查的步骤，每10人一组，模拟组建社会实践团队，并撰写立项方案。

第8章 勤工助学

【核心问题】

☑ 勤工助学的内涵和特点

☑ 勤工助学与劳动的关系

☑ 大学生参与勤工助学应具备的能力

☑ 大学生参与勤工助学应关注的问题

【学习目的】

通过本章的学习，学生能掌握勤工助学的内涵、特点和岗位类型等相关知识，明确勤工助学对培养大学生自力更生、艰苦奋斗、职业素养及岗位技能方面的重要意义，引导大学生提升勤工助学所需的能力素质，为今后顺利走向职场、融入社会打下坚实的实践基础。

【思维导图】

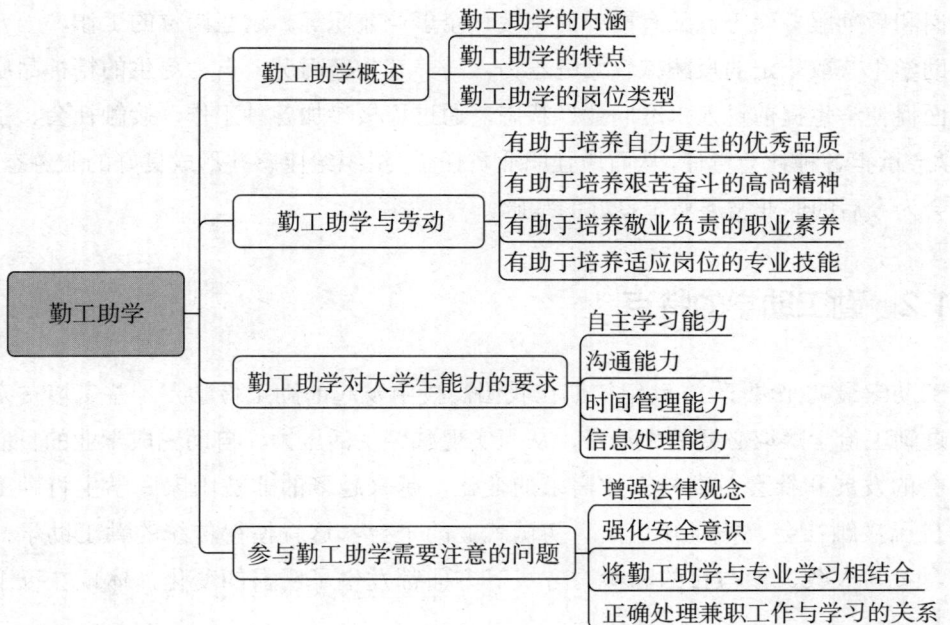

作为高校劳动教育的重要途径，勤工助学在发挥劳动教育实效、实现学生知行合一上具有不可替代的实践意义。大学生通过全面了解勤工助学的相关内容，并主动参与勤工助学，并在劳动实践中使自己锻炼成长。

8.1　勤工助学概述

8.1.1　勤工助学的内涵

2018 年，教育部、财政部在印发修订的《高等学校勤工助学管理办法（2018 年修订）》文件中对勤工助学给出了明确界定："勤工助学活动是指学生在学校的组织下利用课余时间，通过劳动取得合法报酬，用于改善学习和生活条件的实践活动。"一直以来，勤工助学都是学校学生资助工作的重要组成部分，但随着社会的进步和教育的发展，勤工助学作为一种教育经济活动，已经完成了从单一"经济资助"到"资助育人"的功能转变，它不仅是资助家庭经济困难学生的有效途径，也是提高学生综合素质的育人方案，具有丰富的教育内涵。

高校的勤工助学岗位多样，既有校内的管理助理岗、文明监督岗、科技服务岗、安全值班岗和后勤服务岗等，又有校外的家教、企事业兼职等。这些岗位的工作，一方面可以帮助学生获取一定的报酬减轻家庭压力，培养其吃苦耐劳、自力更生的精神品质；另一方面促使学生提前进入"准职业"状态，通过积极参加各种工作，接触社会、了解社会，学会承担各种社会责任，从而增强职业责任感、组织纪律感并形成良好的服务态度，这些都会为今后的职业发展奠定良好的基础。

8.1.2　勤工助学的特点

勤工助学最初来源于 20 世纪初期在我国高校中发起的勤工俭学，一些家境贫寒的学生通过勤工俭学赚取必要的生活费，从而实现减轻生活压力、自助完成学业的目的。随着社会的发展和社会对高校人才需求的变化，越来越多的非贫困家庭学生将勤工助学作为自己接触社会、拓展知识面、初试就业的平台。这就使得传统的勤工助学在参与主体、参与人数、参与目的和参与方式等方面都发生了明显的变化，体现在以下三个方面。

1. "资助"与"自主"相结合

勤工助学作为学校资助体系的重要组成部分，学校在岗位安排上会遵循优先扶困原则，即优先帮助家庭困难的学生以"勤工"达到"助学"的目的；同时结合自愿申请原则，当非贫困家庭的学生主动提出想要以"参与"积累"经历"，学校一般也会积极安排相应的岗位，为他们提供锻炼机会。

2. "报酬"与"体验"相结合

勤工助学是大学生自愿报名参加的有偿劳动，大学生通过辛勤劳动可以获得相应的报酬。但今天越来越多的大学生参与勤工助学的目的不仅仅是"赚钱"，他们不再简单地满足于通过一份勤工助学的报酬减轻家庭压力，更多的是希望通过勤工助学来获得接触社会、了解社会的体验，以此来丰富社会阅历，积累从业经验。因此，学校不仅提供了校内的工作岗位，而且也提供了很多更具挑战性的校外勤工助学的工作岗位，给予大学生充分锻炼的机会。

3. "学"与"用"相结合

尽管勤工助学为学生提供的岗位丰富多样，但越来越多的学生在选择岗位时还是倾向于知识性、能力性的管理类和技术类工作，更愿意将工作与所学专业相结合，希望通过勤工助学的实践机会来加深对专业知识的理解。学校在提供勤工助学工作岗位时，会充分考虑"专岗"结合，旨在培养学生的专业技能和实践能力，树立劳动观念和自立精神。例如，酿酒工程、音乐舞蹈教育、中药学专业的大学生可以分别安排到酿酒实训基地、琴房舞蹈房、中药种植基地进行工作，工作的同时增长专业见识，掌握专业类相关知识技能，一定程度上能够加强学生对专业的认知。

8.1.3　勤工助学的岗位类型

勤工助学的岗位按照工作地点不同可分为校内勤工助学岗位和校外勤工助学岗位。

1. 校内勤工助学岗位

（1）按照岗位工作时间长短，可将校内勤工助学岗位划分为 3 类。

1）固定岗位。固定岗位是指持续一个学期以上的长期性岗位和寒暑假期间的连续性岗位，如图书馆助理、自习室管理员和校内秩序管理员等。

2）项目岗位。项目岗位是指在学校管理、服务中，将一些应由学校经费支付的专项工作岗位设置为勤工助学岗位，如一些学校将勤工助学经费按照学科竞赛经费、助教经费和科研经费等进行划分，通过设置专项经费的形式，鼓励学生积极参与学科竞赛、教学助理和科研实践。

3）临时岗位。临时岗位是指不具有长期性，通过一次或几次勤工助学活动即完成任务的工作岗位，如招聘会志愿者、临时性交通管制员等。

（2）按照岗位工作内容的不同，可将校内勤工助学岗位划分为4类。

1）工勤岗位。工勤岗位是最常见也是参与度最高的工作岗位，如实验室、机房、语音室、有关公共区域等的保洁工作。这类工作属于劳务性质，对技术要求并不是很高，也不需要太多的工作经验，门槛相对较低。由于此类工作较为辛苦，需要付出较多的体力劳动，因此在实践的过程中能够体会劳动的艰辛，也能培养吃苦耐劳的优良品质。

2）教辅助理岗位。教辅助理岗位要求大学生自主提供相关服务，对大学生的综合素质要求较高，需要具备统筹协调能力、灵活应变能力以及敏锐的洞察能力，如图书馆协管员、学生工作助理、教学教务助理和实验室助理等。

拓展阅读　　　**太原科技大学开展实验室勤工助学模式**

"十三五"期间，为响应山西省高等教育供给侧结构性综合改革号召，太原科技大学晋城新校区应运而生。伴随着校区规模和生源的不断扩大，实验室工作量与日俱增，而受限于实验室内部人力资源不足，实验室的日常运行受到了严峻挑战，基于此背景，学校开展了实验室勤工助学模式。为响应校区对学生人才定位的培养，学校对学生进行有针对性的仪器设备培训，使助理实验员能独立负责仪器的初步保养及检查排查工作，将所识所学切实应用到工作中。助理实验员会负责实验室的一些纸质文档管理工作，如各种教学仪器设备的台账记录、库存清点整理、独立撰写详细的实验方案等。实验室的勤工助学工作不仅有助于学生锻炼自身的专业能力，培养严谨的实验室作风，也能使他们体会到劳动的价值。

3）技术岗位。该岗位需要大学生具备较高的专业技术水平，承担此类工作的大学生更能在工作中锻炼自身实践能力、提升专业技术水平，这对大学生能力的提升具有实实在在的帮助。常见岗位，如助教、科学研究、计算机维护和专项课题调查等。以科研助手岗位为例，该岗位的工作职责主要是协助导师完成相关科研项目的基础工作，如调查研究、查阅文献、翻译资料、设计和实验等；参加导师相关科研项目的部分研究开发工作，按照课题计划在教师的指导下逐步参与科学研究。该岗位将科研与勤工助学工作结合起来，有助于培养学生的创新精神、创业意识、实践能力、科学素养和综合素质，有利于引导学生进入科学前沿，了解社会发展动态。

4）创业岗位。该岗位是一类较为新型的勤工助学模式，它是在学校的大力支持和专业教师的指导下，以学生为主体，创建勤工助学的经营实体，让学生自主经营，发挥主观能动性，将社会实践和专业知识相结合，通过创造性的劳动获得报酬。创业型勤工助学岗位往往是以团队的形式开展，由学校提供启动资金，从而拓展出更多的勤工助学岗位，以吸收更多的家庭经济困难和有志于创业的学生。

陕西科技大学勤工助学新模式——PEA豌豆模式

陕西科技大学阳光助学中心是一个创业型勤工助学组织。中心设有办公室、外宣部、训练部和兼职部4个部门及阳光文体、阳光书报亭、阳光茶坊和阳光咖啡屋4个经济实体。主要开展以下工作：校内外勤工助学岗位管理；经济实体运营及财务核算；开展阳光助学工程等。中心的建立实现了勤工助学、创业教育、专业教育、就业教育和思想教育的结合，为提高大学生就业竞争力提供了一个训练场、实验室。

学校在阳光助学中心的基础上，构建了 PEA 豌豆模式：P（principle）——制度保障，E（Entityplatform）——实体平台，A（Ability）——能力提升。中心秉着以学生为本的原则，将原先临时型、劳力型的旧岗位调整为发展型、技术型的岗位，由学生担任课程运营主管，实行"老师指导，以老带新，认证上岗，学分制度"的方法，建立起一套完善的技能培养、考核制度。中心逐年优化岗位设置和运营模式，常年为学生提供校内外岗位千余个，中心的利润作为学校困难救助基金的来源之一。PEA 豌豆模式的提出创新了高校勤工助学机制，提高了育人实效性，充分发挥"实践育人"效用，是新形势下真正适合大学生，集解困、锻炼能力、培养综合素质于一体的成才道路。

2. 校外勤工助学岗位

校外勤工助学岗位可以涵盖从简单的劳力型岗位到智力型岗位的各种工作，可供选择的范围和数量相较于校内岗位明显增多了，主要包括以下几种。

（1）教育型岗位。如家教、培训机构老师等。该类岗位要求大学生具备扎实的基础知识，讲解能力强，善于与人沟通，并有较强的亲和力。该岗位接触的人群一般是中小学生及学生家长，工作环境相对安全轻松，同时该岗位工作时间比较固定，工作报酬也相对较高，因而常常受到大学生的青睐。但因为该类岗位接触的人群相对单一，授课过程只是对基础知识单纯的重复，导致对自身专业能力的提高作用不大，对增长社会经验的作用也相对有限。

（2）服务型岗位。如餐厅服务员、礼仪服务员等。该类岗位在工作中几乎不需要任何的知识储备，技术含量相对较低。虽然该类岗位接触的人群一般是社会人士，有一定的安全隐患，但对于大学生人际交往能力的提升可以起到积极作用。

（3）销售型岗位。如市场推销员、发传单推销员等。该类岗位工作内容相对简单，无须太多技能储备，推销的过程中可以提升语言表达和社交能力。但该类工作报酬相对较低、体力消耗较大、工作时间不固定，需要合理安排工作时间。

（4）技术型岗位。如美工、程序员和视频剪辑员等。该类岗位对知识和技能储备有较高的要求，适合自身有一技之长，并且愿意主动去学习新知识、新技能的大学生。技术型岗位能够接触与时俱进的技术，不断学习新的知识和技术，锻炼学习和理解能力。另外，大学生在工作中能够丰富专业知识储备，锻炼动手能力。

8.2　勤工助学与劳动

开展勤工助学活动是学校育人的需要，是教育与社会实践相结合的重要途径，是提高学生素质和能力的重要方式，也是培养大学生劳动素养的有效渠道。在知识经济高速发展、观念更新迅速的今天，大学生只懂得书本知识和理论知识已远远不够，勤工助学活动既能加深大学生对书本知识的理解和运用，又能使大学生增强劳动意识，亲身感受社会对人才素质的要求，有利于从根本上激发广大学生学习的热情和信心，为大学生树立热爱劳动、尊重劳动、崇尚劳动的价值观起到积极的推动作用。

8.2.1　有助于培养自力更生的优秀品质

自立是指一个人通过自身努力可以料理个人生活，独立面对和处理问题。它不仅是培养人才不可或缺的条件，也是人适应社会、立足社会的基本素质。进入大学后，大学生不应再以依赖父母为荣，而应以自力更生为目标。脱离对父母的依赖，自觉经受风霜雪雨的历练，正是大学生需要培养的品质。日本著名企业家松下幸之助曾经说过这样一段话：狮子故意把自己的小狮子推到深谷，让它从危险中挣扎求生，这个气魄太大了。在这种严格的考验之下，小狮子在以后的生命过程中才不会泄气。在一次又一次地跌落山涧之后，它拼命地、认真地、一步步地爬起来。它从深谷爬起来的时候，才会体会到"不依靠别人，凭自己的力量前进"的可贵。狮子的雄壮，便是这样养成的。这种自力更生的精神在勤工助学中更容易体会到。通过参与勤工助学，大学生不再单纯地、被动地接受馈赠，而是主动通过辛勤劳动获得报酬。这种方式一方面能够帮助大学生缓解经济困难和获得相当的经济来源；另一方面，有助于大学生通过辛勤劳动增强自信心和自尊心，树立自力更生、回报社会的良好意识。

8.2.2　有助于培养艰苦奋斗的高尚精神

艰苦奋斗精神的实质是人们在改造客观世界的实践中所倡导的勤俭节约、珍惜财富的意识，为达目标不畏艰难困苦，锐意进取的思想品格。常言道："逆境出伟人，困境造英才。"出身并不会对一个人成就伟业起决定性作用。那些通过自力更生、艰苦奋斗攻读完大学的学生，会更加知道今天的生活来之不易，也更知道如何去为梦想打拼。艰苦奋斗是中华民族的传统美德。新时期的大学生应将艰苦奋斗精神发扬光大。当前，勤工助学已经成为大学生进入社会之前的"实践课"，大学生在参与校内外劳动和服务的过程中，在改善生活条件的同时，可以历练品格、磨炼意志，从而体验个人成长进步的艰辛，正视自己所得，树立正确的世界观、人生观和金钱观，在这个过程中不断地提升自我和完善自己。

8.2.3　有助于培养敬业负责的职业素养

职业素养是指职业规范和要求，是在工作过程中表现出来的综合品质，包括职业道德、执业行为、职业作风和职业意识等方面。职业素养是每个职场人都必须具备的品质。对于高校勤工助学而言，大学生会接触多种多样的工作岗位，通过与不同性格的老师、同学进行交流，形成与社会较为相似的工作环境，能够提前体验职场的氛围。工作中，逐步了解工作行为和熟悉工作规范要求，培养良好的职业行为习惯。同时，大学生在勤工助学过程中可以学习如何待人接物、如何穿搭符合职业要求的服饰、如何遵守部门管理等，通过一系列的实践锻炼，培养认真、有责任心的敬业意识，积极、主动的工作态度，踏实、稳定的职业理念，谦和、热情的工作作风，这些都是今后步入职场必备的职业素养。

8.2.4　有助于培养适应岗位的专业技能

专业技能是指人们从事某项工作时，在专业知识和专业能力方面应具备的基本水平，包括扎实的专业基础知识和熟练的操作技能。在课堂上和书本中，大学生们可以充分学习专业知识，但专业能力的锻炼提升则需要大学生走出课堂，在广阔的社会实践中去培养。勤工助学对于大学生而言，是一项有益的社会实践活动，它可以帮助大学生开阔眼界、接触社会，使大学生把学到的知识应用到社会实践中去，并在社会实践活动中不断增长新的知识才能。当今的勤工助学已经由之前单一的"劳务型"向"智力型"转化，越来越多的工作岗位需要与专业知识紧密结合。在这个过程中，一方面学生可将所学专业知识技能及时付诸实践，将在学校所学的知识技能与实践中所需的知识技能逐渐建立起内在联系，成为知识的一部分，使专业知识得到深化；另一方面，在勤工助学过程中遇到的原来没有涉及或暂时难以解决的问题，迫使学生对实践工作进行深入思考，唤起学生对新知识的渴望，在解决实践问题中挖掘创造潜能，使专业能力得到快速提升。

8.3 勤工助学对大学生能力的要求

8.3.1 自主学习能力

自主学习能力一般是指人们在正式学习或非正式学习环境下，自我求知、做事、发展的能力，它是所有能力的基础。李开复先生在给大学生写的信中曾提及，为了毕业时找到最喜爱的工作，每一个进入大学校园的人都应该重点进行 7 项学习：自修之道、基础知识、实践贯通、培养兴趣、积极主动、管理实践、为人处世。可见，自主学习能力是大学生应具备的基本能力之一，必须在大学期间重点培养。人的知识大部分靠自学获得，特别是在当前科学日新月异、知识量剧增的时代，一个人单靠学校里学的知识已远远不够，每个人都必须终身学习；不具备自主学习能力的大学生很难适应这个社会。大学生在进行勤工助学的过程中，经常会遇到工作内容并不熟悉的情况，又或者以目前具备的知识水平无法解决当前工作中出现的问题时，就需要我们具备自主学习能力去快速学习新的工作内容，随时保持对新事物探索学习的热情。另外，通过不断的实践学习，大学生可以充实和构建自身知识体系，提升持续学习的能力。

8.3.2 沟通能力

沟通能力包含表达能力、倾听能力和设计能力。沟通能力看起来是外在的东西，实际上是个人素质的重要体现，它关系着一个人的知识、能力和品德。良好的沟通能力是处理好人际关系的关键，具有良好的沟通能力可以很好地表达自己的思想和情感，获得别人的理解和支持，助力和谐人际关系的建立。表面上看沟通能力似乎体现在左右逢源、能说会道上，但真正的沟通能力体现在从穿衣打扮到言谈举止的各个方面。如果双方在沟通的过程中，能够自觉、主动遵守沟通礼仪规范，就容易建立起相互尊重的关系，从而避免不必要的冲突。此外，拥有良好沟通能力的人更能充分展现自身的专业素养与能力，也是团队中保持良好氛围的重要连接者。大学生在勤工助学的过程中，一定会接触很多的部门和人员，尤其是在校外勤工助学时，常会接触社会各个层面的人员。在与陌生人沟通时，大学生需要具备一定的沟通能力，通过表达交流来摸索与同事、同学、朋友间的最佳交流方式。

8.3.3　时间管理能力

时间管理是指在时间相同的情况下，为提高时间的利用率和有效性而开展的体系化控制工作，是个体赋予自身的一种内在管理素质。时间管理的目的是让个体从被动地打发时间转变为合理主动地分配利用时间，从而形成高效、富有创造性的劳动。"盛年不重来，一日难再晨；及时当勉励，岁月不待人。"这是 1 600 年前魏晋时期的陶渊明对时光与岁月作出的感慨，也提醒当代大学生要充分利用时间，学习知识、增长才干，实现自己的青春梦想。对于大学生而言，学会时间管理是很重要的一项技能，尤其在勤工助学的过程中，大学生如何做到勤工助学和学习两不误，合理安排好学习与工作的时间，则需要其具备一定的时间管理能力。每个人的时间和精力都是有限的，有些大学生过分重视能力的锻炼和经验的积累，在本就繁重的学业之外，过多地参与社会兼职，将每天的时间都安排得满满的，没有科学合理地分配自己的时间和精力，在不知不觉中荒废了学业、虚度了美好的学习时光。因此，对于选择勤工助学的大学生而言，一定要科学规划自己的时间，在正确的时间做对的事，提高时间管理效能。

拓展阅读

四象限时间管理法

四象限时间管理法是由著名管理学家科维提出的，他把工作按照重要和紧急两个不同的维度进行划分，基本上可以分为"四个象限"（见图8-1）：既紧急又重要、重要但不紧急、紧急但不重要、既不重要也不紧急。运用该方法，将我们需要处理的事情按照轻重缓急进行划分，便于作出决策。具体来说，可以采用以下态度处理各象限事务：对于既重要又紧急的事情应严格把控，保持在一定的范围，防止其扩大，给自己徒增压力；对于重要但不紧急的事情应多花时间和精力，为长远利益做好铺垫；对于紧急但不重要的事情，应尽量将范围缩小，避免不必要的时间浪费；对于既不重要也不紧急的事情，应尽量避免其出现。

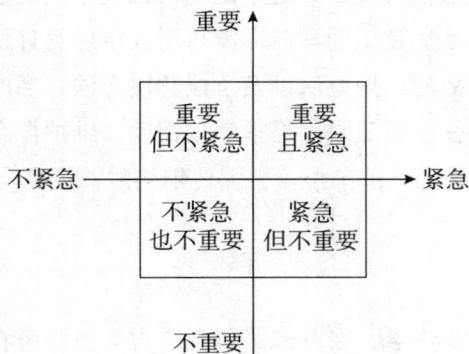

图　8-1

💖 8.3.4　信息处理能力

信息处理能力是指恰当地选择各种信息工具，主动地利用各种信息资源，有效地采集信息、加工信息、发布信息等的能力。现代社会是信息社会，大学生必须具备灵活处理信息的能力，关键在于对计算机及网络技术的掌握和运用，这不仅直接影响大学生学习的效果及效率，也对学生学习的开放性、发展性和可塑性有直接影响。目前，信息技术的应用涉及各行各业和各个领域，信息处理能力已经成为衡量工作能力的一项重要指标。大学生在进行勤工助学前，需要具备与工作岗位要求相适应的信息处理能力，如熟练使用办公软件，掌握寻找、辨别、筛选优质信息的基本方法和工具，具备数据化的表达信息能力等，从而帮助大学生提高工作效率，更好地展现自身综合素质。

8.4　参与勤工助学需要注意的问题

💖 8.4.1　增强法律观念

大学生在勤工助学的过程中有时会存在一些法律纠纷，导致学生的合法权益被侵犯。但由于大学生相关法律意识往往比较淡薄，常常不知自己的权益被侵害或者不知如何维护自身合法权益。大学生在参与勤工助学的过程中，当与用人单位产生纠纷时，导致大学生不能有效解决纠纷的原因之一就是大学生没有被作为劳动者进行保护。在实际情况中，或参照民事雇佣关系或参照非全日制用工对勤工助学大学生进行保护。正是由于大学生勤工助学与用人单位之间的法律属性界定不准确，导致大学生维权艰难。如何通过正当途径维护大学生的合法权益呢？关键还是要树立大学生的法律意识，培养大学生的法制观念。大学生在校外参加勤工助学前，需与用人单位签订协议书，明确各方的权利和义务，明确意外伤害事故的处理办法以及争议解决方法。当产生涉及劳务双方权益和纠纷时，学生应及时向所在学校反映，寻求学校帮助，维护自身合法权益。切不可盲目轻信高工资、高待遇、熟悉的人或单位，警惕传销陷阱，提高自我防范意识。

拓展阅读

某高校英语系大三学生小李，在看到某信息咨询有限公司在媒体上刊登的招聘广告后，决定应聘该公司的兼职英文翻译。经过简单的面试，小李交了500元押金和50元信息费，拿到一篇文章回去翻译。过了一个星期交稿时，小李得到了80元稿费，又拿到一篇稿件回去翻译。又过了两个星期，小李致电公司准备交稿，可电话怎么也打不通。赶到公司后，却发现公司已经搬走好几天了，去处不详。

8.4.2　强化安全意识

勤工助学帮助大学生接触社会、认识社会，但与此同时，由于没有了校园的保护伞，一些不稳定、不安全的因素也会随之而来。最显而易见的就是交通安全隐患，大学生在参加勤工助学的过程中一般会涉及外出，交通安全隐患不可忽视。交通的拥挤与疏忽往往会酿成不可弥补的遗憾。另外，大学生在勤工助学过程中也会存在安全隐患，如不遵守工作规定擅自离岗、不按照相应规定使用仪器设备等都可能会造成人身伤害。那么，大学生应当采取哪些防范措施提高避险能力呢？

大学生勤工助学必须遵守国家法律法规及用人单位和学校的规章制度，提高辨别意识、不从事违法工作；从事的勤工助学工作必须与学校及家长提前沟通，经学校勤工助学服务中心明确认可后才可进行；学生在工作过程中必须本着认真负责的态度，遵守单位相关规定，按时上下班，不迟到不早退，能够如实将自己的身体状况、学习状况及工作状态向学校定期告知；对于存在较大安全隐患的工作，学生应及时向学校反馈，并立即停止工作，如高空作业、严重污染、辐射性强等《劳动法》及相关法律法规规定的易对人体造成伤害和危险的特殊行业和专业劳动，学生应该加以拒绝；在校外勤工助学中，上下班最好结伴而行，同学之间互相照顾、互相提醒。

拓展阅读

小齐是某高校的大二学生，暑期来到车床厂打工，心想这份兼职既能攒下自己下学期的生活费，又和自己所学专业接近，还能积累工作经验。整个暑期，小齐的表现都不错，但在假期快要结束时，小齐因为操作机床不当，被削掉了两根手指。因为没有签订劳动协议，小齐的医药费一直索赔无门。

8.4.3　将勤工助学与专业学习相结合

在实际工作中，大学生尤其是高职院校学生的勤工助学一直处于一个比较自发的状态，有些高校的工作人员片面地认为勤工助学只是学校帮困助学政策的一部分，主要为贫困生提供职位，而且多半是一些层次低、和专业联系不紧密的劳务型工作。勤工助学，最基本的要求就是通过实践劳动促进学业，但是在现实情况下，由于工作和专业的分离，也就很难实现教育和生产劳动的良好结合。因此，学生在勤工助学过程中，还要注重职业能力的培养和职业生涯的规划，尽可能选择与自己专业相关或与自身职业生涯规划相近的职位，努力培养未来工作中需要的能力或素质，从而为将来职业道路的顺利开展提前打好基础，力争实现专业学习—勤工助学—专业学习的良性循环。

8.4.4　正确处理兼职工作与学习的关系

有些大学生将"勤工"与"助学"人为割裂。有的学生认为"勤工误学"，有的成为校园打工族，为打工而打工，盲目追求物质利益，"勤工助烟""勤工助吃""勤工助玩"，违背了"勤工"的本意和初衷。大学生在勤工助学过程中要提高时间管理能力，尽量做到勤工助学与学习两不误，在工作中把握适度原则，合理安排好学习与工作的时间。同时也应时刻提醒自己，作为大学生还应以学业为主，不能为了勤工助学而逃课或者荒废学业，否则就本末倒置、得不偿失了。

总之，在校大学生参加校外勤工助学，安全第一，要懂法守法，善于保护好自己，同时，要尽最大可能地使这段经历变成人生的一笔宝贵财富，让这些社会实践的经历，成为步入人生更高层次的一块基石。

本章小结

勤工以明志，助学以致远。勤工助学作为高校培养高素质复合型人才的重要途径，已不是贫困生的"专利"，而是所有在校大学生成长成才的重要平台，具有解困助学、励志育人的双重功能。勤工助学为大学生实践锻炼、了解社会、自强自立提供了良好的机会，对培养大学生的社会适应能力、实践探索能力、心理承受能力和自我规划能力起到了积极作用。希望同学们能够在今后的学习生活中积极参与勤工助学，丰富实践经历，积累实践经验，培养自立自强、艰苦奋斗的优秀品格。

拓展与实践

请同学们针对自身勤工助学岗位及工作经历撰写勤工助学月度总结报告，报告中应包括勤工助学的工作内容、工作时间、工作地点、工作收获及工作感受等。

第9章 创新创业

【核心问题】

☑ 创新创业的内涵
☑ 创新创业与劳动的关系
☑ 成功的创新创业需要做的准备
☑ 创新创业中需要注意的问题

【学习目的】

本章通过对创新创业的内涵和方法的学习，让大学生了解创新创业与劳动的关系，引导大学生发扬创新创业精神，积极投身创新创业实践，进一步培养和增强大学生的创新创造思维和意识，同时提高将创新创造成果转化为劳动效益的能力。

【思维导图】

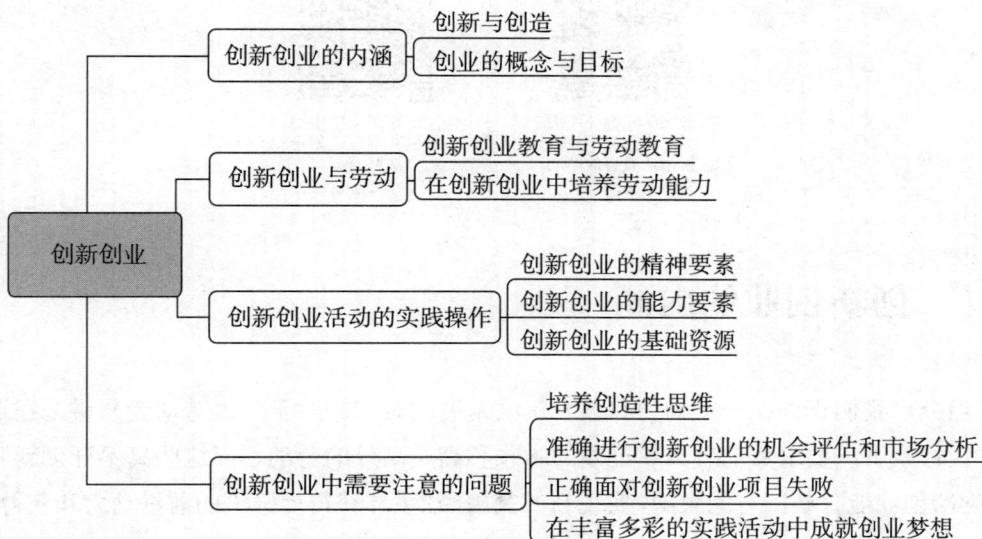

【引言】

"大众创业、万众创新"的提出和深入推进

推进大众创业万众创新一直是我国深入实施创新驱动发展战略的重要支撑。

"大众创业、万众创新"最早出现在 2014 年 9 月夏季达沃斯论坛上李克强总理的讲话中。李克强总理提出，要在 960 万平方公里土地上掀起"大众创业""草根创业"的新浪潮，形成"万众创新""人人创新"的新态势。此后，他在首届世界互联网大会、国务院常务会议等重要场合中频频阐释这一关键词，并在 2015 年政府工作报告中指出："推动大众创业、万众创新。"

为在高等教育层面进一步推动大众创业、万众创新，深化高等教育改革，2015 年 5 月 4 日，国务院办公厅下发《国务院办公厅关于深化高等学校创新创业教育改革的实施意见》，对高校创新创业教育的理念、教学方式、实践平台、教学体系等作出新的要求。2019 年 7 月 10 日，结合国家大学生创新创业训练计划实施情况，教育部印发《国家级大学生创新创业训练计划管理办法》，积极引导深化高校创新创业教育教学改革，加强大学生创新创业能力培养，全面提高人才培养质量，将大众创业、万众创新深入推进。

【扫码知】

《国务院办公厅关于深化高等学校创新创业教育改革的实施意见》

《国家级大学生创新创业训练计划管理办法》

9.1　创新创业的内涵

当今，我们正处在一个知识和技术迅猛发展的时代。对于广大劳动者来讲，在这样的时代背景下，要求劳动者具备过硬的本领和高质高效的劳动，而这些离不开创新和变革。创新创业能打破旧有的束缚，实现新的突破，让主体获得更强大的前进动力和获得感。正如习近平总书记所强调的："变革创新是推动人类社会向前发展的根本动力。谁排斥变革，谁拒绝创新，谁就会落后于时代，谁就会被历史淘汰。"① 对于一个国家、一个

---

① 习近平在博鳌亚洲论坛2018年年会开幕式上的主旨演讲. http://www.xinhuanet.com/politics/2018-04/10/c_1122659873.htm，2018-04-10.

民族以及每一个劳动者来说，创新都是提高劳动效率、增强劳动效能的重要法宝。大学生是实施创新驱动发展战略及推动大众创业、万众创新的生力军和后备军。把握住新的形势变化，需要有新思想、新理念，也需要做好思想上、知识上、能力上的准备，增强创新意识，注重知识更新，积极投身实践，要有敢为人先的勇气和扎实过硬的本领，争创一流、勇攀高峰，在创新创业实践中贡献自己的热血和力量，不断创造无愧于时代的成就。

9.1.1　创新与创造

"创新"的本义是指引入新东西或新概念，制造新变化。作为一个严格的学术用语，"创新"的概念最早是由熊彼特提出的，主要指经济学意义上的技术创新和制度创新。熊彼特认为，发明不是创新，创新是具有广泛经济利益和社会价值的技术发明、市场拓展和管理变革。之后，"创新"逐渐从一个狭义的经济学概念扩展为一个广义的概念。根据经济合作与发展组织（OECD）的定义，广义的创新包括知识创新、技术创新、制度创新、组织创新、管理创新和政策创新等。

与"创新"意义相近的是"创造"。创造的本意是制造前所未有的事物，创造区别于其他活动的根本特性是结果的新颖性。根据创造新颖性程度的高低，创造分为绝对性创造和相对性创造，绝对性创造是指创造结果不仅相对于创造主体来说是新颖的，而且相对于其他主体来说也是新颖的；相对性创造是指创造结果相对于创造主体来说是新颖的，而相对于其他主体来说则是已有的。新思想、新理论、新方法的突破以及新发现被称为创造。从这种意义上看，创新与创造意义相当。创新与创造的关系，如图9-1所示。

总之，创新是一个内涵丰富的概念，狭义的创新是指新生产要素的引进与新生产要求的建立；广义的创新与创造内涵相当，外延包括创造、发明和发现，发明主要指技术领域的创新，发现主要指科学领域的创新。

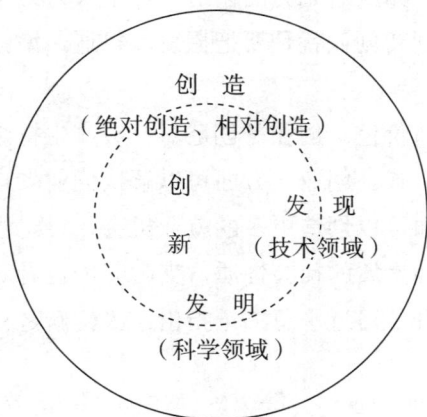

创　造
（绝对创造、相对创造）

创　　　发　现
新　　（技术领域）

发　明
（科学领域）

图　9-1

拓展阅读

约瑟夫·熊彼特，美籍奥地利政治经济学家。熊彼特以"创新理论"解释资本主义的本质特征，解释资本主义发生、发展和趋于灭亡的结局，从而闻名于经济学界，影响颇大。他在《经济发展理论》中提出"创新理论"以后，又相继在《经济周期》和《资本主义、社会主义和民主主义》中加以运用和发挥，形成了以"创新理论"为基础的独特的理论体系。"创新理论"的最大特色，就是强调生产技术的革新和生产方法的变革在经济发展过程中至高无上的作用。

9.1.2 创业的概念与目标

1. 创业的概念

创业是创业者对自己拥有的资源进行优化整合，从而创造出更大经济或社会价值的过程。创业是一种需要创业者经营管理，运用服务、技术等进行的思考、推理和判断的行为。根据杰弗里·蒂蒙斯[①]所著的创业教育领域的经典教科书《创业创造》的定义，创业是一种思考、品行素质，杰出才干的行为方式，需要在方法上全盘考虑并拥有和谐的领导能力。

一般来讲，创业指的是致力于理解创造新事物（新产品、新市场、新生产过程或原材料，组织现有技术的新方法）的机会，主要解决如何出现并被特定个体发现或创造，以及这些人如何运用各种方法去利用和开发它们而后产生各种成果。大学生创业是创业活动的重要组成部分。

2. 创业实现的目标

中国人民勤劳而智慧，蕴藏着无穷的创造力，千千万万个市场细胞活跃起来，必将汇聚成发展的巨大动能。创新创业就是要把握发展机遇，增强国家经济发展动能，实现创业者个人的价值和发展。

创业的终极目标是创造价值。创业是创造对社会产生持续价值的事业，同时，创业也是一种职业生涯开启的方式。创业一方面可以解决创业者自身的就业问题，获得精神和物质上的满足；另一方面可以创造更多的就业机会，一定程度上解决更多人的就业问题。创业意识集中体现创业素质的社会性质，支配着创业者对创业活动的态度和行为，是创业素质的重要组成部分。习近平总书记指出："创新是社会进步的灵魂，创业是推

---

① 杰弗里·蒂蒙斯（Jeffry A. Timmons），富兰克林·欧林创业学杰出教授与百森学院普莱兹-百森项目主任。科尔盖特大学文学士，哈佛大学商学院工商管理硕士、工商管理博士。

动经济社会发展、改善民生的重要途径。青年学生富有想象力和创造力，是创新创业的有生力量。"①新时代青年大学生要培养并强化创业意识，做好创业的精神准备，开拓进取，有所作为。

9.2 创新创业与劳动

9.2.1 创新创业教育与劳动教育

创新创业教育与劳动教育有内在的同源性，二者联系紧密，都是育人的重要环节。时代发展离不开创造性劳动，创造性劳动不断深化劳动的内涵并弘扬劳动精神。新时代大学生要准确把握创新创业教育与劳动教育的关系，在脚踏实地的创新创造中，增强劳动本领，丰富劳动实践，实现个人理想。

1. 二者的根本目标都是立德树人

劳动是人类特有的活动，劳动将人与动物区分开，其本质是实现人的解放与发展。教育的本质是培养人，以立德树人为根本目标。劳动教育在教育与生产劳动相结合的实践中，发挥育人功能，促进人的全面发展。创新创业教育培养劳动者的创新创业意识、创新创业思维和创新创业技能等综合素质。创新创业教育与劳动教育都立足育人，以培养德智体美劳全面发展的社会主义建设者和接班人为根本追求。

2. 二者的重要方法都是精神培育

创新创业教育与劳动教育都是对新时代大学生劳动精神和创新创业精神的培育，二者的教育目标和要求相互补充、相互促进。习近平总书记在党的十九大报告中强调，要"建设知识型、技能型、创新型劳动者大军，弘扬劳模精神和工匠精神"②。新时代的劳动者队伍，可以说是劳动技能与创新创造本领相结合的"匠人"队伍，劳动精神的培育是根本要求，也是创新创业教育和劳动教育的共振。创新创业教育的核心价值是培养大学生的创新精神、创业意识以及创业能力，旨在培养创新型人才。通过创新创业教育和劳动教育的合力，能提升大学生的敬业、创新、合作、诚信等精神品质，促进个人的发展进步。创新创业教育和劳动教育，相辅互促、同频共振。

---

① 中共中央文献研究室.习近平关于青少年和共青团工作论述摘编[M].北京：中央文献出版社，2017：14.
② 习近平.决胜全面建成小康社会夺取新时代中国特色社会主义伟大胜利——在中国共产党第十九次全国代表大会上的报告[M].北京：人民出版社，2017：37.

3. 二者的基本特点都是内容融通

创新创业教育和劳动教育在教育内容上具有融通性。高等学校劳动教育的重点是通过对劳动精神和劳动能力的培育，使学生能够在劳动实践中创造性地解决问题。创新创业教育与劳动教育都注重"创造性劳动知识与能力"的培养。"创造性劳动教育"是创新创业教育与劳动教育的理想结合。随着科技的迅猛发展和人工智能时代的到来，人类劳动的创造性特征日益凸显。创造性劳动的主体是高素质的创新型劳动者，他们能够在劳动中实现物质产品的创造。创新创业教育引导学生将所学的专业知识或者所取得的研究成果转化为应用成果，创造市场价值。创新创业教育注重开发有意义的"挑战性劳动"，劳动教育注重"问题的创造性解决"，二者互融互通，共同实现创造主体与客体、创造思维与工具、创造意图与结果的统一。

4. 二者的鲜明属性都是实践导向

创新创业是创新创业者将创新理念付诸实践的创造性活动，创新创业教育的实施关键也在于"实践出真知"，即通过真实或虚拟的创业实践活动和环境，激发学生的创新创业兴趣，感受创新创业过程，积累创新创业知识，及时发现理论学习或研究成果中存在的问题并加以完善，提升创新创业能力。创新创业教育与劳动教育在教育方式上具有共同性，二者都是通过多种形式和载体的实践教育来提升学生的能力和素养，坚持"从实践中来、到实践中去"，具有鲜明的实践属性。青年大学生要把握好在学期间的创新创业机会，加强实践，在保障安全的前提下多参与、多积累、多收获，为开启未来的职业生涯做好准备。

创新创业教育与劳动教育在目标、方法、特点和要求等方面都具有深刻的联系，并统一于人才培养的全过程。大学生要准确把握创新创业教育与劳动教育的要求和内涵，明白创新创业教育是劳动教育的有力支撑和有效载体，是劳动教育的一部分，不能将二者割裂开来，不能否定或忽视劳动教育的基础性、决定性地位和作用。

9.2.2 在创新创业中培养劳动能力

1. 在创新创业中找到解决问题的方法

在大学阶段开展创新创业教育，并不是要求大学生毕业后都成为创业者，而是在接受教育和参与实践的整个过程中，培养自己的创造思维、创新能力、创新精神、团队合作、沟通能力和领导能力。这些能力和精神是新时代大学生必须具备的基本素质。

创新创业的道路不可能一帆风顺，必定会遭遇曲折坎坷。同学们通过创新创业的学习和实践，可以扩大视野、培养跨学科意识，在劳动实践中克服重重困难，最终验证自己的想法和创意，创造出彩的人生。

2. 在创新创业中提升坚毅担当的劳动品质

党的十九大报告指出："青年一代有理想、有本领、有担当，国家就有前途，民族就有希望。"①开拓创新，是新时代大学生应该具有的时代风采和责任担当。创新创业归根结底还是一种劳动形式，需要敢于担当的责任、直面问题的勇气和脚踏实地的实践。大学生在创新创业实践中，要弘扬劳动精神，坚定理想信念，培养对预期实现目标的持久耐力，坚持创业过程和创业结果的并重，尽最大努力实现创业成果的最优化。

创新创业的过程就是强化大学生的感性认识和理性认识，并在实践中提升认知的过程。将劳动精神融入大学生创新创业活动，有利于激励大学生善于学习、勤于求知，把劳动精神的内涵外化于创新创业的实践中，形成自己的创新思想，锤炼自己的创新品质，担当时代赋予的使命职责。

3. 在创新创业中增强职业竞争力

当前，随着我国国民受教育水平的普遍提高，就业市场竞争空前，尤其是新增就业人员的平均受教育年限逐年增高。大学生接受创新创业教育，参加创新创业实践，可以提升自身对社会的认识。通过对创新精神、创业素质和创业技能的培养，大学生在职业竞争力方面也将显著增强。在培养创新创业能力的同时，劳动精神也将融入广大学子对未来和事业不断追求的精神动能中，引导青年学生自觉地在实践中发现问题、解决问题，在遇到困难时有主动挑战，敢于突破的素质、勇气和能力。

劳动精神体现的勇于创新、敢于创新的品质是职业竞争力的内核。新时代大学生要认识到，时代发展瞬息万变，只有主动求索，才能有收获和成长，才能更好地适应不断发展的社会需要。同时，创新创造不同于天马行空，需要大胆探索的同时，也需要正确的思维方式和科学的理论作为指导。

4. 在创新创业中弘扬劳动精神

劳动不仅创造了人本身，也推动着人类社会的发展。劳动的一个内在要求就是培育爱岗敬业的职业精神。敬业是社会主义核心价值观的要求，也是对公民职业道德的要求，是社会主义职业精神的充分体现。离开爱岗敬业，美好生活的创造将无从谈起。中国特色社会主义进入新时代，我国社会的主要矛盾已经转化为人民日益增长的美好生活需要和不平衡不充分的发展之间的矛盾，人民对生活有了更多、更好的期待。实现中华民族伟大复兴的中国梦，就需要全国人民共同奋斗，尤其是广大青年学子要认识到美好生活来之不易，要认真学习科学知识和劳动知识，才能在步入社会后，通过不同的劳动形式

---

① 习近平.决胜全面建成小康社会夺取新时代中国特色社会主义伟大胜利——在中国共产党第十九次全国代表大会上的报告[M].北京：人民出版社，2017：76.

实现为社会服务、为国家发展做贡献的目的。新时代青年学子要深刻认识到，个人的命运与祖国的命运紧密相连，个人的成长、社会的进步、国家的发展是一致的，需要每个人都有强烈的责任心和使命感，做到兢兢业业、踏实勤恳、爱岗尽责和无私奉献。

构建知识型、技能型、创新型劳动者队伍，既要求劳动者延续敬业奉献、精益求精、艰苦朴素的传统劳动精神，也要敢于创新、追求理想、弘扬工匠精神，在新时代创新创业征途中发挥无穷的引领力。随着时代的发展，劳动者不仅要发扬艰苦奋斗的优良传统，也要发挥个人特长，在劳动岗位上不断创新，敢于成为劳动岗位上的"领头羊"，带领大家共同进步，力争把简单的工作做到"出类拔萃"，把复杂的工作做到"登峰造极"，把创造性的工作做到"前所未有"，坚持做一行、爱一行、钻一行、精一行，以在一线工作岗位奋斗为荣，及时发现工作中存在的问题，下定决心认真钻研，不断突破岗位瓶颈，争取更优秀的成绩。

劳动模范是青年学子看齐和学习的榜样。劳动模范不仅是荣誉称号，而是每一个在平凡岗位上成就不平凡人生的普通劳动者，通过不断探索岗位的深度和广度，探索新工具、新模式，主动担当起创新创业的岗位责任并取得了优异的成绩。事实上，青年群体本来就具有掌握丰富知识文化的优势，又生逢其时，在学习、生活和工作中，更要注重将创新创业与劳动相结合，成为新时代有梦想的创造型青年，在创新创业中培养劳动能力，以创新创业方式延续劳动精神，在奉献"大我"的不断实践中成就"小我"。

9.3 创新创业活动的实践操作

9.3.1 创新创业的精神要素

所谓创新创业，就是要创造，而创造和成果之间，必然要经历曲折、艰难、反复、挫折，要在创新创业的全过程中，坚定理想信念，强化创新创业的责任意识。有梦想、懂因果、守信念、知始终是创新创业的 4 个精神要素，是成功开启创新创业活动的钥匙。

1. 创新创业者应该有梦想

"你的梦想是什么？"相信这是大家经常会被问到的问题。对创新创业者而言，"有梦想"是创新创业的起点，是确定创新创业目标的基础。梦想是一个人内心真正迫切想要实现的愿望。

谈到梦想，很多人会想到欲望。其实梦想和欲望有本质的不同，其概念、表现、作用等方面，都有很大的差别，见表 9-1。

表　9-1

项　　目	梦　　想	欲　　望
概念	发挥自身优势产生的创造性体验（一定程度的牺牲，能赋予生命意义）	易倦的消费性体验（娱乐、取悦）
表现	追逐	被追逐
作用	想起来的时候让人振奋	想起来的时候让人痛苦
特征	弱化"我"，以一种使命感，能长期坚持，只为实现一个目标	关注于"我"，关注自己的成败得失，满足感短暂

梦想是值得去不懈追求并致力实现的永恒话题。实现梦想的过程必然是艰巨且困难的，而追逐梦想的人也正是在这一过程中，不断创造价值，实现自我的超越和发展；同时，一个人的胸襟和格局也将在逐梦的过程中不断提升，不再囿于"小我"去思考问题，也不再轻易地被挫折所打败。

从内涵上看，创新创业梦想具有三方面的特点：①创新创业梦想是执着的。②创新创业梦想是具象、清晰的，表现为可说、可看、可算等，可以进行清晰的描述。③创新创业梦想的成果和社会是和谐的，是和时代发展同向的。如果一个人的创新创业梦想格局崇高，那么这个梦想一定更能体现社会成员的普遍需求，也就更容易实现。

"有梦想"居创新创业 4 个成功核心要素之首。梦想是一个创新创业者最原始的内在动力，体现着创新创业者的价值观。梦想中蕴含着创新创业者的价值观，也体现着个人与社会的价值共振，利他的梦想更易和外部环境产生共振，也更易被目标人群认可和接受。

2. 创新创业者需要懂因果

"懂因果"是成功创新创业的开始。创新创业是一项持续的实践活动，"因果观"不仅是一种价值观，更是一个创新创业项目进入市场后选择和完善商业模式的基石。"因"是能产生一定后果的原因，"果"就是由一定原因产生的结果。创新创业活动中，"因"是创新创业者的价值取向，"果"是创新创业实现的目标和梦想。创新创业者只有"懂因果"才能把握创新创业的正确方向，才能满足创新创业对象的需求，而不是目光短暂、盲目逐利、为眼前发展放弃长远目标。

3. 创新创业者务必守信念

从诸多成功的创新创业案例来看，成功的创新创业者都有坚定的信念作为内在支撑和动力。信念源于崇高的梦想和利他的精神，具备坚定的信念是成就理想的基础。信念是意志行为的基础，是个体动机目标与其整体长远目标的统一，没有信念，人就不会有意志，更不会有积极主动的行为。信念是一种心理动能，能激发人们潜在的体力、精力、智力和其他综合能力，以保持和实现与信仰相应的行为。创新创业中的"守信念"决定了整个创新创业活动的深度和广度，是推进创新创业活动持续开展的关键要素。

4.创新创业者必定知始终

"物有本末,事有终始。知所先后,则近道矣",中华优秀传统文化历来注重"始终"。在创新创业活动中,"知始终"反映出一个成功的创新创业项目应该是完整的并持续迭代更新的,也体现着创新创业者对创新创业活动的整体把握能力,体现在创新创业项目的战略规划中。"知始终"与"有梦想"互相呼应、互相吸引、互相促进。"有梦想""懂因果""守信念""知始终"共同组成创新创业的精神要素,辩证统一于创新创业的全过程,并在各个阶段互相影响、互相作用。

拓展阅读　　　　　**冯欢:"90后"大学生返乡圆"羊倌梦"**

1990年出生的冯欢是土生土长的宁夏盐池人,2012年从宁夏大学毕业后到北京工作,收入稳定,前景可期。但他一直放不下家里的父母长辈,于2015年10月返乡,通过技术入股加入刚筹建不久的宁鑫生态牧场,饲养滩羊,开始自己的"羊倌梦"。

盐池滩羊羊肉以肉质细嫩、无膻味、脂肪分布均匀、营养丰富等特点深受人们的喜爱。冯欢加入宁鑫生态牧场后,对牧场从跑道建设、羊舍规范化、饲草配方和科学化养殖等方面进行了较大提升。与此同时,牧场吸收周边300多户滩羊养殖户加入,成立产业化联合体,从饲草、免疫、动物用药、销售和品牌建设等方面为养殖户提供全方位服务。养殖户加入后,单只羊的纯利润增加80～130元。目前,宁鑫生态牧场有1 100mile（1 mile=666.6m²）地,存栏6 000多只羊,2018年收入超过1 000万元。

对于未来,冯欢说:"我有一个小目标,就是和志同道合的朋友建立一个农村服务站,在防疫、治疗等方面为农户和养殖户提供技术服务,让家乡百姓走上致富快车道。"(资料来源:新华网)

9.3.2　创新创业的能力要素

创新创业的成功,离不开扎实的能力积累,即掌握基础知识的能力和善于思考的素质品质,这也是劳动精神的要求和体现。

1.掌握基础知识的能力

一定的知识储备是开展创新创业活动的基础。在人类历史发展的进程中,人们对知识有不同的理解和认识,而对知识的不懈追求,则是人类的永恒话题。在工业社会以前,人们认为知识渊博的人主要是那些对世界认识多的人或者生活、工作经验丰富的人,由于人生经历的多寡,年长者往往了解的东西更多——这也是传统社会里长者更加受人尊敬和崇拜的重要原因。同时,人们崇拜对外部世界了解多于常人的智者,"哲人""贤者"等也受到社会的强烈追捧,人们期待从智者那里获得关于世界是什么、人为什么活着等问题的基本回答。科技革命以来,人们致力于对知识的运用,特别重视推动技术进步与个人技能学习。当今,人们已不再满足于对"是什么""为什么"等基本问题的回答,而关注于探讨和研究应该怎样获取知识和运用知识。"纸上得来终觉浅,绝知此事要躬行。"人们看到的不再是知识本身,而是获取知识的能力。将创新创业的想法转化为实践,首先要做的就是学习能力的提升、理论知识的积累和知识能力的运用。

2. 善于思考的能力

具备一定的创新创业基础和理论知识,不一定能成为创新创业实践的成功者,对创新创业来讲,知识只是部分内容,更重要的是思路。无论在什么领域,创造都要经历创造性的思考。勤于动脑是创新创业的前提,是创意的来源。如果不能做到勤于思考、善于思考、勇于打破思维障碍,创新创业实践就不会有突破,甚至会遭遇失败。

当代大学生是创新创造的主力军,大学时代也是一个人思维最活跃的时候。思维上的懒惰、懈怠,会使人保守和固执,丧失创新创业的激情与时机,最终错失创新创业的机会和对时代发展脉搏的把握。当代大学生,要勇做时代的弄潮儿,打好学习基础的同时,勇于思考、敢于开拓,发挥创造思维和创造力,用创新创业实践书写青春华章。

9.3.3 创新创业的基础资源

创新创业活动是一个从零到一的过程,成功的创新创业活动需要丰富的资源,而发明与产品创新、创新创业团队、创新创业资金是创新创业的基础资源。成功的创新创业,离不开对这三者的筹备规划和完美配合。

1. 发明与产品创新

一个成功的创新创业项目首先要有创新产品,创新是产生竞争优势的源泉。产品创新既包括某种新产品或者服务,也包括渐进式创新或突破式创新。只有完成发明与产品开发的创新阶段,才能进入后续创业阶段,才是一个完整的创新创业过程。需要注意的是,随着市场需求的不断变化,产品创新也是永无止境的,新产品开发永远在进行,没有完成时。大学生在创新创业之前一定要善于观察,找出市场需求的痛点和关键点,充分结合自己的专业特长和兴趣爱好,发现问题、解决问题,将想法转换成产品,做到差异化、有创新,为创新创业做好准备。

2. 创新创业团队

在创新创业实践中,创始人和团队无疑起着举足轻重的作用,成功的创新创业必须有一支强大的创新创业团队。事实证明,创新创业团队的人员越完善、分工越合理,创新创业的成功概率越大。评判一个创新创业团队的好坏,关键在于团队中的每一个人是否都具有创新精神和创业意识。在创新创业实践中，好的方法只是成功的一小部分，起决定作用的是团队的核心价值理念，即鲜明且稳定的"团魂"。创始人要重视团队伙伴的作用，注重发挥每个人的特长。创新创业团队的成员也要时刻保持良好的心态，明白创新创业的道路上不可能一帆风顺。创新创业人员在面对困难时，能不能正确、理性地面对并团结起来克服困难，也是关乎创新创业成功与否的重要因素。

3. 创新创业资金

在当前创业门槛不断提高的今天，资本成为决定创业企业去留的关键，草根创业者如果没有资本注入，将很快倒下并一蹶不振。因资金链断裂而宣布创业失败的企业数不胜数。当前创新创业热潮兴起，传统的投资机构和互联网相结合，出现了互联网融资平台，帮助企业解决融资难、贵、慢等问题，在一定程度上缓解了融资难题，提高了创业的成功率。我国始终关注大学生的就业创业情况，在推动双创升级，着力促进高校毕业生自主创业方面，教育部提出要全面深化高校创新创业教育改革，落实完善创新创业优惠政策，加大创新创业场地和资金扶持力度，加强创业指导与服务等，同时，就强化服务保障和组织领导等均作出了具体要求。大学生进行创新创业，可以从小做起，不要盲目投入。需要注意的是，资金回报并不应该是创新创业者的唯一驱动力，个人成就感、对自己命运的把握、实现自己的期望和梦想才是进行创新创业强有力的动机。

把握创新创业的基本要素，筹备好创新创业资源，就为开启创新创业实践做好了准备，同时，也坚定了创新创业者的信心。

9.4 创新创业中需要注意的问题

9.4.1 培养创造性思维

1. 创造性思维的含义和特性

创造性思维是指思维活动的创造意识和创新精神，表现为创造性地提出问题和解决问题。创造性思维不是与生俱来的，而是通过后天不懈地思考、培养、锻炼出来的。创造性思维是一种具有开创意义的思维活动，即开辟人类认识新领域、开创人类认识新成果的思维活动。创造性思维是以感知、记忆、思考、联想和理解等能力为基础，以综合性、探索性和求新性为特征的高级心理活动。创造性思维的获得，需要付出艰苦的脑力劳动，要经过长期的知识积累、素质磨砺才能具备。创造性思维的过程，离不开想象、联想和直觉等思维活动。需要注意的是，拥有创造性思维，并不等于获得创造性思维成果，一项创造性思维成果的取得并不容易，往往要经过长期的实践探索、刻苦的钻研，甚至多次的挫折才能取得。创造性思维的特性，见表 9-2。

表　9-2

特　　性	详　细　描　述
独创性和新颖性	创造性思维贵在创新，或者在思路的选择上，或者在思考的技巧上，或者在思维的结论上，具有独到之处，具有一定范围内的首创性和开拓性。具有创造性思维的人，对事物必须具有浓厚的创新兴趣，在实际活动中善于超出思维常规，能对成熟的事物、平稳有序发展的事物进行重新认识，以求新的发现，这种发现就是一种独创、新的见解，或者产生新的发明和突破
极大的灵活性	创造性思维并无现成的思维方法和步骤可循，其方式、方法、程序和途径等都没有固定的范式。进行创造性思维活动的人在考虑问题时可以迅速地从一个思路转向另一个思路，从一种意境进入另一种意境，多方位地试探解决问题的办法。创造性思维活动往往表现出不同的方法、技巧，或者不同的结果。创造性思维的灵活性还表现为人们在一定范围内的自由选择、发挥等
艺术性和非拟化	创造性思维是一种高超的艺术。创造性思维活动是一种开放的、灵活多变的思维活动，它的发生伴随有"想象""直觉""灵感"之类的非逻辑、非规范思维活动，如"思想""灵感""直觉"等，往往因人而异、因时而异、因问题和对象而异。创造性思维活动具有极大的特殊性、随机性和技巧性，他人不可以也不可能完全模仿、模拟
对象的潜在性	创造性思维活动从现实的活动和客体出发，但它的指向不是现存的客体，而是一个潜在的、尚未被认识和实践的对象。创造性思维的对象或者是刚刚进入人类的实践范围，尚未被人类所认识的客体，人们只能猜测它的存在状况；或者是人们虽然有了一定的认识，但认识尚不完全，还可以从深度和广度上进一步认识的客体，所以带有一定的潜在性

2. 创造性思维的作用

（1）创造性思维可以不断地增加人类知识的总量，指导劳动实践，不断推进人类认识世界的水平。创造性思维因其对象的潜在特征，表明它是向着未知或知之甚少的领域进军，不断扩大着人们的认识范围，并通过劳动不断地把未被认识的事物转化为可以认识和已经认识的事物，并加以利用。回顾人类科学发展史，每一次的发现和创造，都在为人类的生存发展创造出新的物质和精神财富。

（2）创造性思维可以不断地提高人类的认识能力。每一次创造性思维过程就是一次锻炼思维能力的过程，要想获得对未知世界的认识，人们就要不断地探索前人没有采用过的思维方法、思考角度进行思维活动，就要独创性地寻求前人未采用过的办法和途径去正确、有效地观察问题、分析问题和解决问题，从而极大地提高人类认识未知事物的能力。追溯创造性思维的来源，其产生依赖于人们对历史和现状的深刻了解，依赖于敏锐的观察能力和分析问题能力，依赖于对平时知识的积累和知识面的拓展，而这些都可以依靠劳动实践的积累和锻炼获得。

（3）创造性思维可以为劳动实践开辟新局面。创造性思维的独创性特征赋予其敢于探索和创新的精神，在这种精神的支配下，人们不再满足于现状，不再满足于已有的知识和经验，而是力图探索客观世界中还未被认识的本质和规律，并以此为指导进行开拓性实践，开辟出人类实践活动的新领域。

3. 培养创造性思维能力途径

（1）激发好奇心和求知欲。这是发展创造性思维能力的主要方面。影响人的创造力的因素主要有创新意识、创造思维能力、分析问题和解决问题的方法。这三者从准备上、能力上、实践上为创造奠定了基础，其中，强烈的好奇心和求知欲，是培养创新意识、提高创造思维能力、掌握分析问题和解决问题的方法的原始推动力。

好奇心是由新奇刺激引起的一种朝向、注视、接近、探索心理与行为的活动，是人类行为最强烈的动机之一。其强弱与外界的新奇性和复杂性密切相关。求知欲是一种认识世界、渴望获得文化知识和不断探究真理而带有情绪色彩的意向活动。人们在实践活动中，感到自己缺乏相应的知识，就会产生探究新知识或扩大、加深已有知识的认识倾向，这种情境多次反复，认识倾向就逐渐转化为个体内在的求知欲。大学生在遇到问题的时候，要尝试摆脱对"速食文化"的依赖，不应该先考虑求助，而是要独立思考解决问题的路径，争取找到问题的答案，这也是锻炼、激发好奇心和求知欲的重要方法。

（2）培养发散思维和聚合思维。发散与聚合，是一对辩证统一体。思维在不断地学习深化中，实现发散—聚合—再发散—再聚合的过程，并最终实现创意。日常生活中，或者对规律的观察，或者对同一事物进行不同角度的思考，都是在培养发散和聚合思维。当代大学生在学习生活中，要注意提升对新事物的敏感性，遇到问题时，要积极寻求思路和方法上的变通，尝试探索同一问题的不同答案。

当我们从一个比较宽泛的范围去审视一个问题，通过考虑各种证据，收集各种信息，思考不同的方案时，我们就是在运用发散性思维。培养发散性思维的经典案例就是"杯子的 100 种用途"。作为容器，杯子的一般用途就是喝水，但是如果我们利用发散性思维，打开"脑洞"，思考除喝水之外的 100 种用途，还会得出如装饰品、浇花、笔筒、养鱼、扩音器等听起来似乎和杯子毫无干系的用途，这就是对发散性思维的培养。

在运用聚合性思维的过程中，第一步是掌握各种相关信息；第二步是对掌握的各种已知信息进行清理，从而找出共同的特征，发掘事物的本质；第三步是客观、实事求是地得出科学结论，获得思维目标。当我们在一个特定范围内去分析某个问题，或者说集中精力放在一个点上思考时，我们就是在运用聚合性思维。在接触到新鲜事物的时候，可以尝试找出这件新事物与已知事物相似的特点，并将其与已知事物归到一起，用熟悉的方式去解释它，这就是在培养聚合性思维。此外，在工作生活中，尝试有意识地去整理物品、归档文件、归纳课程知识点，也是培养聚合性思维的好办法。发散—聚合思维的创意过程，如图 9-2 所示。

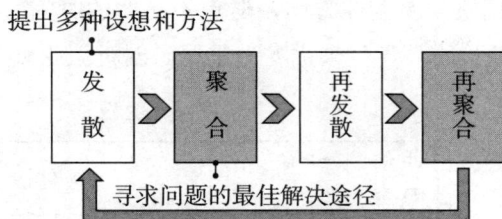

提出多种设想和方法

```
发散  ➔  聚合  ➔  再发散  ➔  再聚合
```

寻求问题的最佳解决途径

图 9-2

（3）**培养直觉思维和逻辑思维。** 直觉思维是指未经逐步分析而迅速地对解决问题的途径和答案作出合理反应的思维，如猜测、预感、设想和顿悟等。很多著名的科学家，如爱因斯坦等，都有很强的直觉能力。这种强的直觉能力，往往建立在对以往大量的学习与积累之上。直觉思维往往不完善、不明确，有的时候甚至是错误的，要使直觉思维达到完善，就需要利用逻辑思维作为一个必要的检验、修改和订正。逻辑思维是抽象的、高级的、理性的推理过程，具有规范、严密、确定和可重复的特点。直觉思维和逻辑思维是一对互补的"好搭档"，是培养创造性思维的必要环节，把两者紧密结合起来培养，将更有助于创造性思维的发展。

【扫码知】

《思维是什么》

9.4.2 准确进行创新创业的机会评估和市场分析

创新创业是一种思考、推理和行动方法，是一个不断试验循环往复的过程，不仅受创新创业机会的制约，还要求创新创业者有周详的实施方法。创新创业机会评估和市场分析是创新创业者的想法能否成功的关键环节。艾森哈特说："抓住时机并快速决策是现代企业成功的关键。"[①] 准确的创新创业机会评估和市场分析，是抓住创新创业时机的前提。

1. 创新创业机会评估

机会是创新创业活动的核心。机会评估就是用科学的方法搜集证据、检验假设的过程，是一种科学的创新创业理念。当创新创业者有一个好点子的时候，经常会凭借直觉

---

① 凯瑟琳·M.艾森哈特（Kathleen M. Eisenhardt）是斯坦福大学（Stanford University）战略与组织学教授，同时也是斯坦福技术风险投资项目的研究总监。

和热情，义无反顾地投入创新创业中，甚至会盲目地开始行动。科学准确地进行创新创业机会评估可以不断地调整创新创业方向，避免不必要的时间、资源浪费，从而提高整体效率，这对缺乏创业经验的大学生来讲尤为重要。创新创业机会评估过程，见表9-3。

表　9-3

评估阶段	阶段描述	评估内容	具体步骤
第一阶段	从一般问题到创新创业问题	问题评估	从众多问题中排除干扰问题，初步筛选出具有一定市场潜力的创新创业问题
第二阶段	从创新创业问题到解决方案	解决方案评估	创新创业者要依据自己的创新创造能力，筛选创新创业问题，提出具有独特创意的产品或者服务，并据此制定可行的解决方案。本阶段对不同创新创业问题的不同解决方案进行评价，筛选具有高可行性和市场潜力的创业解决方案
第三阶段	从解决方案到产品设计	产品评估	上一阶段筛选的项目，具有良好的创新性和一定的市场潜力。本阶段主要依据解决方案对产品原型或服务模式进行设计，并对技术的可行性进行验证
第四阶段	从潜在创新创业机会到创新创业机会	机会评估	在以上阶段的基础上，更加深层次地考察产品或者服务与市场、行业的匹配度及可盈利性，最终选出创新创业机会

2.市场分析

精准的市场分析，是开启成功创新创业实践的关键。市场分析是对市场供需变化的各种因素及其动态、趋势的分析。分析过程包括：①搜集有关资料和数据，采用适当的方法，分析、研究、探索市场变化规律，了解消费者对产品品种、规格、质量、性能和价格的意见和要求。②了解市场对某种产品的需求量，了解产品的市场占有率和竞争单位的市场占有情况。③了解社会产品购买力和社会产品可供量的变化，并从中判明商品供需平衡的不同情况，为企业生产经营决策、合理安排生产、进行市场竞争、客观管理决策以及正确调节市场、平衡产销、发展经济提供重要依据。

市场分析对缺少经验的大学生开展创新创业实践意义十分重要，是正确制定营销战略的基础。一个成功的营销战略决策只有建立在扎实的市场分析的基础上，即在对影响需求的外部因素和影响企业购、产、销的内部因素充分了解和掌握以后，才能尽可能地减少失误，提高决策的科学性和正确性，从而将经营风险降到最低限度。其次，市场分析是实施营销战略计划的保证。一个创新创业新项目或者一个初创企业在实施营销战略计划的过程中，可以根据市场分析取得的最新信息资料，检验和判断企业的营销战略计划是否需要修改，或者如何修改以适应新出现的或未掌握的情况，从而保证营销战略计划的顺利实施。只有利用科学的方法去分析和研究市场，才能为创新创业者的正确决策提供可靠的保障。

拓展阅读　　　　　　　　　　　　**市场分析的方法**

对任何事物的认识都是一个从抽象到具体的过程，对市场的认识也不例外。市场是一个非常复杂的现象，只有按照科学的理论和方法，才能对其进行科学的分析。以下是几种主流的市场分析方法。

系统分析法。市场是一个多要素、多层次组合的系统，既有营销要素的结合，又有营销过程的联系，还有营销环境的影响。运用系统分析方法进行市场分析，可以使研究者从整体上考虑经营发展战略，用联系的、全面的和发展的观点研究市场的各种现象，既看到供的方面，又看到求的方面，并预见其发展趋势，从而作出正确的营销决策。

比较分析法。比较分析法是把两个或两类事物的市场资料进行比较，从而确定它们之间相同点和不同点的逻辑方法。对事物的认识不能是孤立的，只有把它与其他事物联系起来加以考察，通过比较分析，才能在众多的属性中把握住其本质属性。

演绎分析法。演绎分析法就是把市场分解为各个部分、方面、因素，形成分类资料，并通过对分类资料的研究分别把握特征和本质，然后将这些通过分类研究得到的认识联结起来，形成对市场整体认识的逻辑方法。

案例分析法。案例分析就是以典型企业的营销成果作为例证，从中找出规律。案例分析法是从企业的营销实践中总结出来的一般规律，它来源于实践，又高于实践，用它指导企业的营销活动，能够取得更大的经济效果。

直接资料法。直接资料法是指直接运用已有的本企业销售统计资料与同行业销售统计资料进行比较，或者直接运用行业地区市场的销售统计资料同整个社会地区市场销售统计资料进行比较，并通过分析市场占有率的变化，寻找目标市场。

分析结合法。分析结合法分定性与定量的结合、宏观与微观的结合以及物与人的结合。①定性与定量分析结合法。任何市场营销活动，都是质与量的统一。进行市场分析，必须进行定性分析，以确定问题的性质；也必须进行定量分析，以确定市场活动中各方面的数量关系；只有使二者有机结合，才能做到不仅将问题的性质看得准，而且能将市场经济活动数量化。②宏观与微观分析结合法。市场情况是国民经济的综合反映，要了解市场活动的全貌及其发展方向，不但要从企业的角度去考察，还需从宏观了解整个国民经济的发展状况。这就要求必须把宏观分析和微观分析结合起来以保证市场分析的客观性与准确性。③物与人的分析结合法。市场分析的研究对象是以满足消费者需求为中心的企业市场营销活动及其规律。"人"是企业营销的对象，因此，要想把这些"物"送到所需要的"人"的手中，就需要既分析物的运动规律，又分析人的不同需求，以实现二者的有机结合，保证产品销售的畅通。

3. 创新创业机会评估和市场分析的必要性

创新创业机会评估和市场分析可以帮助创新创业者找到创新创业项目并在实际的企业经营中解决重大的决策问题，如通过市场分析，企业可以知道自己在某个市场有无经营机会或是能否在另一个市场将已经获得的市场份额扩大。创新创业机会评估和市场分析也可以帮助企业及时把握市场动态，适时进行战略调整，以符合市场发展需求。

（1）创新创业机会评估和市场分析可以帮助创新创业者发现市场机会并为创新创业项目的发展创造条件。创新创业者若想在一个新的市场开辟自己的业务，实施自己的项目，除了要了解这一市场的市场需求之外，还要了解该市场上的商业竞争对手等众多方面，这些工作都要通过相应的市场分析手段来完成。只有通过细致的市场调查和分析，创新创业者才能作出正确的营销策略。

（2）创新创业机会评估和市场分析可以帮助创新创业者发现项目实施存在的问题并找出解决的办法。企业在实际经营中的问题范围很广，包括企业责任、产品、销售和广告等各个方面，造成经营问题的原因往往也是由于多因素的交叉作用。在这种背景下，市场分析思维就显得格外重要。例如，某企业的一种明星产品，市场占有率一直很稳定，口碑颇佳，这种情况下，企业是继续为明星产品投放大量的广告，还是将注意力转移到新产品的研发上，这就需要市场分析来做战略支撑。再如，某企业在一个时期内，调低了产品价格，但是销售收入却大幅降低，到底是广告效果问题，还是产品定价问题，这也要从市场分析中找到答案。

（3）创新创业机会评估和市场分析可以平衡企业与顾客的联系。市场分析通过信息及对信息的分析和处理把顾客和企业联系起来。正是由于有了这些信息，企业才能确定市场中存在的问题，检查市场营销活动中不适当的策略与方法，并找出解决问题的途径。

通过对创新创业机会评估和市场分析作用、方法、必要性的了解和认识，能使大学生明白创新创业项目必须要和市场需求相一致，而不是盲目地进行项目的创立和发展，这样才能保证创新创业项目平稳运行。同时，市场分析思维也应该是每个创新创业者必须具备的基本的思维方式。

9.4.3 正确面对创新创业项目失败

1. 找准创新创业项目失败的原因

创新创业项目失败是一种普遍现象。创新创业项目失败指的是在创新创业的过程中，由于没有实现自己的预期目标，而导致创新创业项目的终止。需要明确的是，创新创业项目失败并不意味着创新创业是徒劳的，创新创业者应该从失败的经历中汲取经验，为后续的成功创业做必要的准备。

大学生在遭遇创新创业项目失败的时候，需要找出失败的原因在哪里，一般来讲，导致创新创业项目失败的主要原因有三点：①步骤不全。在进行创新创业的过程中，没有按照正确的步骤推进项目实施，忽略了创新创业的必要条件，凭借一腔热情蛮干、莽干、盲干而导致失败，如创新创业所需的能力不足、创新创业团队缺少领导者、对创业的困难和风险认识不足、缺少自我定位和市场调研等。②经验不足。大学生在进行创新创业的过程中，不能仅凭借直觉、感觉推动项目进行，而要注意防范各种陷阱、骗局和风险，提升将书本知识转化为实践指导的能力，遇到问题及时向指导老师或者有经验的前辈求助，提升自身应对风险的能力。③判断失误。判断能力是关系创新创业成败的重要能力，判断失误主要体现在对市场的需求和风险的判断失误、对在创新创业中出现问题的原因分析错误。大学生在启动创新创业项目前，需要对自我和外部的特点以及自我和外部之间的关系作出准确判断。

2. 充分认识创新创业失败案例的重要价值

创新创业失败案例并不罕见，正确且充分认识创新创业失败案例的价值，意义重大。对创新创业失败案例的正确认识，可以使大学生在创新创业过程中，拥有更加冷静的头脑、做好更加充分的准备和培养更加坚定的信念：①大学生能够正确认识自己，正确评估自身创业条件，作出科学的创新创业计划。②大学生在创新创业项目的选择和进行中，能认识到创新创业的风险点和堵塞点，并在实际操作中尽可能地去避免。③大学生在创新创业的过程中，会遇到各种困难，如果事先学习了失败案例，心理承受能力将大幅提高，能够正确认识和积极面对困难，从而提高创新创业成功的可能性。

一名合格的创新创业者不期待失败，但也不惧怕失败。大学生无论是在参加创新创业比赛中失利，还是在创新创业实践中受挫，都应该清楚地明白，失败并不可怕，并不意味着创新创业的终点。大学生在创新创业失败后，要调整好心态，不能怨天尤人，也不能轻易被吓倒，要及时进行深刻的反思、总结、复盘，准确找到创新创业项目失败的原因。有分析表明，失败有助于提高创新创业者后续的成功概率。

❤️ 9.4.4 在丰富多彩的实践活动中成就创业梦想

从国家层面到地方政府，再到各类高校都会举办主题鲜明、形式多样的创新创业大赛，能极大程度地激发大学生参与创新创业的热情。大学生可以通过积极参与各类创新创业大赛和实践，认真学习创新创业政策，规范创新创业步骤，强化创新创业实操，成就创新创业梦想。在校阶段是大学生参与创新创业的黄金时期，应及时、主动地分享发现，不断发掘"金点子""好项目"，并努力地进行成果转化，在丰富多彩的实践活动中成就创业梦想。

中国"互联网+"大学生创新创业大赛由教育部主办，是目前国内影响力最大的赛事。自 2015 年开办以来，每年一届，期间涌现出一大批科技含量高、市场潜力大、社会效益好的优秀项目。中国"互联网+"大学生创新创业大赛紧扣国家发展战略，以赛促学、以赛促教、以赛促创，是促进学生全面发展的重要平台，也是推动产学研用结合的关键纽带。

"挑战杯"全国大学生课外学术科技作品竞赛是由共青团中央、中国科协、教育部和全国学联共同主办的全国性的大学生课外学术实践竞赛。"挑战杯"竞赛在中国共有两个并列项目，一个是"挑战杯"中国大学生创业计划竞赛，一个是"挑战杯"全国大学生课外学术科技作品竞赛。这两个项目的全国竞赛轮流开展，每个项目每两年举办一次。

"创青春"全国大学生创业大赛是"挑战杯"中国大学生创业计划竞赛的改革提升。共青团中央、教育部、人力资源和社会保障部、中国科协、全国学联等在原有"挑战杯"中国大学生创业计划竞赛的基础上，自 2014 年起共同组织开展"创青春"全国大学生创业大赛，每两年举办一次。

拓展阅读 **全国大学生创业服务网**

全国大学生创业服务网是教育部唯一专门宣传、鼓励、引导和帮助大学生创业的官方网站。网站于 2011 年 3 月 29 日开通，在教育部高校学生司的指导下，由全国高等学校学生信息咨询与就业指导中心负责网站的具体运营。网站致力于打造"互联网+"大赛支持、创业项目对接、创业培训实训、政策典型宣传、创业专业咨询五大功能的大学生创业服务平台。

本章小结

创新创业以劳动为载体，体现了劳动的时代精神，是新时代成就个人理想目标的一种重要方式。当代大学生应积极投身创新创业实践，掌握创新创业基础知识，培养创新创业思维，增强时代的责任感、使命感，将劳动精神不断地延伸、传递，为实现中华民族伟大复兴中国梦提供活力和动能。

拓展与实践

请同学们以个人或者小组为单位（每组不超过 6 人）设计一个创新创业项目或者参加一项创新创业实践（比赛），并介绍自己所参与项目的创意来源、创新点、实施步骤（计划）及意义。

第10章 劳动体验

【核心问题】

☑ 劳动体验的重要意义
☑ 参与日常生活劳动、生产劳动和服务性劳动

【学习目的】

通过本章的学习，大学生能树立正确的劳动态度，养成良好的劳动习惯，深刻理解参加日常生活劳动、生产劳动和服务性劳动的重要意义，促使学生积极参加各类型的劳动。通过劳动体验，大学生养成崇尚劳动、热爱劳动、辛勤劳动、诚实劳动的劳动精神，用自己的双手创造幸福的生活，建设富强、民主、文明、和谐、美丽的社会主义国家。

【思维导图】

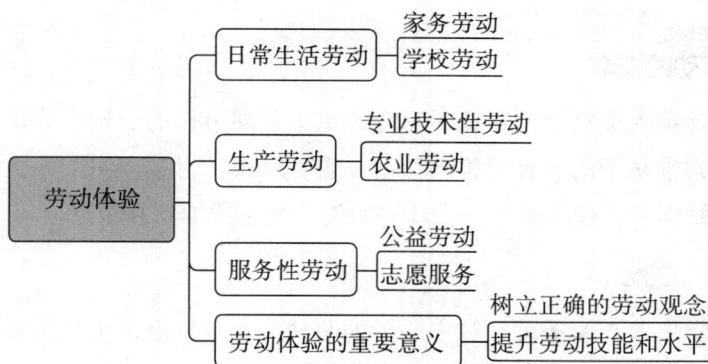

【引言】

习近平在同全国劳动模范代表座谈时指出："人民创造历史，劳动开创未来。劳动是推动人类社会进步的根本力量。幸福不会从天而降，梦想不会自动成真。实现我们的奋斗目标，开创我们的美好未来，必须紧紧依靠人民、始终为了人民，必须依靠辛勤劳动、诚实劳动、创造性劳动。"大学生作为青年一代，是国家的希望、民族的未来，自然也要投身于劳动中，用辛勤劳动去实现自己的梦想、国家的梦想。

10.1 日常生活劳动

陶行知指出："有生命的东西，在一个环境里生生不已的就是生活。"显然，就人而言，生活就是衣食住行的集合，提起生活就离不开劳动，因为劳动是人类创造物质或精神财富的活动。如今，部分大学生受到家长的过度呵护，很少参与家务劳动。现实生活中，部分大学生劳动观念淡化，"四体不勤，五谷不分"，不珍惜劳动成果。因此，家庭、学校和社会要协同加强当代大学生的劳动教育，增加大学生的劳动经历，注重日常生活劳动锻炼，使他们养成良好的劳动习惯。

生活劳动是指可以直接满足生活需求的劳动，生活劳动是在具备生活条件的基础上对生活条件的再改造，并直接服务于人的劳动。现实生活中，日常生活劳动的表现形式就是家务劳动，是我们人类社会最为常见、最为古老的劳动方式之一。它与市场经济中的生产劳动共同组成了人类不断发展进步的重要内容。大学生离开家庭进入学校，在学校产生了校内生活劳动，这些都是大学生进行日常生活劳动体验的重要途径。

10.1.1 家务劳动

1. 家务劳动的概念

家务劳动是指人类社会中存在于家庭领域中开展劳作的一种形式，是家庭成员在日常家庭生活中必须从事的一种无报酬劳动。也可以说，自从产生了人类社会，家庭中的家务劳动就开始作为维持人类生存生活需要的重要手段而留存下来。

2. 家务劳动的分类

目前，大学生参与家务劳动，主要分为两种：一是技能性家务劳动，二是审美性家务劳动。

技能性家务劳动即通过操作性技术技能改造生活资料以满足生活需要的劳动形式，如烹饪、缝补和清洁等。随着信息化时代的到来，现代科技快速发展，智慧家庭、智慧生活改变了人们的生活劳动方式，各种劳动对于体力的需求将会弱化。但科技的发展建立在技能性生活劳动之上，如洗衣机、扫地机器人和洗碗机等。虽然对体力需求弱化了，但是对智能、技术领域的技能需求增强了。例如，要了解生活用具的基本原理，并对其进行简单维修，这些技能对生活中的人来说跟过去装水龙头等是同样的道理。因此，现代家务劳动，尤其是技能性家务劳动要求要具备一些现代化的技术能力。

审美性家务劳动、技能性家务劳动不是在领域上进行区分，而是在层次上进行区分。

例如，缝补衣服，给一件破了洞的衣服补一个补丁，这是技能性家务劳动。如果对补丁作出改造，如设计成一朵花儿等，这就是创造美、创造幸福的劳动过程。审美性家务劳动不是现代人才有的，如过去自己做家具，会在桌椅板凳上雕花。这个层次的劳动，不仅对人的技术能力提出了要求，还要求人们具有感知、想象等方面的能力，这些统一起来，就是审美养成和创造美的能力。

10.1.2 学校劳动

1. 学校劳动的概念

学校劳动是学生在学校开展劳作的一种形式，是大学生离开家庭开启校园生活进行劳动的重要方式。学校劳动是为刚踏入校门的高校大学生进行生活锻炼和提升自理能力的重要举措。

2. 学校劳动的途径

大学生参加学校劳动的途径主要有参加劳动教育课程、参加学校劳动活动。

劳动教育课程是高校大学生学习劳动知识、树立正确劳动观的重要途径。大学生从理论层面深刻认识劳动的重要意义，树立劳动意识，端正劳动态度，为积极参加劳动打下基础。

学校劳动活动是培养学生校园主人翁意识，践行勤奋和实干的重要载体，如开展宿舍卫生评比活动、美化教室校园活动、校园公益劳动等。大学生在参与活动的过程中，对自身的住宿环境、学习环境和生活环境进行维护和保护，实现家务劳动与学校劳动的连接，从而保持良好的劳动习惯。

10.2 生产劳动

生产劳动是政治经济学领域的一个概念。马克思在对英国古典经济学家亚当·斯密的理论分析和批判中对生产劳动进行了定义。马克思对生产劳动进行两个层次的阐释：①"生产劳动是给使用劳动的人生产剩余价值的劳动，或者说，是把客观劳动条件转化为资本、把客观劳动条件的所有者转化为资本家的劳动"[①]。这一论述是马克思对生产劳动的核心定义，体现了整个社会生产关系中劳动的本质属性。②对生产劳动的补充定

---

① 马克思，恩格斯.马克思恩格斯全集（48卷）[M].北京：人民出版社，2007：47.

义，即"生产劳动是物化在商品中，物化在物质财富中的劳动"①。马克思把对生产劳动的定义放在了资本主义生产关系条件下，不论是在当时还是在现在都具有重要的意义。

拓展阅读　　　　　　　　　**亚当·斯密对生产劳动的定义**

亚当·斯密在《国民财富的性质和原因的研究》中，提出了两种关于生产劳动和非生产劳动的定义。第一种定义认为生产劳动是同资本相交换的劳动，非生产劳动是同收入相交换的劳动。斯密说："有一种劳动，加在物上，能增加物的价值；另一种劳动，却不能够。前者因可生产价值，可称为生产劳动，后者可称为非生产劳动。制造业工人的劳动，通常会把维持自身生活所需的价值与提供雇主利润的价值，加在所加工的原材料的价值上。反之，家仆的劳动，却不能增加什么价值。"在此基础上，斯密又将生产劳动定义为生产资本的劳动，又是同资本相交换，生产剩余价值的劳动。斯密的这个定义是将生产劳动置于资本主义生产关系中，指出资本积累与生产劳动的关系。与之相对应，非生产劳动就是不同资本交换，而直接同收入即工资或利润交换的劳动（当然也包括同那些靠资本家的利润存在的不同项目，如利息和地租交换的劳动）。第二种定义认为生产劳动是固定在物质上的可以出卖的商品上的劳动。斯密提出："制造业工人的劳动，可以固定并且实现在特殊商品或可卖商品上，可以经历一些时候，不会随生随灭。那似乎是把一部分劳动贮存起来，在必要时再提出来使用。"在这里斯密认为生产劳动能生产现实存在的、有形的商品，而且这种劳动是有价值的生产。他认为诸如君主、官吏、海陆军、牧师、律师、医师、文人、演员、歌手和舞蹈家等类人的劳动虽然有一定的价值，但不能称为生产劳动。

现在我们讨论的生产劳动是社会主义生产关系条件下的生产劳动。社会主义的生产劳动，是为充分满足劳动者的物质和文化生活需要而生产物质资料的劳动，是在社会主义生产关系下进行的物质生产劳动，包括体力劳动和脑力劳动，包括从生产单位内部或从外部为直接生产过程提供服务的劳动。本章将详细论述大学生参与的专业技术性劳动和农业生产劳动。

🌲 10.2.1　专业技术性劳动

专业技术性劳动是高校实现专业技能培养目标的重要方式，主要是将现代教育与生产劳动相结合，提高学生的实践操作能力和专业综合能力。大学生参加专业技术性劳动，

①　马克思，恩格斯.马克思恩格斯全集（48卷）[M].北京：人民出版社，2007：61.

既是完成专业学习的要求，同时也是丰富自身劳动体验的重要方式，旨在培养大学生的创新精神和实践能力，培育大学生的生产劳动素养。

目前，高校开展大学生的专业技术劳动主要有专业实训、专业实习和企业实践 3 种方式。

专业实训是各高校在专业人才培养过程中通过校企合作共建实训基地、校内专业实训基地等加强学生专业劳动实践的重要途径。专业实训基地的劳动主要在校内开展，学生在专业教师的指导下，按照人才培养方案和实训方案进行专业实训。学生实训守则示例，如图 10-1 所示。

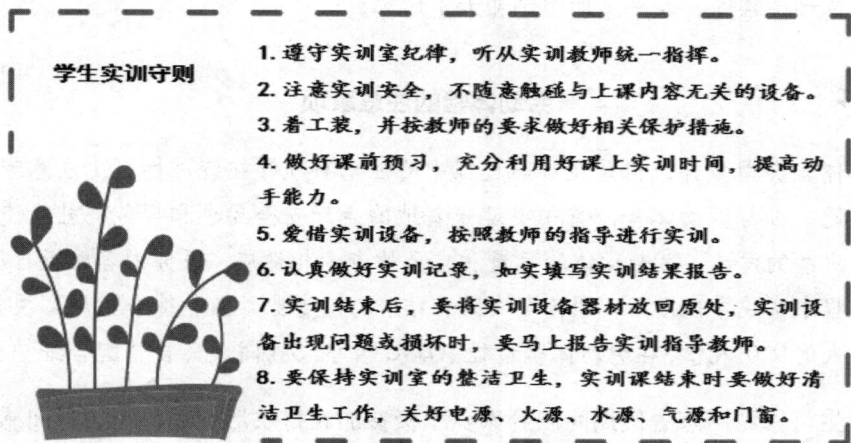

学生实训守则

1. 遵守实训室纪律，听从实训教师统一指挥。
2. 注意实训安全，不随意触碰与上课内容无关的设备。
3. 着工装，并按教师的要求做好相关保护措施。
4. 做好课前预习，充分利用好课上实训时间，提高动手能力。
5. 爱惜实训设备，按照教师的指导进行实训。
6. 认真做好实训记录，如实填写实训结果报告。
7. 实训结束后，要将实训设备器材放回原处，实训设备出现问题或损坏时，要马上报告实训指导教师。
8. 要保持实训室的整洁卫生，实训课结束时要做好清洁卫生工作，关好电源、火源、水源、气源和门窗。

图　　10-1

专业实习是大学生按照专业要求进入实际场所进行工作。时间一般为半年到一年，大学生参加专业实习不仅是对专业理论的实践，更是为进入职场打下基础。专业实习结束后要撰写专业实习报告，对专业实习进行分析总结。

企业实践是大学生结合自身实际情况，以实习或打工的形式在企业实际工作环境中，通过参加企业的具体工作获得劳动报酬，提升劳动技能的过程。大学生可以利用寒暑假选择专业对口企业进行实践，通过诚实劳动培养自身的专业技能和素养。

关于专业实习实训和企业实践的相关要求和操作环节，参见本书第 5 章。

10.2.2　农业劳动

农业劳动是指农业生产过程中，人们直接、间接从事农、林、牧、副、渔业生产，创造使用价值的具体劳动。农业劳动过程是人类按照一定的经济目的，以自身的活动来引起、调节和控制生物有机体（植物、动物和微生物）生长、发育和繁殖的过程。同时，农业劳动过程也是人类对农业社会再生产进行组织、控制和调节的过程。

在农业劳动的过程中，既有直接从事农副产品生产的劳动，又有紧密围绕生产需要，改善农业生产条件和进行农业社会化服务的劳动；既有直接从事各项生产活动的体力劳动，又有与直接生产活动密切相关的科技、管理方面的脑力劳动。大学生可以根据自身专业、出生地域的不同选择时间参加农业劳动。目前，大学生参加农业劳动的方式主要有劳动基地和农村农活。

劳动基地是开展农活劳动的实践基地或场所，是大学生最为直观的劳动体验。在城市地区，实现农活劳动体验一般是学校与农场签订合作协议，在此基础上对学生进行分组管理，合理安排学生参与农场劳动实践。这些场所主要包括鱼塘、野炊场、养殖场、水果、蔬菜种植基地、农产品加工场和木工坊等。

拓展阅读　　　　　　　　　　**劳动体验的注意事项**

劳动体验类型多样，但是在参与过程中的注意事项存在统一性：①注意劳动体验中的安全问题。参与劳动体验，首先要遵守基地的生产安全要求和规范，杜绝违规操作，避免安全事故的发生。②劳动体验尽量和自己的专业相适应，服务内容贴近自己的专业，在这个过程中实现学以致用，理论与实践相结合，使专业素质和综合素质实现全面提升。③注意个人的文明礼仪，在劳动体验过程中虚心学习、文明礼让，自觉配合维护公共秩序。

大学生可以利用寒暑假期间回到家乡积极参加农村农活劳动，在田野间感受乡村风貌，体会农产品的来之不易。相关专业学生也可以借助"三下乡"社会实践开展支农、助农活动，一方面提高自身的劳动素养，另一方面为家乡多做贡献。

10.3　服务性劳动

服务性劳动是非生产性劳动，在这里特指直接服务社会的、有组织的、有计划的、不计报酬的义务性劳动。它既为生产服务，也为生活服务，在现代经济社会中的地位越来越重要。大学生开展服务性劳动着重强调利用知识、技能、工具和设备等为他人和社会提供服务，特别是在公益劳动、志愿服务中强化社会责任，培养良好的社会公德。

10.3.1　公益劳动

公益劳动是指服务于公益事业、不取报酬的劳动。公益劳动的开展有助于培养学生为人民服务、为公众谋利益的良好思想品德，推动学生接触社会、深入生活，参加各种社会实践，形成良好的社会风尚。从内容上看，公益劳动包括工农业生产劳动和各种服务性劳动，如参加秋收、植树造林、打扫卫生、帮助烈军属和残疾人等。以上公益劳动都是在校外完成，除此之外还有校内公益劳动。

拓展阅读 **跟着总书记植树造林**

中共中央总书记、国家主席、中央军委主席习近平2019年3月8日上午在参加首都义务植树活动时强调，要发扬中华民族爱树植树护树好传统，全国动员、全民动手、全社会共同参与，深入推进大规模国土绿化行动，推动国土绿化不断取得实实在在的成效。

跟着总书记植树造林，履行公民义务。众人拾柴火焰高，众人植树树成林。诚如习总书记所言，中华民族自古就有爱树、植树、护树的好传统。新中国成立后，更把植树造林从道德义务上升为法定义务。1979年，第五届全国人大常委会决定把每年的3月12日设定为植树节。1984年通过的《中华人民共和国森林法》第9条规定，植树造林、保护森林是公民应尽的义务；各级人民政府有责任组织全民义务植树，开展植树造林活动。2019年是新中国植树节设立40周年。40年来，我国森林面积、森林蓄积分别增长一倍左右，人工林面积居全球第一，我国对全球植被增量的贡献比例居世界首位。但同时，我国生态欠账依然很大，缺林少绿、生态脆弱仍是一个需要下大气力解决的问题。让我们响应习总书记的号召，各级领导干部率先垂范，各级人民政府认真组织，全国动员、全民动手、全社会共同参与，持之以恒开展好全民义务植树活动。（资料来源：中国青年网 http://www.youth.cn 2019-04-09）

校内公益劳动是指大学生自愿参加学校内部设置的各种公益劳动，如公共教室、专业实训室及其他公共场所的保洁。同时，大学生也可以将自身的专业知识和实践技能融入公益劳动中，如图书馆服务、办公室文秘、实验中心服务或者课程助理，在参加公益劳动中积累工作经验和技能。

🐾 10.3.2 志愿服务

志愿服务是志愿服务精神的现实体现，其核心是传承志愿服务精神，增强学生的社会责任意识、奉献意识。大学生参加志愿服务分校内与校外两种形式。

拓展阅读 **正确解读大学生志愿服务**

近年来，随着我国志愿服务事业的蓬勃发展，以大学生为主体的高校志愿服务由以往主要围绕大型活动志愿服务、支教帮困、助老助残等领域，逐渐拓展到扶贫开发、社区建设、文化倡导和国际合作等社会生活的方方面面。每逢寒暑假，乡村学校、医院、社区和养老院等地时常能见到大学生志愿者的身影。2017 年 12 月 1 日，《志愿服务条例》开始施行，这是我国首个国家层面的志愿服务法，对我们正确认识志愿服务、合法使用志愿者都具有指导意义。

　　大学生志愿服务的组织动员必须建立在大学生自主选择的基础之上，这既是志愿服务活动的组织原则，也是大学生作为一个独立的社会人所具有的基本权利。作为一种自主选择，高校应当帮助大学生深刻了解志愿服务的内涵和意义，大学生只有在深入了解志愿服务基础上的选择才是真正"自愿"的选择。

　　与自愿性相对应的，义务性也是志愿服务的重要特征。在人类生存发展的历程中，任何个人都无法脱离他人、社会而孤立存在，在相互依赖中，个体得到支持和帮助是权利，承担相应的责任就成为义务。因而，志愿服务的自愿性与义务性并不矛盾。一方面，自愿性体现了个体在充分认知志愿服务前提下的自我、自由的利己选择；另一方面，义务性是社会生活中思考个人与他人、个体与社会关系前提下，主动承担社会责任所作出的利他选择。这里，自愿性和义务性统一、利己和利他共赢。

　　正因为如此，志愿服务作为提高青少年乃至所有社会人的社会责任感的途径，在西方发达国家的青少年教育体系乃至立法中都有很多体现。1964 年德国制定的《奖励志愿社会年法》是世界上最早的志愿服务法律，鼓励 16～27 岁的青年暂时离开校园或工作岗位 6～12 个月，投身社会或环保志愿服务行列，参加者可在租税、交通和社会保险等方面享有优惠奖励。2002 年 7 月 17 日，明确提出服"志愿役"的概念，新法规定青少年可在学校毕业后直接服"志愿役"。

　　美国的高中生在申请大学时，必须有在社区义务服务的经历，申请常春藤盟校的研究生，志愿服务经历也是必选的考察项目。法国的法律更是明确规定，年满 18 岁的法国男性，符合条件者都必须履行国民志愿役，违规者处 2 年有期徒刑。在日本，把志愿者活动作为学科课目的大学就达到了 104 所，占大学总数的近 20%。在韩国，国立、公立大学必须以青少年学生参与志愿服务作为选拔依据，私立大学要参照执行。大学则将志愿服务活动作为教育科目，同时规定从 1996 年起青少年学生一年要参加志愿服务 40h 以上。（资料来源：人民论坛）

　　校内志愿服务，是学校通过设置相应岗位或组织相关活动，为大学生参加志愿服务实践提供机会和平台。例如，每年 3 月各地高校集中开展学雷锋志愿服务月，倡导大学生以各种形式参加志愿服务活动。同时，学校可以依托图书馆义务管理岗、校园文明执勤岗、食堂文明监督岗和校园控烟巡逻岗等岗位，设定相关规定，动员和招募大学生志愿者，积极参加文明校园、美丽校园的建设。

　　校外志愿服务的形式多种多样，可以参加各类社会实践活动，可以参加大学生志愿服务劳动基地的活动。目前，各个高校根据自身的发展特色和所属区域的资源，选取所属区域的社区、企业和服务机构等，采取共建的形式进行多种类型的志愿服务劳动基地建设。在内容上主要涉及小学支教、农村支农、社区服务、扶助孤寡、展馆服务、法律宣传、医疗服务和知识讲座等。大学生通过参加这些社会性的服务活动，能够对社会存在的问题有更全面的了解，对于自身实践技能的训练也能起到促进作用，社会责任感得到培养和发展。关于其他志愿服务以及相关要求已经在第 6 章进行专题论述，在此不再赘述。

10.4 劳动体验的重要意义

习近平总书记一直强调，"要在学生中弘扬劳动精神，教育引导学生崇尚劳动、尊重劳动，懂得劳动最光荣、劳动最崇高、劳动最伟大、劳动最美丽的道理，长大后能够辛勤劳动、诚实劳动、创造性劳动。"大学生是未来社会主义建设的生力军，是社会主义事业的建设者和接班人，要在积极劳动中树立劳动意识，掌握劳动技能，提升劳动素养。"劳动者素质对一个国家、一个民族发展至关重要。劳动者的知识和才能积累越多，创造能力就越大。面对日趋激烈的国际竞争，一个国家发展能否抢占先机、赢得主动，越来越取决于国民素质特别是广大劳动者素质。"培养具有劳动素养的时代新人，是高校人才培养的题中之义。

10.4.1 树立正确的劳动观念

劳动，是文明的源头也是进步的因子。劳动，缔造了社会也书写了历史，改变了世界。对个体来讲，勤劳，更是一种积极向上的良好品质，是获得健康、实现梦想的必备条件。热爱劳动是中华民族的传统美德，时代在不断变化，但是劳动的核心观念没有变化。新时代的大学生是朝气蓬勃的青年人，是新时代的弄潮儿，更应该是一个崇尚劳动、热爱劳动的时代新人。劳动能力是每一个人都必须具备的能力，将来不是每个人都具有生产制造的能力，但是每个人都必须掌握一项劳动技能。因此，大学生要端正劳动态度，从身边的生活劳动做起，在学校的劳动教育过程中，树立正确的劳动观，形成勤于劳动的习惯。

10.4.2 提升劳动技能和水平

劳动技能和水平是反映一个人劳动素养的重要体现。只有在具体的实践中，将理论付诸行动，才能更好地积累经验，提升能力和水平。大学生参与劳动实践，养成勤于思考、善于创新、锐意进取的劳动习惯；在劳动过程中锻炼独立工作的能力、团结合作的能力及创新创造的能力等，进一步提升职业能力。同时，大学生在劳动的过程中，能够进一步发现自身的知识结构、业务水平、专业能力与社会需求之间的差距，不断提升自身的能力和水平，为进入社会服务人民打好基础。

中华民族自古以来就是勤劳的民族。当代大学生要端正劳动态度，积极参与劳动实践，积累劳动技能。大学生应高度重视劳动素养的培养，在劳动的过程中培养专业技能和业务水平，成长为德智体美劳全面提升的综合素质型人才，用自己的辛勤劳动、诚实劳动和创造性劳动致力于中华民族伟大复兴的中国梦。

本章小结

劳动体验是大学生直接参加劳动的经历。现实生活中，大学生要积极参加日常生活劳动、生产劳动和服务性劳动。在劳动的过程中树立正确的劳动观，提升自身的劳动能力和素养，逐步成长为高素质的社会主义建设人才，为国家的发展和进步贡献自己的青春力量。

拓展与实践

参加一项劳动实践，撰写一份劳动体会。

参考文献

[1] 向德荣，等．劳模精神职工读本 [M]. 北京：中国工人出版社，2016.

[2] 赵淑兰．社会调查方法 [M]. 北京：机械工业出版社，2016.

[3] 李文峰．劳动实践活动课程的开放与运作 [M]. 广州：暨南大学出版社，2017.

[4] 团中央学校部，全国学联秘书处．"三下乡"社会实践活动指南 [M]. 北京：电子工业出版社，2017.

[5] 李珂．中国劳模口述史（第一辑）[M]. 北京：社会科学文献出版社，2018.

[6] 李珂，吴麟．中国劳模口述史（第二辑）[M]. 北京：社会科学文献出版社，2019.

[7] 李珂．嬗变与审视劳动教育的历史逻辑与现实重构 [M]. 北京：社会科学文献出版社，2019.

[8] 谢俊贵．社会调查理论与实务 [M]. 北京：清华大学出版社，2019.

[9] 丁华，等．社会调查方法与实务 [M]. 北京：北京大学出版社，2020.

[10] 付永杰．工匠精神 2：员工核心价值的认知升级 [M]. 北京：中华工商联合出版社有限责任公司，2020.

[11] 共青团广州市委员会，等．防疫志愿服务培训教材 [M]. 广州：南方日报出版社，2020.

[12] 吕国泉．对劳动精神的时代呼唤 [N]. 工人日报，2016-08-30（007）.

[13] 杨冬梅．工匠精神的内涵及时代意义 [N]. 工人日报，2017-03-14（007）.

[14] 郝永渠．教育始于劳动 [N]. 中国教师报，2020-11-11（007）.

[15] 刘桂生，赵原璧．留法勤工俭学的历史渊源 [J]. 社会科学战线，1998（03）：179-184.

[16] 王世来，林静．从大学生科技竞赛的课程建设和训练组织看创新人才培养模式的构建 [J]. 中国大学教学，2008（08）：33-34.

[17] 付兴锋，张常年，肖秀玲，范金华．以大学生竞赛活动为契机推进实践教学改革 [J]. 实验室研究与探索，2010，29（01）：127-128+148.

[18] 陆善兴．高职院校实习实训质量评价指标体系构建 [J]. 职业技术教育，2010，31（02）：59-62+95.

[19] 王江松．劳动的要素和结构 [J]. 中国工人，2010（12）：22-25.

[20] 初汉芳，乐腾，孔凯．以技能竞赛为载体，探索创新人才培养模式 [J]. 实验技术与管理，2011，28（08）：299-301.

[21] 李锋，初汉芳，孔凯．以技能竞赛提升创新意识和实践能力 [J]. 中国高校科技，2011（07）：62-63.

[22] 杨红旗，李桂芹，刘春田．职业院校实习、实训教学研究 [J]. 实验技术与管理，2011，28（08）：316-317+321.

[23] 何铭 . 关于大学生勤工助学劳动关系的研究 [J]. 教育与职业，2014（35）：185-186.

[24] 李小红，秦晋 . 教育实习中实习生学科教学知识的发展及其改进 [J]. 教育研究，2015，36（12）：141-145.

[25] 石洛祥，赵彬，王文博 . 基于卓越教师培养的教育实习模式构建与实践 [J]. 中国大学教学，2015（05）：77-81.

[26] 张波 . 勤工助学大学生权益保障问题研究 [J]. 中国成人教育，2015（10）：63-65.

[27] 乔昕 . "三种精神"引领职工文化自信 [J]. 中国劳动关系学院学报，2017，31（06）：74-79.

[28] 乔东 . 劳模精神、劳动精神和工匠精神探析 [J]. 中国劳动关系学院学报，2019，33（05）：35-42.

[29] 陈南 . 劳动教育：思想演变与地位流变——兼论开展劳动教育的时空背景 [J]. 南京师大学报（社会科学版），2020（06）：39-49.

[30] 高勇，颜金 . 习近平关于青少年劳动教育重要论述的时代价值与科学内涵 [J]. 湖北经济学院学报（人文社会科学版），2020，17（12）：4-7.

[31] 高晓丽 . "五育并举"背景下加强高校劳动教育的内在依据与策略 [J]. 思想理论教育，2020（10）：97-101.

[32] 乐昕 . 深入理解习近平关于劳动重要论述的三个维度 [J]. 思想理论教育导刊，2020（11）：40-44.

[33] 李雨，吴学兵 . 习近平劳动教育观的核心意涵、内在特质与实践指向 [J]. 绥化学院学报，2020，40（08）：1-4.

[34] 梅月平 . 实现劳动教育与创业教育的同力同行 [J]. 人民论坛，2020（30）：60-61.

[35] 乔安洁，刘京京 . 陶行知劳动教育思想及其当代价值 [J]. 中国农村教育，2020（22）：29-32.

[36] 乔东 . 劳模精神、劳动精神、工匠精神的时代价值 [J]. 工会博览，2020（30）：25-27.

[37] 全晓洁，邱德峰 . 新时代劳动教育与"双创"教育融合的逻辑理路与实践路径 [J]. 黑龙江高教研究，2020（12）：28-32.

[38] 邵月娥 . 关于劳模精神、劳动精神、工匠精神的时代内涵与内在逻辑的理论探析与实践探索 [J]. 天津市工会管理干部学院学报，2020，37（01）：27-32.

[39] 宋宝萍，刘慧 . 劳动精神融入大学生创新创业教育的实践路径研究 [J]. 黑河学刊，2020（02）：126-128.

[40] 于兴业，张迪，李德丽 . 劳动教育与创新创业教育的深度融合 [J]. 东北农业大学学报（社会科学版），2020，18（02）：65-69+85.

[41] 汪素青 . 坚持育德与育心相统一，提升劳动教育实效性——以"劳动者的择业、就业和创业"为例 [J]. 思想政治课研究，2020（04）：134-139+156.

[42] 温仓金 .1978 年以来我国劳动教育的政策嬗变与反思 [J]. 求知导刊，2020（49）：8-9.

[43] 许涛，刘丽红 . 新时代高校劳动教育与创新创业教育融合机制探析 [J]. 创新与创业教育，2020，11（03）：27-32.

[44] 张欣 . 困境纾解：新时代大学生劳动教育路径探析 [J]. 湖北经济学院学报（人文社会科学版），2020，17（12）：111-114.

[45] 周兴国，曹荣荣 . 论劳动的育人价值及其实现条件 [J]. 南京师大学报（社会科学版），2020（06）：30-38.

[46] 徐海娇 . 危机与重构：劳动教育价值研究 [D]. 长春：东北师范大学，2017.

[47] 张淼 . 新时代大学生劳动教育存在的问题及对策研究 [D]. 武汉：华中师范大学，2020.